田中一彦
Kazuhiko Tanaka

日本を愛した人類学者

エンブリー夫妻の日米戦争

It is the first comprehensive social study of a specific Japanese village.
In addition to giving an account of folk life in Japan (and half of Japan still consists of peasant villages), the book gives an insight into Buddhism and Shinto as they function in village life

忘羊社

日本を愛した人類学者　エンブリー夫妻の日米戦争　［目次］

【凡例】

・本書では、ジョン・フィ・エンブリーによる『Suye Mura : A Japanese Village』の引用は、日本経済評論社刊『日本の村　須恵村』（一九七八年、植村元覚訳）を、またエラ・ルーリィ・ウィズウェルとロバート・ジョン・スミスによる『The Women of Suye Mura』の引用は、御茶の水書房刊『須恵村の女たち　暮らしの民俗誌』（一九八七年、河村望、斎藤尚文訳）を使用した。ただし訳書には明らかな誤訳や文意が不明な箇所、部分的な省略があるため、必要な場合は最小限修正した。

・『日本の村　須恵村』は『須恵村』と省略した。

・夫妻の呼称は、須恵の人々が今もそう呼ぶままに、ジョン・フィ・エンブリーは「エンブリー」、妻のエラ・ルーリィ・エンブリーは「エラ」と表記した。

・文中に登場する関係者については敬称を省略した。

・引用の出典については、邦訳がない文献も原則として日本語表記とし、必要に応じて英語タイトルを付した。

・邦訳のある外国語文献からの引用に際しては、主に邦訳文献を使い、随時、翻訳者名を記した。

・引用文に差別用語とみられる表現が使われている場合があるが、当時の歴史を理解するために、そのまま使用した。

・引用文の中で一部、読みづらい漢字にはルビを加えた箇所もある。

「文化は人間の花をひらかせる。しかしそれはまた、つぼみをつみとったり、花の奥底にガンを植えつけたりする。この禁断の島で、ガンを避け、つみとりを最小限におさえ、ひとりひとりの花をもっと美しく咲かすことはできないものだろうか?」(オルダス・ハクスリー『島』片桐ユズル訳)

プロローグ

日米開戦とエンブリー

アメリカの社会人類学者ジョン・フィ・エンブリーと妻エラは、カナダのトロントの自宅で、ラジオから流れてきた臨時ニュースの声に凍りついた。

「今朝、真珠湾が敵機によって爆撃されました！　日本軍です。ホノルルも攻撃を受け被害は甚大です！」。

一九四一年（昭和十六）十二月七日。日曜日の朝七時四十九分（日本時間では八日午前三時十九分。現在の時差は十九時間だが当時は十九時間半）、日本海軍がハワイ・オアフ島の真珠湾を奇襲、日米戦争の始まりを告げる緊急放送だった。ハワイと六時間の時差がある東海岸では、開戦の放送は最初の攻撃から約一時間後の午後二時半ごろから流れていたが、トロントのエンブリー夫妻がラジオのニュースを聞いたのはその日夕刻。休日を利用して二人の妹エドウィナとキャサリン、それに友人たちを自宅に招き、すき焼きの鍋をつつこうと準備している最中だった。

「キャサリン！　ニュースを聞いたか？　聞いてなかったら、すぐラジオをつけろ」。

エンブリーは、町の反対側に住む二人の妹に直ちに電話を入れた。真珠湾は、エンブリーがハワイ大の学生だった十年ほど前、兄妹三人で住んでいた家のすぐ近くだった。

衝撃のニュースに驚いて顔を見合わせた夫妻の脳裏をよぎったのは、五年前に村はずれまで見送ってくれた九州の片田舎の村人たちの懐かしい面影だった。一年間の村の暮らしを、「国際的友愛のなかで、一九三五年（昭和一〇）から三六年に至る須恵《すえ》村の酒宴ほど深いものはない」とエンブリーが懐かしんだ、あの須恵村である。

須恵村調査中のエンブリー夫妻(1936年10月)

それは一九三六年十一月二日、まる一年間を過ごした熊本県球磨《くま》郡須恵村（現あさぎり町）を去った日の光景だったに違いない。

まだ夜も明けやらぬその朝、夫妻の借家に村の人々が焼酎の猪口《ちょこ》と燗《かん》を付けるやかんを持ってやってきた。「女たちは、私が二人の女性に金玉を一個ずつ置いていくべきで、その代わり豆（女性器）を記念にあげる、と言った」。

須恵村らしい愉快な冗談を交えた短い別れの盃とおしゃべりの後、村を去る夫妻を見送ったのは三味線のバチの音と名残《なごり》を惜しむ多くの村民の涙だった。

そんな村民の暮らしに基づいて、ジョン・エンブリーは『日本の村　須恵村（Suye Mura:A Japanese Village）』（一九三九年、以後『須恵村』と表記）を、エラは『須恵村の女

1936年11月、村を去るエンブリー夫妻を見送る須恵村の人々(エンブリー撮影)

たち（The Women of Suye Mura）』（一九八二年）を著し、ともに日本語に翻訳されている。特に開戦二年前に刊行された『須恵村』は、戦前の日本の農村社会の暮らしぶりを描いた外国人人類学者による唯一の著書として知られ、内外の研究者に高い評価を受けている。

しかし、日本を離れて五年後のラジオニュースは、須恵村の友人たちを無情にも敵方に一変させ、日本人と日本に深い親しみを抱いていた夫妻の生涯に試練を課す過酷な運命の幕開けを告げるものでもあった。

開戦後のアメリカで、日本をよく知る人類学者として戦中戦後に果たしたエンブリーの、決して軽くない役割はどんなものだったのだろうか。

私は、エンブリーが在籍したエール大学東南アジア研究所の編集者アンナ・ピケリスによるエンブリーの業績に関する参考文献一覧（巻末参照）を手掛かりに、現存する文献に可能な限り目を通した。すると、戦争に振り回されながらも、巡り合わせの中で懸命に生きたその短い生涯に深く引き込まれていくと同時に、知られていない戦中戦後のエンブリーの重要な仕事ぶりが次々に明らかになった。

関連していくつかの新事実も見つかった。

一　天皇を「象徴」と表現したアメリカで最初の公文書作成
二　日系人強制収容所からの解放への尽力
三　日本占領に赴く士官への教育
四　沖縄占領をにらんだ英語圏初のミクロネシア調査
五　インドシナ戦争さ中のベトナムでホー・チ・ミンと会った可能性

などである。

また、戦後日本の農地改革では『須恵村』が重要な参考書となっていた。戦中から現代につながる歴史の曲がり角やアメリカの政策立案の過程で、エンブリーは先駆的な足跡を刻んでいたのだ。

その中で最も強く印象に残ったのは、日本の真珠湾攻撃の瞬間から、自動車事故で死ぬまでの短い九年間、エンブリーがその多くの時間を戦時下の政府機関に身を置かざるを得なかったジレンマである。それは、須恵村の人々と友情を結びながら敵国となった日本と母国アメリカに挟まれた境遇であり、当局に協力することと中立を守るべき科学者としての振る舞いのせめぎ合いという形でエンブリーを苦しめたに違いない。

「苦しめた」と言い切れないのは、そんな胸の内をエンブリー自身が吐露した文章に出合っていないからだ。間接的に、あるいは婉《えん》曲に匂わせた表現はあるのだが、喜怒哀楽を表した手紙やエッセーに類する書き物はほとんど見当たらず、直截《ちょくせつ》的な表白を見つけることができなかった。

エンブリーの甥のジョン・デヴロー（一九四七〜）はその原因の一つとして、前夫との過去にエラが触れることを再婚相手のウィズウェルが嫌い、またホノルルの自宅が狭くてエンブリーの遺品を取り置くことができなかったためではないか、と推測する。残された手紙類も限られている。私にとってエンブリーは、まだいくつかの謎を引きずったままだ。

それでも、「日米戦争中のアメリカ」という情況で生きたエンブリーを一言で表すなら、「異端の人類学者」ということになるだろうか。それは、アメリカ政府に重んじられながらも、一方で連邦捜査局（FBI）に監視され続けたその境遇を見れば明らかだ。国家に貢献したそのポジションと真逆に見えるほど、エンブリーの言説はアメリカで異端視された。しかも、疎外された日系アメリカ人や敵国人さえ含めた異文化の側に身を寄せることによってエンブリーは異端となった。いや、異端とされた、と言う方が正確だろう。

だが、戦争という異常な情況を振り返る現代の私たちの目でエンブリーの生き方を見るならば、異端では全くない。人を愛し、平和を尊び、正義と信念を貫かんがために、真剣に戦争と向き合い、闘った一人の研究者の姿が立ち上がってくるのだ。

エンブリーをどう正当に評価するか、人物像の謎の部分をいかに明らかにするか。ともあれ『須恵村』を起点として、その生涯にわたる全体像に可能な限り近づく以外に方法はない。

そのための道筋として、エンブリー本人の文献に当たるとともに、私はエンブリーを取り巻く群像にまず着目した。例えば、エンブリーに大きな影響を与えた父エドウィン・エンブリー（一八八三〜一九五〇）をはじめ、卓抜な日本論『菊と刀』で知られるルース・ベネディクト（一八八七〜一九四八）、エラと高校の同級生だった歴史学者のハーバート・ノーマン（一九〇九〜五七）、日本の農地改革で辣腕《らつ》を振るったウォルフ・ラデジンスキー（一八九九〜一九七五）やアーサー・レーパー（一八九九〜一九七九）、『アメリカの鏡・日本』でエンブリーに近い主張を繰り広げたヘレン・ミアーズ（一八九八〜一九八九）、そして著書『容赦なき戦争』でエンブリーを批判的に描いたジョン・ダワー（一九三八〜）、東京裁判を自省的に批判した歴史学者のリチャード・マイニア（一九三八〜）、さらにはエンブリーが教えを乞い「九州に関するいくつかの情報をもらった」民俗学者・柳田國男（一八七五〜一九六二）らである。彼らの言葉は、本心を伏せたエンブリーの言葉を補う重要な触媒となった。

＊

この本で伝えたいことが二つある。一つは、戦前の日本社会を知る上で世界的に貴重な文献『須恵村』と『須恵村の女たち』を残したジョン・エンブリーと妻エラの、これまでほとんど明らかにされていない戦中戦後の足取りを明らかにすることである。

二つ目は、その間の二人の一つ一つの仕事とエンブリーの視点を通じて、あまり目に触れなかったアメリカの対日政策にあらためて光を当てることだ。前著『忘れられた人類学者《ジャパノロジスト》』と併せ読んで頂くことで、エンブリー夫妻の生き方がアメリカの時代の流れとどう関わったか、浮かび上がると思う。

その上で、エンブリーの主張を私なりに先取りするならば、次の二点に絞られる。

一点は、戦争中に「自民族（自文化）中心主義」に流れる自国アメリカを批判する態度だ。他者を殲滅《せん》することまで含む自民族中心主義に対し、エンブリーは「文化相対主義」の立場で対抗した。どんな民族にも文化にも優劣はないとして、戦争中でさえ中立公平な視線を維持していた。戦時中に自国の自民族中心主義を指弾し続けた勇気にこそ、エンブリーの思想の真骨頂があると思う。それは、他者への想像力を失い、テロリズムや地域紛争に覆われた今の世界を見渡したとき、あらためて問い返されるべき視点でもある。

そしてもう一つ、自民族中心主義に反対する立場からエンブリーが抱き続けたのが、日本の「真の民主主義」への思いだった。日本の敗色が濃くなり、連合国最高司令官総司令部（GHQ）による占領が決定的になっても、エンブリーは自国アメリカの占領には慎重な姿勢を崩さなかった。それは、GHQの力による上からの民主化が、必ずしも日本の民主主義を育てることにならない、という疑念からだった。

そして、この二つの問いの確かな原点として、エンブリーが須恵村で体得した「協同（はじあい）」の精神とローカルな自治の仕組みがあったと私は思う。

エンブリーが提起した課題は、解決するどころか、一層混迷の度を増しながら、ほとんどそのまま現在の世界および日本に持ち越されている。だから、日本を愛した異国の人類学者の全体像を追求することは、戦争と縁が切れなかった近現代史に新たな光を当てるとともに、現代を問うことでもある。この本で私は、以上の視点を踏まえて、これまでほとんど明らかになっていない「エンブリー夫妻の日米戦争」を追ってみたい。

ジョン・エンブリーが撮影した1935〜36年の須恵村（1）

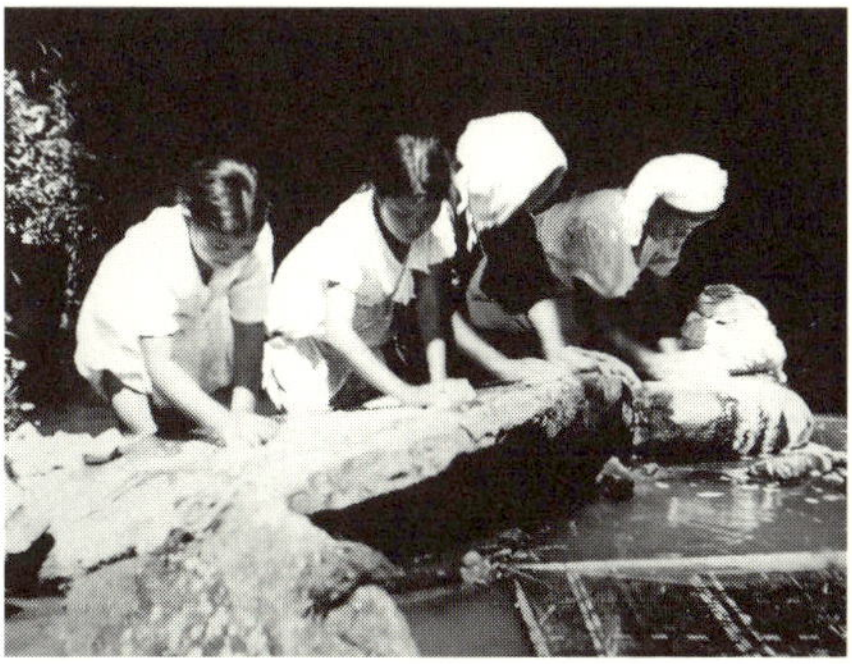

◎文中の主な組織の略号一覧（アルファベット順）

BEW（Board of Economic Warfare）＝戦時経済委員会
CAS（Community Analysis Section）＝コミュニティ分析課
CATS（Civil Affairs Training School）＝民政訓練学校
CIA（Central Intelligence Agency）＝中央情報局
CIMA（Coordinated Investigation of Micronesian Anthropology）＝ミクロネシア人類学共同調査
COI（Office of the Coordinator of Information）＝情報調整局
FBI（Federal Bureau of Investigation）＝連邦捜査局
ECA（Economic Cooperation Administration）＝経済協力局
FMAD（Foreign Morale Analysis Division）＝海外戦意分析課
GHQ／SCAP（General Headquarters／Supreme Commander for the Allied Powers）＝連合国（軍）最高司令官総司令部
IPR（Institute of Pacific Relations）＝太平洋問題調査会
OEM（Office for Emergency Management）＝緊急事態管理局
OSS（Office of Strategic Services）＝戦略事務局
OWI（Office of War Information）＝戦時情報局
R&A（Research and Analysis Branch）＝調査分析部
USIS（United States Information Service）＝国務省情報局（あるいは文化広報局）
WRA（War Relocation Authority）＝戦時転住局
YMCA（Young Men's Christian Association）＝キリスト教青年会

第一章　人類学への道

リベラルな父

エンブリー夫妻と戦争の関わりに入る前に、まず夫妻の略歴と、主著である『須恵村』および『須恵村の女たち』を簡単に紹介しておこう（詳細は前著『忘れられた人類学者《ジャパノロジスト》』を参照してほしい）。

ジョン・フィ・エンブリー（一九〇八～五〇）は、一九〇八年八月二十六日、アメリカ北東部のコネティカット州ニューヘイブンに生まれた。父エドウィン・ロジャーズ・エンブリー（一八八三～一九五〇）は、石油王J・D・ロックフェラーが一九一三年に設立した世界最大の慈善事業団体ロックフェラー財団の事務局長、副理事長を歴任。社会学者として人種差別批判などの著書も多いヒューマニストだった。歴史学者アルフレッド・パーキンスによる詳細な評伝『エドウィン・ロジャーズ・エンブリー』（二〇一一年）などを基《もと》に、エドウィンの影響を絡めながらジョン・エンブリーの生い立ちをたどってみよう。

ジョン・フィ・エンブリー
（1908～50）

［右から］エンブリーの父エドウィン（1883〜1950）と曾祖父ジョン・グレッグ・フィ（1816〜1901）

　父エドウィンは、エール大学卒業後、『ニューヨーク・サン』紙の記者、エール大学の管理部門などで働いた後、ロックフェラー財団に一九一七年から十年間在籍。事務局長八年を経て副理事長まで務めた。二八年にはユダヤ系ドイツ人ユリウス・ローゼンウォルドが創設したローゼンウォルド基金に移り、三〇年から四八年まで理事長として日系およびアフリカ系アメリカ人を支援する活動に取り組んだ。エドウィンは、『黒人の魂』（一九〇三年）などの著作で知られる公民権運動家で社会学者のウイリアム・E・B・ドュボイスとも親交があった。

　この間、一九三四年には、息子ジョンが卒業したハワイ大学に多額の寄付をし、学位授与式で挨拶するなど時々足を運んだ。戦後の四八年からはリベリア財団理事長となり、アフリカに対する関心を一層深めた。ロックフェラー家と親しいルーズベルト大統領の人種問題の顧問も務めている。ルーズベルトが植民地主義に批判的な立場に傾いた背景にはエドウィンの影響があったかもしれない。

　エドウィンには、アメリカの人種差別問題を扱った『ブラウン・アメリカ』（一九三一年）や『アメリカの黒人』（一九四二年）、『地球の民族』（一九四八年）など著書も多い。しかし、マッカーシズム（反共産主義活動）の嵐の中で、エドウィンの著作は共産主義的文書との疑いを持たれた。

　エドウィンの父親、つまりジョン・エンブリーの祖父ウィリアム・ノリス・エンブリー（一八四三〜九一）はユニオン・パシフィック鉄道の駅長だったが、結核を患い四十八歳の若さで亡くなる。エドウィンが八歳の時だった。このためエドウィンは、ケンタッキー州ブラッケンの母方の祖父（ジョンの曾祖父）ジョン・グレッグ・フィ（一八一六〜一九〇一）の家で育てられ、強い影響を受けたという。

ジョン・グレッグ・フィは、白人と黒人が混在した地域にあって奴隷廃止主義者として知られ、同州ベレアにベレア大学を創立した人物でもあった。本書の主人公ジョン・フィの名は、この曾祖父から取られた。

人種差別に反対する進歩的でアカデミックな家庭環境にあったジョンもまた、教育熱心な父エドウィンに感化されて育った。写真を見ると、父子ということがすぐ分かるほど瓜二つだ。

「僕は反抗的な家系の生まれなんだ」

エンブリー家の系譜をたどったら、ジョンの九代前までさかのぼることができた。ロバート・エンブリーという人物が一六六五年、フランスのノルマンディから四十代半ばでアメリカのコネティカット州フェアフィールドに移った、という記録が見つかった。イギリスの清教徒ピルグリム・ファーザーズが一六二〇年にメイフラワー号で〝新大陸〟に移住してわずか四十五年後だ。

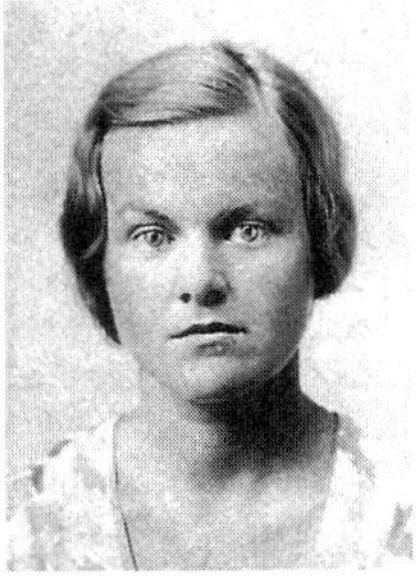

エンブリーの恋人だったアグネッサ・ラーセン

また、ペンシルバニア州にはエンブリービルという町があり、一八〇〇年代にウィリアム・エンブリーが開拓したとされる。ジョンの父方の四代前は、一七八三年ペンシルバニア生まれのウィリアム・エンブリーという名で、同一人物の可能性が高い。

ジョンが二十歳のころハワイで付き合っていたアグネッサ・ラーセンのエッセー『心の落書き』（一九九四年）には、こんなエピソードも記されている。あるとき、父エドウィンの著書『ブラウン・アメリカ』を引き合いにエンブリーが「僕は反抗的な家系の生まれなんだ」と言うと、ラーセンが「反抗的な人は普通、ほんとの愛国者（パトリオット）になって終わるものよ」と応じたという。エンブリーは戦後、治安を司る連邦捜査局（ＦＢＩ）に監視されるが、アメリカを憂える気持ちは誰よりも強かった。ラーセンには人を見る目があったということだろう。人種差別を批判した『ブラウン・アメリカ』には、「奴隷制度に対する改革者の中でも最も積極的な活動家の一人」として、父親が尊敬した曾祖父グレッグ・フィの生い立ちと活動が詳しく紹介されている。

ジョンには、三歳年下のエドウィナ（一九一一〜二〇一〇）と十一歳下のキャサリン（一九一九〜二〇一二）という二人の妹がいた。キャサリンは、戦時中にエンブリーが日系アメリカ人の強制収容所を管理する戦時転住局（ＷＲＡ）に勤務している時に、カリフォルニア州のトパーズ収容所で働いており、一九九九年に回顧録を出版している。父と兄に影響されたのだろう。三人の兄妹は、ホノルルでもトロントでも同じ地に暮らしている。よほど仲が良かったとみられる。

エンブリーは、リベラルな教育方針に共感した父親の勧めで私立リンカーン高校に入るが、「一家は一年のほとんどをハワイで過ごした」という。ホノルルの私立高校プナホウ・スクールに通ったことは、若い感性がアメリカと異なった文化に接する最初の機会になった。

一九二六年（大正十五）二月には両親に連れられ日本を旅行。神戸に到着後、京都、奈良、三重や東京を訪問。その後七月まで、東南アジア、スリランカ、スエズ、フランスへと五ヵ月かけて歴訪し、さまざまな民族や文化に触れる貴重な体験をした。この家族旅行が、エンブリーの社会人類学への進路決定に影響したことは容易に想像できる。二七年にカナダのモントリオールのマッギル大学に入学する前には、一人で数ヵ月フランスに滞在している。

父エドウィンは頻繁に海外旅行を繰り返し、フィールドワークに没頭。世界四十五ヵ国を訪れたという。エンブリーが現場のフィールドワークを好み重視したのは、何より父親の影響が大きかった。家庭環境に加え、家族旅行を通じて西欧列強による植民地支配、民族差別の実状に接したことが、後に自民族中心主義を強く批判するエンブリーの思想信条に作用したことは疑いない。

エンブリーの母ケイト（一八八七〜一九七四）は、不動産業で成功した家に生まれたが、二人の姉は子どもの時に病気で亡くなり、母親もケイトが十代半ばの頃に死亡。幸せな家族とは言えなかったようで、長姉として年下の弟妹と父親の食事を作らねばならなかった。大学にも行けなかったが、結婚した学究肌のエドウィンよりも熱心な読書家であり、それは一九七四年にホノルルで亡くなるまで生涯変わらなかったという。

1926年、初の日本旅行。後列左から父エドウィン、ジョン、前列左端が母ケイト（ジョン・デヴロー氏提供）

エラとの出会いと二十代の遍歴

一九二九年六月、エンブリーは太平洋航路の船中で日本育ちのユダヤ系ロシア人エラ・ルーリィと出会い一目ぼれ。エラによると、その後も文通を続けたという。

一九三一年にハワイ大学で学士号を取得。このころエンブリーは創作的な文章を書くことに興味を覚え、ハワイの

1945年、キャサリンの結婚式に集まったエンブリーの家族。手前右からジョン、妹キャサリン、その夫アーサー・ハリス、母ケイト、後ろ左端が父エドウィン、その右が妹エドウィナ。右３人は不明（ジョン・デヴロー氏提供）

雑誌に幾つかのロマンティックな随筆を寄稿した。

　ハワイでエンブリーの恋人だったラーセンは、母国ノルウェーの劇作家ヘンリック・イプセンの戯曲『ペール・ギュント』の夢想家の主人公ペールの生き方を巡り、エンブリーとの会話が弾んだことを明かしている。三人の女性と関係したペールを持ち出したのがエンブリーだったことは、どこか暗示的だ。ラーセンも開放的な女性だったようで、自著『心の落書き』にはエンブリーの肖像のほか、若い頃の自身のヌード写真も掲載している。

　一九三一年の夏、カナダのトロント郊外にあるエンブリー家の別荘で一ヵ月過ごした後、ラーセンは彫刻家を目指してパリに旅立つ。ラーセンと別れたエンブリーは、グレイス・シオットと十二月に電撃結婚。グレイスは、食品会社イングレディオンの創設者でスタンダード石油の役員を務めたエドワード・ベッドフォードの孫娘で、同じスワースモア大学に通うエンブリーの妹エドウィナの親友でもあった。ベッドフォードは五月に亡くなっていたが、著名な富豪の孫の結婚式として、その様子はニューヨークの地元新聞に掲載されたほどだった。

　しかしエンブリーは、ハワイでの短い結婚生活の後、自身の子を身ごもっていたグレイスと離婚する。電撃結婚の真意や離婚の原因、時期については、身近な関係者にも明らかではない。エンブリーはグレイスを愛していたとエンブリーの甥のジョン・デヴローは言うが、一目ぼれしたエラと文通を続けていた。また、エンブリー家やシオット家が結婚を好ましく思っていなかったという背景もあったようだ。離婚してすぐ別の男性と再婚したグレイスは一九三二年九月に男児を出産。祖父の名を取った息子エドウィン・ベッドフォード・マンフォード（一九三二〜八八）は数冊の小説を出版したが、エンブリーは亡くなる直前までその将来を気遣っていた。シカゴ大学の先輩ロバート・レッドフィールドとの文通にも、十代の息子の進路を相談していた様子がうかがわれる。

一方エンブリーは、同じ年十二月十九日にアリゾナ州ツーソンでエラと再婚し、翌三三年十二月二十八日、一人娘クレアが生まれる。父エドウィンが「悩ましくも創造的な時期」と言うこの間の〝ペール・ギュント〟の多情な振る舞いは、周囲をひどく悲しませ怒らせもした。しかし、父はそれが「短慮ではなかったと思う」と、十六年後にエンブリーに宛てた手紙で理解を示している。エラとの結婚は、結果的にエンブリー家の人々を満足させるに十分だった。エラはグレイスとも友人になったという。

一九二九年から三三年まで、エンブリー夫妻の人生を決定づけた波乱の五年間だった。

当時エンブリーはコロンビア大学で英語を教える仕事に就きたいと思っていたが、エラとの結婚が日本への関心を一層深めさせ、社会人類学への道に進むことを決意させた。

エンブリーの妹エドウィナ（中央）の結婚を伝えるホノルル紙（1932年12月24日）の記事の写真。左は妹キャサリン、右はエンブリーの最初の結婚相手グレイス（ジョン・デヴロー氏提供）

1940年当時のエンブリー一家（ジョン・デヴロー氏提供）

文学から人類学への関心の移行は、アン・シングルトンのペンネームで詩を書いていたルース・ベネディクトを思い出させる。ベネディクトは華麗な文章による日本文化論『菊と刀』を著した文化人類学者である。日本で言えば、民俗学のために詩心を封印した柳田國男も同様の道をたどった一人だ。

努めて主観を封じ込めたエンブリーの著書と多くの論文には、表現に対する禁欲さえ感じられる。ただ文学への関心は、彼らの視線を複眼的にした契機でもあり、それぞれの表現力を支える源であったことは間違いない。

「夕刻は鮮やかで穏やかだが、もの憂げだ。風はなく、自然は死んだように静かだ。静けさは、悲しげな人が近くで弾く三味線の沈んだ音色によっていっそう深まる」。

エンブリーが一九三二年夏、日本に滞在した折の「軽井沢日記」の一節である。「一見したところ（On the Face of It）」と題した日記には、感傷的で詩的な表現が随所にあり、文学青年らしい当時のエンブリーの片鱗が垣間見える。この一節は、身重のグレイスを案じながら、一方でエラに恋心を寄せるエンブリーの幽愁の投影だろうか。

文学への関心をうかがわせる恐らく唯一の著書は、須恵村で収集した百点を超える民謡を紹介した『日本の民謡』（一九四四年）だ。長唄や都々《どど》逸《いつ》、子守唄、猥《わい》歌の音節やリズムの取り方の詳細な解説からは、人類学的関心を超えたエンブリーのセンスが感じられる。

すき焼きパーティの準備中に日米開戦の報

一九三四年にトロント大で人類学の修士号を取得した後、シカゴ大学に進む。シカゴ大の人類学部では、構造機能主義人類学の基礎を築いたアルフレッド・R・ラドクリフ＝ブラウン教授（一八八一～一九五五）の指導を受けた。

一九三五年（昭和十）十一月、シカゴ大学社会科学科の東アジア調査の一環として、妻子とともに須恵村に居を構え、翌三六年十一月まで一年間、博士論文を書くために調査研究を行った。エンブリー三度目の訪日だ。その成果として、千二百七十六ページに上るフィールドノートと千六百八枚の写真を残した。帰国後、二百十ページに及ぶ博士論文「須恵村　変化する経済秩序」をわずか半年で書き上げ、三七年六月に提出、アメリカの人類学的日本研究ではシカゴ大学で初めての博士号を取得する。

八月には一家でハワイに移住し、翌三八年二月までハワイ大学の援助でハワイ島コナ地区のコーヒー農園の日本人移民を調査。日本のムラと比べ共同性が弱くなった移民社会を描いた報告書「ハワイ・コナの日本農民の新しい血縁集団」（一九三九年）も、その後エンブリーが評価される大きな業績となった。コナ地区のコーヒー農家の四割が熊本県出身者だった。

一九三九年十月には博士論文を基にした『須恵村』をシカゴ大学から出版。同書は、第二次大戦前では外国人による唯一の人類学者による日本農村研究として、ルース・ベネディクトの『菊と刀』の重要な参考文献になるなど、世界中から注目された。

一九四一年八月までハワイ大学で助教授として人類学を教え、その後再びトロント大学に移る。しかし、三ヵ月後の十二月七日（現地時間）、日本海軍によるハワイの真珠湾攻撃が勃発、エンブリーは日米戦争の大きな渦の中に巻き込まれていく。

その日夕、夫妻は自宅ですき焼きパーティの準備中だった。日曜日を利用して親しい友人たちが集まる予定だった。ラジオで衝撃的なニュースを聞いたエンブリーは、当時たまたま夫妻と同じトロントで働いていた二人の妹、エドウィナとキャサリンにすぐに電話し、ニュースを聞いたかどうか尋ねた。妹二人もエンブリー家のパーティに合流することになっていたが、それまでの時間、自宅でニューヨーク・フィルの演奏を楽しんでいた。

「私たちは皆、ハワイに住んでいたことがあり、真珠湾の位置はよく知っていた。私たちが一心にラジオの発表に聞き耳を立て続けたので、すき焼きパーティというこの珍しい催しは台無しになってしまった」。

後にキャサリンは『灰色の追放生活　第二次大戦中の日系人収容所を振り返って』（一九九九年）で、「その運命的な冬の日」を回顧している。

「兄はワシントンから呼ばれて、数日後にトロントを離れた」。

この後のエンブリーの足跡は後で詳しく紹介する。

戦中戦後の荒波をくぐり、エンブリーが亡くなったのは一九五〇年十二月二十二日。十六歳の娘クレアとクリスマスの買い物に出掛け、コネティカット州ハムデンの横断歩道で飲酒運転の車にはねられ、父娘とも即死。エンブリーの父エドウィンが同年二月二十一日にニューヨークの五番街で心臓発作で倒れ、亡くなってからわずか十ヵ月後のことで、エンブリーは四十二歳の若さだった。戦後、エンブリーが須恵村を再訪することはなかった。

戦中戦後にエンブリーが手掛けた著作や寄稿論文・記事、当局への報告書、日誌類は、私が把握した分だけでも百件を超える。この本で取り上げた主な文献を一部紹介する（全体は巻末の文献一覧参照）。

著書として『須恵村』（一九三九年）のほか、『日本人』（一九四三年）、『日本の民謡』（一九四四年）、『日本国家　社会的概説』（一九四五年）、『東南アジアの民族と文化の文献目録』（一九五〇年）を刊行。

論文として「日本の地方行政」（一九四四年）、「コミュニティ分析　統治における人類学の一例」（同）、「日本の軍事占領」（同）、「戦後日本の民主主義」（同）、「応用人類学およびその人類学との関係」（一九四五年）、「アジアにおける日本の遺産」（同）、「ミクロネシア　海軍と民主主義」（一九四六年）、「人類学と戦争」（同）、「サイパンとテニアンの軍政」（同）、「アメリカの軍政」（一九四九年）、「人類学の自民族中心主義に関する注釈」（一九五〇年）、「標準化された誤解と日本人の性格」（同）、「タイ　緩やかに作られた社会システム」（同）、「ルース・ベネディクトの『菊と刀』書評」（一九四七年）などを雑誌に寄稿。

また、政府関係機関への報告書として「日本の社会関係」（一九四二年）、「コミュニティ分析報告」（第一〜八号、一九四二、四三年）、「サイパンとテニアンの軍政府収容所調査報告」（一九四五年）などを提出。

その他、ミクロネシアや東南アジアのフィールドノートなどがある。

ロシアを追われたエラ一家

一方、エンブリーの妻エラ・メイエロブナ・ルーリィ（一九〇九〜二〇〇五）は、一九〇九年二月二十日、ユダヤ系ロシア人の水産貿易商メイエル・モイセーヴィッチ・ルーリィ（一八八一〜一九五四）とライサ・ロマーノヴァ（一八七九〜一九三七）の娘として、ロシア極東の港町ニコラエフスク・ナ・アムーレ（通称ニコラエフスク）に生まれる。六歳上のアレクサンドル（一九〇三〜七一）、三歳上のロベルト（一九〇六〜二〇〇一）という二人の兄がいた。

リトアニア出身のエラの祖父モイセイ・ルーリィは、ポーランドとリトアニアを占領するロシア帝政に対する一八三〇年の武装蜂起に参加。流罪となってサハリンで二十五年間過ごした後、ニコラエフスクに移り住んだという。

エラによると、ロシア二月革命直後の一九一七年三月、父メイエルはレニングラードに引っ越すためにシベリア南東部のチタで妻子と落ち合うことにしていた。しかしレニングラードの治安が悪化したため、チタ近くの温泉地で夏を過ごした後、父親が経営する「ルーリィ商会」の支店があるウラジオストックに移り、二年間暮らしたという（アナトリー・グートマン『ニコラエフスク・ナ・アムーレの破壊』英訳版前文）。同著でエラは、一家を含む多くのロシア人は二月革命には肯定的だったが、後のボリシェビキによる十月革命を「恐怖」と表現している。

一家は一九一九年（大正八）暮れに会社の支店がある函館に移住。翌二〇年一月から横浜の山の手に住んだ。二三年の関東大震災で自宅は倒壊したが、家族は函館にいて助かった。エラは函館で親戚に囲まれて過ごした。多感な年頃の十年間を日本で暮らしたエラは、フランス語や英語、ドイツ語などを家庭教師に習うとともに日本語を習得した。

一九二四年に神戸に転居。在日外国人子弟のミッションスクールであるカネディアン・アカデミイに一年間通った。『日本における近代国家の成立』（一九四〇年）で知られる外交官で歴史家のエドガートン・ハーバート・ノーマンと同級生だった。卒業アルバムには、「エラは自分の能力を隠す

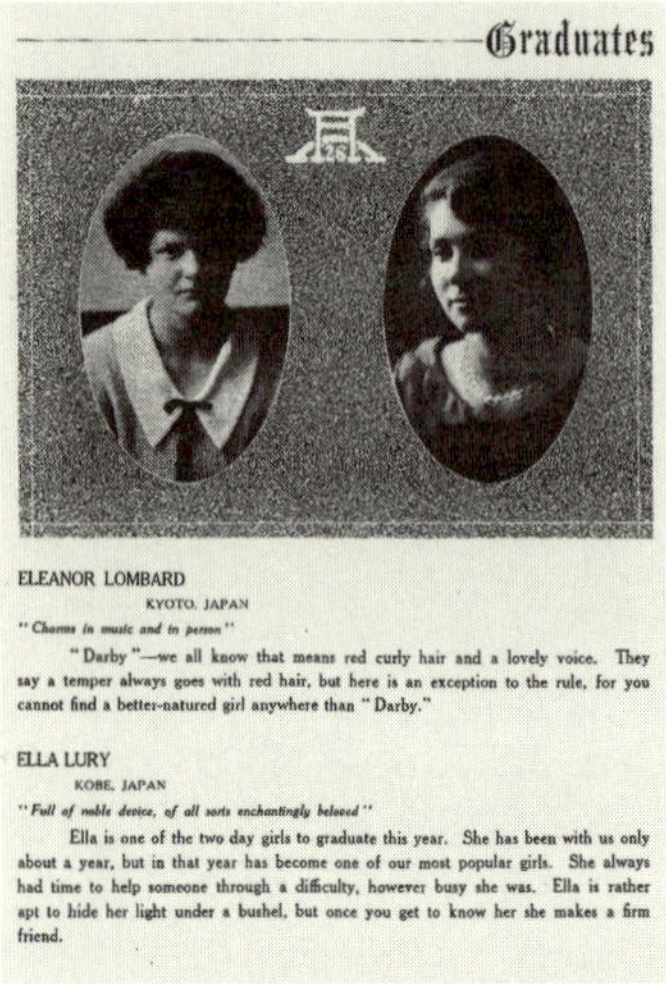
Graduates

ELEANOR LOMBARD
KYOTO, JAPAN
"Charms in music and in person"
"Darby"—we all know that means red curly hair and a lovely voice. They say a temper always goes with red hair, but here is an exception to the rule, for you cannot find a better-natured girl anywhere than "Darby."

ELLA LURY
KOBE, JAPAN
"Full of noble device, of all sorts enchantingly beloved"
Ella is one of the two day girls to graduate this year. She has been with us only about a year, but in that year has become one of our most popular girls. She always had time to help someone through a difficulty, however busy she was. Ella is rather apt to hide her light under a bushel, but once you get to know her she makes a firm friend.

神戸のカネディアン・アカデミイの卒業アルバム（右がエラ＝同アカデミイ所蔵）

傾向にあったが、ひとたび彼女を知った人は誰でも堅い友情を抱く」と記されている。

十代後半のエラを彷彿《ほうふつ》とさせる逸話がある。一九二六年に着任した函館のロシア領事が、妻がいるにもかかわらずエラに恋したというのだ。函館のロシア人社会で知り合ったのだろう。領事は母親のライサに相談したが、ライサはもちろんはね付け、領事を落胆させたという。

一九二七年（昭和二）の夏を函館で過ごした後、兄のロベルトが通うカリフォルニア大学バークレー校に進み、二年生の終わりの二九年にパリのソルボンヌ大学に留学、フランス語教師の免許を取得し三一年に卒業した。パリでは東洋語学校にも通い本格的に日本語を学んだ。

パリ行きには裏話があった。実は、バークレーに進んだエラが兄の親友に夢中になったことから、兄は快く思わず、エラをパリに行かせるよう父親に勧めたという。進路を勝手に決めた兄と父親に対し、エラは「とても独裁的な家族だった」と回想している。ただ、留学時に取ったフランス語教師の免許は後に大いに役立つことになる。

一方、日本の外務省は当時、ルーリィ一家や父親の会社を「要注意露国人」として「細密なる偵察」を行っていた。外交史料館に多くの記録が残っている。一九三〇年（昭和五）八月の北海道庁による「リューリ商会ノ近況ニ関スル件」と題した九ページにわたる詳細な報告では「特異ノ点認メズ」と結論付けている。

1929年、ソルボンヌ大学に通うためパリに着いたエラ（ハワイ大学所蔵）

二十一世紀まで生きたエラ

一九二九年、太平洋航路の船上でエンブリーと出会ったエラ

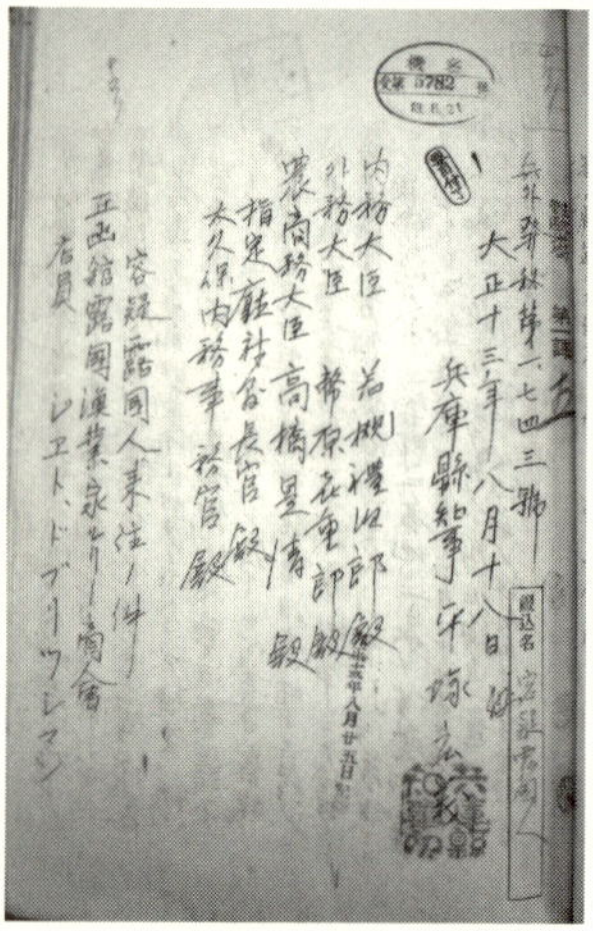

1924年、兵庫県知事から上げられた報告。「容疑露国人来往ノ件　在函館露国漁業家ルリー商会」とある

は、三二年に日本を去り結婚する。三五年、二人は再び日本を訪れる。一年間にわたるエンブリーとの二人三脚の須恵村調査を通じ、日本語が達者だったエラは、女性たちの話を中心にした日誌千五ページを残した。

夫妻が須恵村に滞在した翌年の一九三七年（昭和十二）六月に母ライサが東京で亡くなるが、エラは葬儀に参列せず後々まで悔いを残したという。エンブリーが、ハワイの日系移民の調査をエラに手伝ってもらうことを優先し、日本行きを止めたのだ。これらの逸話は、晩年のエラと週三、四回会っていたという教え子のパトリシア・ポランスキー（一九四四〜）に語ったものである。

一九三九年から四一年八月まではハワイの夜間学校でロシア語を教える一方、ハワイ大学で社会福祉の学士号を取得した。

エンブリーの死の翌一九五一年二月、夫妻をよく知るハワイ大学のグレッグ・シンクレア学長からフランス語教師とロシア研究の招きを受けたエラはホノルルに戻った。エラは夫と一人娘を同時に失った「心の穴を終生埋めることはなかった」（ポランスキー）が、自らの仕事に初めて正面から取り組んだのは二人の死後だった。語学力を生かした新しい人生のスタートである。思い返せばエラは結婚後、十回を超えるエンブリーの転任全てに付き従い、夫の仕事を手伝ってきたのだ。ハワイ大学にはエラの寄付を基にエラ・ウィズウェル奨学金が設けられている。

中央がエンブリー一家の墓。奥はエラの両親の墓（左は筆者。横浜・山の手の外国人墓地）

一九五五年四月にはフレデリック・J・ウィズウェル（一九一三～二〇〇四）と再婚。六五年夏に、コーネル大学の人類学者ロバート・J・スミス（一九二七～二〇一六）とニューヨーク州イサカで出会い、須恵村に関する夫妻の日誌などの資料を渡す。スミスは日誌と『須恵村』を読み込み、エラと協力しながら、十七年後の八二年に共著として『須恵村の女たち』（シカゴ大学出版）が出版された。

一九三五～三六年の須恵村調査以後、エラは五一年、六八、八五年の計三回須恵村を訪問している。特に八五年（昭和六十）の「エンブリー来村五十周年」の式典は村を挙げて盛大に行われ、大歓迎を受けた。エラはそのときの様子を、「五十年後の須恵村」（一九八八年）で詳しく回想している。九三年（平成五）にはロシアの故郷で七十年前に起った事件の報告『ニコラエフスク・ナ・アムーレの破壊』（アナトリー・グートマン、一九二四年）を英訳（第八章参照）するなど、晩年も精力的に研究・執筆活動を続けた。

エラは、二〇〇五年八月十六日、ホノルルで死去。九十六歳だった。教え子のポランスキーはエラの手を取って見送った。ワイキキビーチで散骨された後、遺灰の一部は、十二月十日に知人の手によって横浜の外国人墓地に運ばれ、エラが作った前夫エンブリーと娘クレアの墓の周りにまかれた。上からジョン、クレア、エラの名が刻まれたその小さな墓石は、エラの両親の墓の前に横たわっている。

第二章　須恵村へ

「コミュニティ研究」のため日本へ

開戦後のエンブリー夫妻の足跡を追う前に、夫妻の『須恵村』と『須恵村の女たち』が生まれた背景や、そのテーマについて素描しておこう。

まず、須恵村調査が、一定の文明を有する「半開社会」「半文明社会」を対象とする「コミュニティ研究」の一環だったことを指摘しておきたい。それまでアフリカや南米などの「原始社会」「未開社会」を対象にしていた人類学の調査や研究領域が、新しい視点で拡大された。ロバート・レッドフィールド（一八九七〜一九五八）によるメキシコ調査がその先鞭を付けたとされ、一九二六年にテポストラン、三一年にチャンコムを調査し、エンブリーの須恵村調査の良い先例となった。

レッドフィールドは、エンブリーの進路の節目で折に触れ相談するなど、最も心を許した朋輩だった。シカゴ大学に残された二人の度々の文通記録からも、公私にわたる交流がうかがわれる。エンブリーが須恵村調査中の一九三六年（昭和十一）一月十五日付の長文の手紙は、須恵村に関する公式の報告を二月にシカゴ大学へ提出する前に送られており、レッドフィールドに対する信頼感を表す一例だ。

『須恵村』の「紹介」でエンブリーの師ラドクリフ＝ブラウンは、コミュニティ研究の狙いと必要性についてこう記す。

「発展途上の民族の比較的に単純な社会は、ある意味で、学問的対象としてきわめて重要な意味をもつものではあるが、さらにその比較研究は人間社会全域にわたらねばならない。より進んだ社会についての必要な知識が別の方法では得られないので、現地調査はここに自らを拡大する必要があるわけである」。

エンブリーが須恵村に滞在した一九三六年は、満州事変から五年経ち、日中が全面戦争に入る盧《ろ》溝橋《こうきょう》事件、第二次上海事変の前年に当たる。日本軍の真珠湾奇襲による日米開戦五年前である。三三年には国際連盟から脱退し、国際的な孤立が深まっていった時期だ。

つまり、日米開戦間近の日本の人類学的な調査は、人類学の新たな潮流の中で敢行されたものだったが、たまたまその当事者となったエンブリーと調査結果である『須恵村』は、否応なく戦争の波に飲み込まれていったのだ。しかも、エンブリーが調査の目的とした村の「文化変容」、中でも博士論文のサブタイトルにある「変化する経済秩序」を調査することは、近代化による変化、ひいては文明の進歩の意味を問うことでもあった。

シカゴ大学の先輩ロバート・レッドフィールド（1897〜1958）

ラドクリフ＝ブラウンは、こうも記している。

「（単純で後進的な）この社会が政治的、経済的、宗教的そのほかの組織によって少しずつ大きな社会構造の中に融合していくのは人類史の著しい特性である」。

国家や資本が資源や市場を求めて領土を拡大する政策が植民地主義であり帝国主義だ。それは、ラドクリフ＝ブラウンが言う当時の「大きな社会構造」の一つでもあっただろう。うがった見方をすれば、「半文明社会」の調査は、激しくなる列強間の帝国主義競争の先を読んだ思惑が絡んだものだったのかもしれない。

シカゴ大学を創設したのはロックフェラー財団だが、須恵村を含むラドクリフ=ブラウンのこの調査にも同財団の資金援助があった。

一方でちょうど同じころ、アメリカでは「文化とパーソナリティ」「国民性」「性格構造」に関する人類学的な研究が盛んになり、軍や情報機関によって敵国に対する有効なプロパガンダとして利用されることになる。ルース・ベネディクトやマーガレット・ミード（一九〇一〜七八）ら、いわゆる「文化とパーソナリティ学派（国民性学派とも）」の台頭である。それに対しエンブリーは批判的な立場にいたが、結果的に『須恵村』もまた、敵国となった日本と日本人の特質を知る参考書として広く活用された。

その意味で人類学は、エンブリーが巻き込まれた当時の国際環境にかかわらず、また研究者の主観的な中立性にかかわらず、支配の学問・道具として使われる運命にあるとも言える。アメリカにおける人類学同様に、日本でもミクロネシアや満州など戦争中の植民地管理のために人類学が重用された。だが逆に人類学は、そうした支配の対象となる地域や人々の暮らしに役立つことができるのも事実である。科学の応用が、どちらの立場に身を置くかによって中立性に偏りが生まれることを表している。

「温かい友情に結ばれた」村民との交流

エンブリーが調査のために戦争前夜の日本に到着したのは一九三五年（昭和十）八月十二日。それから約二ヵ月、長野県を皮切りに、主に西日本の計二十二町村の候補地を訪ね歩いた末に調査地を「小さな平和な村で、美しい球磨《くま》川の渓谷によこたわって」いる須恵村と決定。十一月二日に須恵村覚井《かくい》部落に移り住む。須恵村は人口千六百六十三人と、二人で調査するのにちょうどいい規模だった。『須恵村』は、コミュニティ研究が目指す、文化変容を含めた「ホリスティックな（全体として見た）人の現実の記録」（レッドフィールド）を世に問う日本で初めての研究成果となった。

まる一年の須恵村での調査が円滑に運んだ背景には、幾つかの幸運があった。一つには、田舎には珍しい貸家があったことだ。しかも瓦ぶき二階建てで風呂が室内にあった。夫妻を助けたのが、愛甲慶寿《けいす》家《け》（一九〇五～三七）という、北海道大学農学部を出て英語が話せる好青年だった。焼酎醸造家の愛甲は夫妻に村の情報を教えるとともに日常の親しい話し相手であり、二歳年下のエンブリーにとっては「最良の友人」だった。また村長の守永留吉も夫妻を快く受け入れ、世話を焼いてくれた。

さらに、佐野寿夫《としお》（一九一四～四四）という、東京外国語学校（現東京外国語大学）出身の有能な通訳兼助手が、「日本語の知識は断片的」だったエンブリーの手足となって働いた。佐野は、後で触れる須恵村の債務整理組合の会議録や東京大学による東北地方の調査報告書の英訳なども手掛けた。エンブリーは「講演や村の記録のつらい翻訳や、昼夜にわたる尽力」に感謝の言葉を残している。佐野は、一九四四年（昭和十九）の二度目の出兵の折の十月、乗船していた輸送船がアメリカの潜水艦の魚雷攻撃のため沈没。エンブリーを支えた三十歳の若い命はフィリピン沖で戦争のために奪われた。

エンブリーの須恵村調査を支えた人たちと。前列左から、守永留吉村長、エンブリー、エラ、通訳の佐野寿夫、2列め左から3人目が愛甲慶寿家

日本語が達者なエラは、独自に女性たちの暮らしぶりを観察した。『須恵村の女たち』で、性器を

エラの膝に抱かれたクレア

比べ合い、夫以外の男性と関係を持つ女たち、酒宴の卑《ひ》猥《わい》な歌と踊り、そして「甘い子育て」などを濃密に描いた。村外から嫁いだ女性たちは、女だけの協同のネットワークを持ち、エラは「結婚や離婚などで予想のできないほどの著しい自立性」を見て取った。同書は、男社会のシステムを描いたエンブリーの『須恵村』を補って余りあるユニークな書物となっている。

夫妻は当初、二歳になる一人娘クレアと一緒に暮らしていたが、幼い子の生活環境としてはやや厳しく、また調査の支障にもなりかねないとの判断から、頭髪にシラミがうつされたことを機に、東京のエラの両親の元に預ける。親子三人水入らずの須恵暮らしは二ヵ月しか続かなかった。

調査は、「プライバシーがまったくない」「何でも自由に話せる」開けっ広げな村人たちが相手だったために、夫妻を仰天させるような話題も聞けた。夫妻もまた、橋の架け替えや堂の改修の寄付に応じ、部落行事に参加するなど積極的に村の暮らしに溶け込み、村民との交流を深めていった。ただ一方で、その日の出来事をフィールドノート（日誌）にタイプで書き残していた夫妻にとって、「大きな問題の一つは、常に酒を飲むということであった」。毎日のように開かれる酒宴に参加し「いつも酔っ払っていた」ことが調査の障害になっていたのだ。

とは言え、「かぎりない温かい友情に結ばれた」（『須恵村』）村民との交流こそが、農村社会学者の鈴木榮太郎（一八九四～一九六六）をして「外国人としてこれ以上に日本農民の心を読みとることは望み得ない」（「社会人類学上の研究としてのエンブリー氏の『スエ村』と日本農村社会学」一九四〇年）と言わしめる成果を上げた最大の要因だった。そしてその友情は、エンブリー夫妻の心に深く刻み込まれることになった。

「協同（はじあい）」の仕組みを描く

二〇一八年（平成三十）十月十六日、私は熊本県あさぎり町須恵で行われた「和綿の里づくり会」主催の和綿の収穫祭に参加した。一三年に発足した同会の活動は六年目に入っていた。地元の縫製工場を中心に、須恵の保育園、小学校、二つの高校、三つの福祉施設、老人クラブなどさまざまな団体が参加。総勢約二百人が一斉に綿を摘む風景は壮観だ。

村民の交流を深める酒宴（1936年夏、エンブリー撮影）

私は二〇一一年から三年近く単身で同町に移住し、夫妻が調査した須恵がどう変わったかを取材した。その間に会の立ち上げに関わった私は、町を離れた後も春の種蒔きと秋の収穫祭には毎年参加するようになった。

会のスローガンは「はじあい」と「かちゃあ」である。このスローガン、実はエンブリーの『須恵村』のテーマを参考にしている。

日米開戦二年前に出版された『須恵村』は、須恵村の「社会構造」、「単位としての個人についての諸関係の組織網」を主テーマとした民族誌だが、その「諸関係の組織網」の中核を成すのが、「協同（co-operation）」だった。

そして、私が現地で取材する中で最も心に残ったのが、この協同という言葉と重なり合う「はじあい」という独得の響きをもつ言葉だ。それは、支え合いや分かち合いといった相互扶助を意味し、須恵および隣接する深田地区だけでだけで使われている方言である。和綿の活動のスローガンにある「かちゃあ」は、エンブリーが「かったり」と記した共同労働（地方によって「結い」と呼ばれる）と同じ言葉だ。

例えば、宴会で手料理の持ち寄りがあると「はじゃあ（はじあい）の良か」と言い合い、部落の伝統的な踊りの稽古や子供会の「どんどや」などの地域活動は「はじあい」を合言葉として行われている。もちろん「和綿の里づくり会」もその一つだ。口先だけの「絆」や助け合いとは違ったムラの精神文化として、「はじあい」は今も身近な慣用語なのだ。「はじあい」の語は須恵の二つの記念碑にも刻み込まれ、引き継がれている。

『須恵村』の目次を並べることで協同の内容を概括できる。第一章「歴史的背景」以降、「村落の構造」「家族と世帯」「協同の諸形態」「社会階級と団体」「個人の生活史」「宗教」「須恵村の社会組織における外観上の変化」の全八章である。

「村落の構造」では、年中行事や冠婚葬祭を司る「ぬしどうり」という部落の世話役、それらを実際に運営する「組」による協同の仕組みが紹介される。家族は「基本的な協同的団体」だ。「協同の諸形態」には、田植えの際の「かったり」や、講《こう》、贈答（贈与交換）などの互恵的活動がある。「社会階級と団体」では、「制裁」や争いを巧妙に避ける「忌避」など協同の維持のための村落の知恵が披瀝される。

個人の生涯は、誕生から同年の仲間、結婚、死去・葬儀まで、親戚あるいは部落の協同によって営まれる。宗教と農業に関連して、自然との協同を表わすムラの民間信仰の重要性が強調され、一年の祭りや年中行事が協同によって組織される様子が詳細に記述されている。

「協同活動は人々のグループの自発的な行為なのであって、協同を強制せしめるようなボスがいて行われるのではない」。

「自発的」であり「ボスはいない」。『須恵村』に何度も登場する協同の本質を表す二つの重要な原理だ。それは自治の原点であり、民主主義に通ずるムラの「文化の基底」でもある。師であるラドクリフ＝ブラウンが言う「個々の人間を結びつける直接的なまたは間接的な社会関係の網状の組織」としての協同を追究することがエンブリーの一貫した姿勢だった。

「かったり」と呼ばれる 共同労働で行われる田植え
（1936年6月、エンブリー撮影）

そうした協同のあり方は、しかし、近代化による機械化と貨幣経済の導入によって次第に変化し衰退していく。だが最終章では、そうした須恵村の伝統的な文化は、政府の注意深い統制によって急激な衰退を免《まぬ》れたとしている。

私は、『須恵村』で取り組まれた協同とその変容というテーマこそ、これから紹介する戦中戦後のエンブリー夫妻の価値観の礎《いしずえ》になったと思う。「協同」という生き方の中に、穏やかに日常を暮らす人々の原点がある、という思いである。エラも、須恵村の女たちの「協同」を軸に、性や労働、子育てなどその生のあり様を縦横に描いた。

ラドクリフ＝ブラウンに従えば、エンブリー夫妻は「日本の村落では一般の男女がどういうような日常生活を営んでいるかという実態」を観察し記述した。軍国主義国家に導かれた戦争に対して「一般民衆」である村民がどう振る舞ったか、実情をつぶさに見聞きした。

戦後日本の村落調査で重要な役割を担ったミシガン大学のリチャード・K・ビアズリー（一九一八～七八）は『須恵村』のテーマを次のように評した。

「（コミュニティ研究における）社会組織の分野に関して、エンブリーの『須恵村』は、平等な社会関係の模範として機能してきた、コミュニティのメンバー間の協同と互恵的な義務に関する一つの型を作り上げた」（「日本におけるコミュニティ研究」一九五四年）

「平等な社会関係」「協同」「互恵的な義務」。ムラの協同に夫妻が見たのは、当時厳しさを増しつつあった国の統制としての「公」でも、貨幣経済や競争社会に伴って浸透する「私」でもなかった。講や贈与、祭りや酒宴に代表される、言わば「共」的な暮らしだった。だがそれは、当時でさえ「消滅しつつある」（『須恵村』）と感じられた。

軍事地帯から遠く離れた須恵村

では、当時の日本や須恵村の戦争との関わりはどんな状況だったのか。

日本は着々と戦争への道を拡大しつつあった。一九四四年（昭和十九）九月発行の『フォーチュン』誌の日本特集の中にある「戦争の年譜」の章も、エンブリー夫妻が須恵村に滞在した三六年から始まっている。タイム社が発行する『フォーチュン』誌は、同誌記者アーチボルド・マクリーシュ（一八九二～一九八二）が須恵村を取材するためにエンブリー宅を訪ねており、すでに三六年（昭和十一）九月の同誌日本特集号でもいち早く須恵村を紹介していた（第九章で後述）。

同誌によると、一九三六年は「この年もなお、その初めのころは、財界人もまだまだ事態を甘く見て、全体主義へのめり込む軍の暴走ぐらいはわけもなく掣肘《せいちゅう》できるものと、高《たか》を括《くく》っていたのである」。しかし、二月には二・二六事件が起こり、十一月には広田弘毅《こうき》内閣が日独防共協定に調印、軍国主義体制への道を突き進む。「軍はまた、内に向けては、議会主義、外に向いては、中国、ソ連の共産主義に対する攻勢をいよいよ激しくする」(『フォーチュン』)。翌三七年には七月の盧溝橋事件を契機に日中は全面戦争に突入。そして四一年十二月の真珠湾奇襲による日米開戦の日を迎える。

『須恵村』と『須恵村の女たち』には、戦争に関連する村の状況をまとめて記述した文章はない。だが、戦時色を感じさせる箇所が随所に登場する。

まず、夫妻は調査地候補として計二十二ヵ所を巡り歩いたが、その中から須恵村を選択した理由として、戦争へ向かう日本の状況があった。エンブリーは、四つの選択理由を示したが、その一つが、「須恵村は軍事地帯から遠く離れていて、われわれの仕事が軍の不当な疑惑を受けなかった。日本における外国人の実地調査にはこれを考慮に入れることが肝要」というものだった。このことは、政府機関の支援を受けたり、植民地や未開発地域を調査する場合と異なり、夫妻が敵性外国人に近い立場にあるという難しさを物語ってもいた。

1944年9月発行『フォーチュン』誌・日本特集号

当時の日本の情勢について、『須恵村』の第一章「歴史的背景」では、こう概観している。

「これらの(不平等)条約と優れた西洋機械文化によって生じた劣等感は、年々高まりつつあった毒性のある国家主義を発生させた」。

黒船来航から日米修好条約、明治維新後の富国強兵の流れ。「劣等感」という言葉が適当かどうかは議論があろうが、エンブリーは日本の「国家主義」の発生した要因の一つとして挙げている。当時の国際環境を踏まえたこうした見方は、後々、日米戦争に巻き込まれる中で、「日本の軍事行動は西洋の後追い」であるとしたエンブリーの史観の芽生えとして読める。

またエンブリーは、近代化に伴う機械化が社会や人々の暮らしを変える大きな要因であると強く感じていた。『須恵村』にたびたび登場する「機械」「機械文明（文化）」という言葉がそのことを表している。『須恵村』には、「機械化」よりも包括的な「近代化」という言葉は使われていない。機械に代表される科学や技術は、人々の暮らしを豊かにするが、同時に自然とつながったムラの暮らしを支える「はじあい」や「協同」を衰えさせもする。エンブリーはそのことを、目に見える物理的な「機械」というイメージに込めたように思える。足に軽い後遺症を残した自身の子どものころの交通事故から、須恵村での「最良の友人」愛甲慶寿家《けいすけ》の交通事故死、戦争を経て、自らの早すぎる交通事故死に至るまで、「機械」はエンブリーに付いて回る近代化の象徴的イメージだった。

エンブリー夫妻は随所で日本の「国家主義」「軍国主義」を実感していたが、それにもかかわらず多くの親切な日本人の協力を得て調査できたわけだから、まだ日米間にそれほどの切迫感はなかった。「日本へ着くと、私は外務省関係のお歴々を訪問して研究の目的を説明し、研究遂行の黙認を得た」。「黙認」は、正式な承認ではなかったことを意味するが、アメリカ人を「敵性外国人」として排斥する空気は、まだ政府にも国民にもなかった。

「急激な変化にもかかわらず、いくつかの重要な生活面の特徴は、なお変わらないままに残存し続けていた。せいぜい、単に形態だけを新たにして現れたのに過ぎないのであった」というほどに、村の生活の基幹部分は近代化や軍国主義による大きな変化を感じていなかったということだ。都市に比べて、変化の速度が遅い農村では一層そうだったろう。エンブリーが須恵村を去った翌年の一九三七年から、軍事機密を保護する改正軍機保護法など厳しい防諜政策によって、日本人研究者でさえ国内での農村調査が困難になったことを考えると、ギリギリの幸運だったと言える。

なお、ルース・ベネディクトは『菊と刀』で『須恵村』を高く評価した上で、「この研究が書かれた当時は、一九四四年にわれわれが直面していた日本に関する問題の多くは、まだ問題になっていなかった」と述べ、当時の日米関係が開戦にはまだ少し距離があったこと、だから『須恵村』も直接には対日戦略の参考にならないことを示唆している。

『Suye Mura』の翻訳連載と突然の中止

エンブリーの著書『須恵村』が、戦争中の学界や地元でどのような扱いを受けたかを知るための資料がある。民俗学者・大藤《おおとう》時彦（一九〇二〜九〇）の「エムブリー著『須恵村』を紹介す」と題した書評である。『須恵村』刊行二年後の一九四一年（昭和十六）二月に発行された郷土研究誌『球磨』（第百三十三号、「球磨郷土研究会」刊）に掲載された。エンブリーの調査と著作を、『球磨』を主宰する郷土史家の高田素《もと》次《じ》（本名・元、一九一二〜九三）が高く評価していたことを表している。

大藤の書評は、まず一九四〇年九月発行の雑誌『民間伝承』（第五巻十二号、「民間伝承の会」刊）に掲載された。日本における『須恵村』最初の書評だ。三九年十月にアメリカで『須恵村』初版が刊行されて一年も経っておらず、農村社会学者の鈴木榮太郎による四〇年十一月の書評より早い。

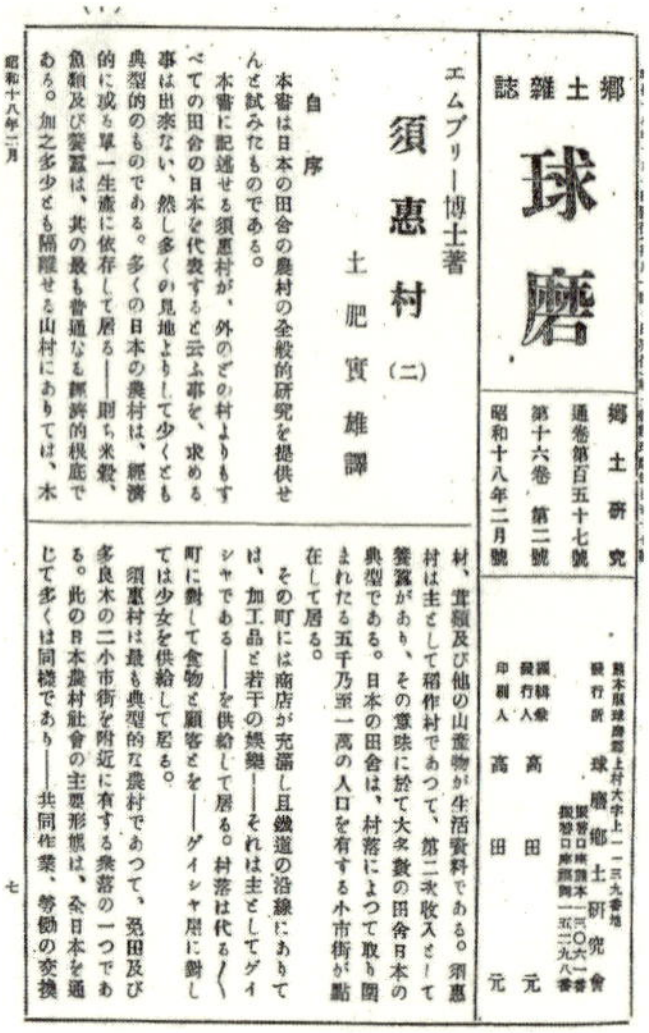

郷土雑誌
球磨
郷土研究
通巻第百五十七號
第十六巻 第二號
昭和十八年二月號
發行所 球磨郷土研究會
編輯兼發行人 高田 元
印刷人 高田 元

エムブリー博士著
須恵村（二）
土肥實雄譯

自序

本書は日本の田舎の農村の全般的研究を提供せんと試みたものである。
本書に記述せる須恵村が、外のどの村よりもすべての田舎の日本を代表すると云ふ事を、求める事は出来ない、然し多くの見地よりして少くとも典型的のものである。多くの日本の農村は、經濟的に或る單一生産に依存して居る――即ち米穀、魚類及び養蠶は、其の最も普通なる經濟的根底である。加之多少とも隔離せる山村にありては、木材、茸類及び他の山産物が生活資料である。須恵村は主として稲作村であつて、第二次收入として養蠶があり、その意味に於て大多數の田舎日本の典型である。日本の田舎は、村落によつて取り囲まれたる五千乃至一萬の人口を有する小市街が點在して居る。
その町には商店が充滿し且鐵道の沿線にありては、加工品と若干の娯樂――それは主としてゲイシヤである――を供給して居る。村落は代る〲町に對して食物と顧客とを――ゲイシヤ屋に對しては少女を供給して居る。
須恵村は最も典型的な農村であつて、免田及び多良木の二小市街を附近に有する集落の一つである。此の日本農村社會の主要形態は、全日本を通じて多くは同様であり――共同作業、勞働の交換

昭和十八年二月

七

エンブリーの『Suye Mura』邦訳を掲載する郷土誌『球磨』（1943年）

高田は、この書評を『球磨』に掲載した経緯について、「民間伝承の会」（現在の日本民俗学会）を主宰した柳田國男と親交があった縁で、柳田の弟子の大藤に転載を依頼したことを明かしている（『くまもとフォーラム』一九八九年新春号）。エンブリーが日本到着後、柳田を訪ねていたことから、高田はその調査結果がどう結実するかずっと注目していたのだろう。

大藤は書評で、「何よりも深く感ぜられたことは著者の態度に何等の先入観なく、外人に往々見受けられる色濃き主観性の露呈が全然ないことである」と述べ、エンブリーの偏らない調査姿勢に敬意を表している。

また、『球磨』の「編集者付記」には、「目下本会（球磨郷土研究会）に於て翻訳中」と、『須恵村』翻訳の掲載が予告されている。

そして二年後、一九四三年（昭和十七）一月の『球磨』第百五十六号から邦訳の連載が開始される。翻訳したのは、旧上村《うえむら》（現あさぎり町）に住む球磨郷土研究会員で、柳田とも親しかった土肥實雄《さねお》。短い前書きが付記されている。

「エムブリー君を熊本駅頭に見送ってから早や七年の月日は流れた。……目下米国とは交戦国と云ふ仲になり、米人と云へば不倶戴天の仇敵と感ずるのが一般の人情である。この敵国人の著書を訳するものは或は世人の非難を招く所以《ゆえん》かも知れぬが、この翻訳は本書の出版されて間もなく着手したものである。

急がぬ仕事で暇の折々に筆を取って居たが、何分にも正規の学歴を踏んで居ないので少からず苦心した」。

しかし邦訳の連載は、ラドクリフ＝ブラウンの「紹介文」、エンブリーの「自序」、そして本文の「歴史的背景」と、一九四三年四月号まで四回続けて掲載された後、五月号で突然「事情により当分休載します」のお断りが載る。そして六月号に「エムブリー博士『須恵村』の中止につきて」と題する、土肥の弁明文が掲載される。戦時中の検閲の実情を映す資料の一つだ。以下一部を除き再録しよう。

「今回からエムブリー博士著『須恵村』の訳文掲載を中止せざるの止《や》むなきに至った。事情は云《い》はずとも明白である。（四十年前日露戦争の頃、吾が南條文雄博士＝筆者注：仏教研究家＝が露都ペテルブルグ大学の某博士と協力して、梵文の共同研究を独逸《ドイツ》にて発行し、学界に一美談として伝へられた事は、記憶して居る人もあるかも知れぬ。然し時勢は一変した。）敵国人の著書と云へば、如何なるものも翻訳発行は遠慮せねばならぬ世の中になった。既に八分通り訳文も完成して居るこの労作も、永久に葬り去られるかと思へば感慨なきにしもあらずである。然し之《これ》も時勢の然らしむる所であれば致し方もない。数年前まで新聞であれ雑誌であれ苦々しきまでに欧米の真似をした時、吾人《ごじん》はその極端にあきれ果てて居たが、今や百八十度の局面転換をした。当時吾人はいつも云っていたが、この欧米万能英語万能は将来必ず来るべき日米戦争を一転機として一大変化をするであろう。恐らくは英語は維新前の阿蘭陀語と同一の運命を担うべきであらうと。その頃世間は皆英語様々《さまさま》で、吾人のこの放言を一笑に付して居た。然し来るべきものは遂に来った。今後暫《しばら》くは独逸語全盛時代であろう。……エムブリー君の研究になるこの『須恵村』も亜米利加《アメリカ》流の英文を読む若干の人にのみ知られて、球磨の一農村が如何に観察せられしかは多くの人達は永久に知ることはできないのであらうか」。

文面には、怒りを抑えた土肥の悔しさが滲む。

この後、主宰の高田素次は、多良木《たらぎ》警察署から呼び出しを受けた経緯を、こう回想している。「私は多良木警察署に呼び出され、惨々《さんざん》に叱言《こごと》をくった上、掲載中止を厳命されたのであった。だから六月号に連載中止の弁を掲げた」（『くまもとフォーラム』）。

掲載分の四回の邦訳は、「堕胎」や「子殺し」が「〇〇」と伏字になり、「幕府の軍隊と天皇の軍隊の武力衝突」が黒塗りにされるなど検閲の跡が散見される。高田は『須恵村』が日本占領終了後の一九五五年に邦訳出版されたことにも触れ、「ずいぶん誤訳があると残念がっておられた土肥氏を思い出す」と述懐している。また、「八分通り完成した」訳稿について高田は、「五百三十二枚の原稿は私の手元にねむっている」と明かしており、あさぎり町上村の高田家に保存されているとみられる。現在は親族が管理されているようだが、戦争の側杖《そばづえ》を食った訳稿がいつの日か調査されることを期待したい。

「日本の学校は、国家主義が行き過ぎていることを除けばアメリカと大体同じ」

そんな、エンブリーの預かり知らぬ曲折もあった『須恵村』だが、エラが後に雑誌のインタビューで話したエピソードは、須恵村民の気持ちを代弁している。エラが一九五一年（昭和二十六）に戦後初めて須恵村を再訪したときのことだ。一人の村人がこう言ったという。「戦争中に隣村には爆弾が落ちたけど、須恵村には何の被害もなかった。それはエンブリーさんのおかげです」。何の裏付けもない逸話だが、須恵の人々は今も同じことを口にする。

ところで、柳田國男が主宰する「木曜会」の一員だった大藤は後に、エンブリーが須恵村を離れた後、帰国挨拶のため夫妻で東京世田谷区の柳田の自宅を訪問したことを紹介している（『日本民俗学史話』一九九〇年）。同席した大藤は「いろいろ話を聞いた」としているが、話の内容には触れていない。

幸い、エンブリーのフィールドノートにその日のことが短く記されていた。日付は、須恵村から東京に移動した後、帰国直前の一九三六年（昭和十一）十一月二十九日。日曜日だったが、二年前に始まった隔週の「木曜会」が開かれていた。柳田の山村調査を手伝った文化人類学者の杉浦健一（一九〇五～五四、後に東大教授）らと連れ添っての訪問だった。

「柳田は、アメリカと日本の小学校を比較してどう違うか私に尋ねた。私は、日本の学校では国家主義が行き過ぎていることを除けば大体同じだと答えた。すると、杉浦が大声で笑い、柳田は、学校の国家主義は最近の現象だが、大学でも感じられるようになったと言った」。

ノートでは、ナショナリズムの話題しか取り上げられておらず、時局と軍国教育に対する柳田の懸念がうかがえる。

その日の朝、九州旅行から戻ったばかりの柳田とエンブリーを囲んだ木曜会の様子が、『民間伝承』第二巻第四号（一九三六年十二月二十日）に短く報告されている。「協同労働のユヒの事をカタリと云ふが、結婚を意味するカタラフと、子供を遊びの仲間に入れた時にカテルと云ふこと、まぜ飯をカテミシと云ふ事等と関係させて考へてみたい」と、「協同」に触れた記述も見える。

エンブリーは、日本到着一ヵ月後の一九三五年九月十八日、全国の山村調査の最中だった柳田宅を訪ね調査地の選定などに関して多くの助言を得ており、二度会ったことになる。しかし、その後の二人の著作に互いの関係への言及は見当たらず、強い関心を抱くことがないままの別れだったようだ。

一方杉浦は、『民間伝承』第十一号（一九三六年七月）に、早くも「須恵村の社会組織調査予報」と題した短信を掲載。「特に組、講の組織に注意し……社会組織に関する限りは同年講等を問題とする程突き込んでいる」などと紹介している。当初、この短信が何を指すのか分からなかったが、エンブリーがシカゴ大学への最初の報告書を一九三六年二月付で送っていたことを知った。エラと連名、三十ページほどで、タイトルは「須恵村の社会組織の予備的報告」。同じ報告書であることは疑いない。杉浦が文書を入手した経緯は定かでないが、日本の民俗学・人類学界がエンブリーの調査を注視していたことが知れる。

杉浦は、日本領だったミクロネシア調査を一九三七年からパラオやポナペで南洋庁嘱託として行っており、植民地主義的な人類学に対する批判の対象となったこともある。

『民間伝承』は、一九三五年九月の創刊から戦前では最終の通算一〇六号（四四年八月＝戦後の四六年八月に復刊）まで、戦時の厳しい状況にもかかわらず刊行を続けることができた。主宰する柳田を含め「国策に添いつつ」戦争にあえて反対しなかった編集方針のゆえと思われる。後で触れるが、終戦時にミクロネシアを調査していたエンブリーは、杉浦ら日本の学者とは異なり、人類学が戦争に利用されることを厳に慎んだ。

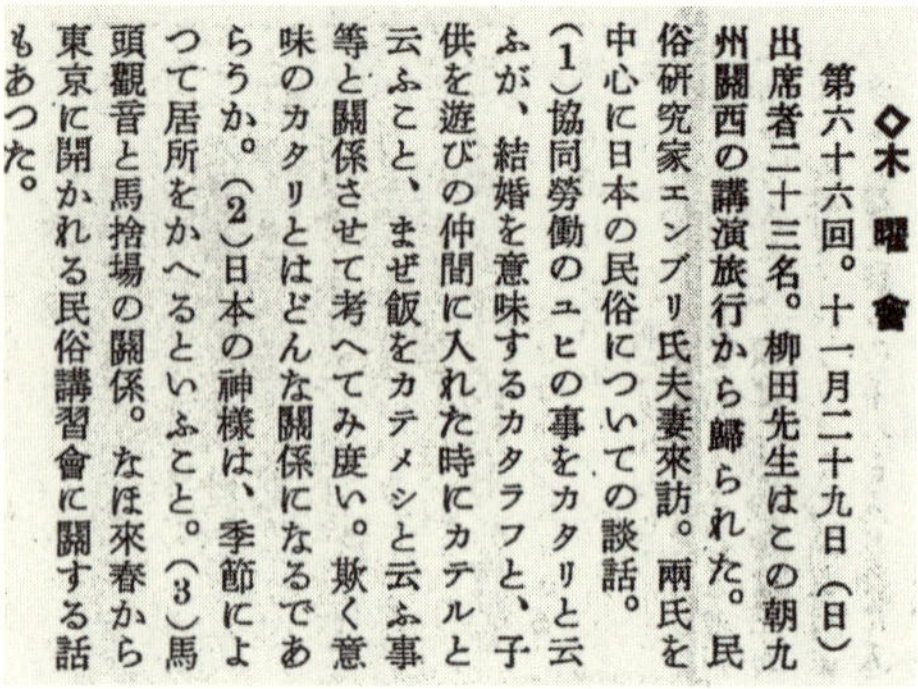
◇木曜會

第六十六回。十一月二十九日（日）出席者二十三名。柳田先生はこの朝九州關西の講演旅行から歸られた。民俗研究家エンブリ氏夫妻來訪。兩氏を中心に日本の民俗についての談話。(1)協同勞働のユヒの事をカタリと云ふが、結婚を意味するカタラフと、子供を遊びの仲間に入れた時にカテルと云ふこと、まぜ飯をカテメシと云ふ事等と關係させて考へてみ度い。斯く意味のカタリとはどんな關係になるであらうか。(2)日本の神様は、季節によつて居所をかへるといふこと。(3)馬頭觀音と馬捨場の關係。なほ來春から東京に開かれる民俗講習會に關する話もあつた。

『民間伝承』（第２巻第４号）に掲載された木曜会の消息記事

エンブリー夫妻は、まる一年の須恵村調査を終え、一九三六年十二月七日に日本を出立、アメリカへ帰国する。その時に利用した、横浜とサンフランシスコを結ぶ北米航路の客船は日本郵船の「秩父丸」だった。一九三〇年（昭和五）に建造され、一万七五二六トンという総トン数は当時の客船では最大で、「太平洋の女王」と称された。三九年に「鎌倉丸」と改名し、日米開戦前に海軍に徴用され、四三年にフィリピン沖でアメリカ潜水艦の攻撃を受け沈没。死者は二千人を超えた。

第三章　日米開戦、情報機関へ

エンブリーの日米戦争

一九三六年（昭和十一）末にアメリカに戻ったエンブリー夫妻は、その五年後、日米戦争の波にのみ込まれていく。

須恵村で接した庶民のありのままの暮らし、そしてそこから感じ取った「協同（はじあい）」の精神が、戦争中のエンブリーにどんな影響を与え、生き方を左右したか。以下、戦中戦後におけるエンブリーの当局での任務を中心に、その思考と実像に迫りたい。

その際、私の関心は次の三つの論点に集約される。①自分が属する民族や集団の文化や価値観を絶対的な基準にして他民族・集団の優劣を判断する（多くの場合見下す）「自民族中心主義」への抗議、②戦争の原因として喧伝された「異質な日本人の性格構造」をどう見たか、③アメリカを中心としたＧＨＱの占領政策と「日本の真の民主主義」との関連――である。

エンブリーに従えば、戦中のアメリカの自民族中心主義は、民主主義や自由主義を守るアメリカを善、ファシズム体制下の日本を悪と位置付け、アメリカ人の反日感情をあおる戦時のプロパガンダ（思想宣伝）として表された。その際、アメリカの世論は、人類学者らによって提出された、戦争を引き起こした日本人を「性格異常」と分析する傾向に流れていった。前述した第二の論点である。

もともと、この自民族中心主義を自省的に批判したのが、文化相対主義を掲げるフランツ・ボアズを皮切りに、その弟子のルース・ベネディクトら文化人類学者だったとされる。一九三〇年代のことである。学派は異なるが、文化相対主義という点ではエンブリーもその潮流の中の一人だった。だが、戦争という異常な環境が、ベネディクトやミードら「文化とパーソナリティ学派」の文化相対主義を微妙に変質させていく。これに抗して、エンブリーは、日本の農村を調査した人類学者としてアメリカ当局に重用され続ける中で、自らの生き方の問題として直面することを余儀なくされた。

任務とのジレンマの中で微妙に心揺れながらも、エンブリーは、戦争を誘発した原因が日本人の攻撃的な性格にあるかのような心理分析的な見方ではなく、日本を取り巻く当時の国際的な政治経済情勢にあるとの認識を固めていった。見方によっては自国アメリカの戦争の大義に反旗を翻すようなエンブリーの言動は、連邦捜査局（FBI）による厳しい監視を招くことになった。

そういう意味で、エンブリーを十把ひと絡げに「戦争協力者」扱いにし、ベネディクトやゴーラーらと同様に「日本（人）の特異性」を強調したとする歴史学者ジョン・ダワーらの見方（第十三章参照）には強い疑問を感じる。

そして三番目の論点。これも結局は自民族中心主義に関わるテーマだが、エンブリーは、連合国による日本占領に対しては「真の民主主義」の妨げになると批判し続けた。もっともエンブリーは、「真の民主主義」とは何か、具体的に描いているわけでも定義を試みているわけでもない。アメリカの民主主義があれば、協同と自治に基づく日本の田舎のローカルな民主主義もある。それらに優劣をつけるのではなく、エンブリーはただ問い続けたのだ。

「エンブリーさんをスパイじゃと言う人がおった」

私があさぎり町に移住し須恵を取材し始めたころ、「エンブリーさんをスパイじゃと言う人がおった」という声を二、三度耳にした。「でも、いま須恵でそんなこと思うとる人はおらん。そんなはずはなか」と皆すぐに口をそろえる。

エンブリー夫妻は一九三五年（昭和十）九月下旬、初めて須恵村を訪問する前に、隣の深田村に立ち寄り簡単な予備調査を行っている。そのとき、深田村の有力者からスパイと疑われて追い払われた、との伝聞があったという。スパイ説はもちろん真実ではないが、エンブリーのその後の経歴を知ると、結果的にこの疑いはまったくの的外れではなかったとも思える。

トロント近郊のムスコカ湖でモーターボートに乗って遊ぶ（左から）エンブリーとエドウィナ、キャサリン。エンブリーが２度経験し大好きだったトロント暮らしは日米開戦によって終止符を打つ（ジョン・デヴロー氏提供）

一九四一年十二月七日（日本時間八日）の日本海軍による真珠湾攻撃から数日後、カナダのトロント大学にいたエンブリーは、現在の中央情報局（ＣＩＡ）の前身である情報調整局（ＣＯＩ）調査分析部（Ｒ＆Ａ）の専門家としてワシントンに招かれる。ＣＯＩへの辞令は十二月二十日付。開戦から二週間足らずのあわただしさだ。

「真珠湾攻撃は、油断していた合衆国に一撃を加えた。恐らく、人命や艦船のひどい損失にも増して深刻なのは、アジアの戦争へ向かう日本に関する全くの心理的な準備不足だった」。

真珠湾攻撃を『日本国家』（一九四五年）の第一行目で振り返ったエンブリーの感想だ。そんな状況のアメリカにとって、情報機関の最大の務めは「敵を知る」ことであり、エンブリーはその最適任者だった。

エンブリーによると、第一次大戦ではほとんど顧慮されなかった人類学者や民族学者だが、第二次大戦では人材が不足するほど活用されることになる。戦争を勝利に導く情報戦略と同時に、戦後の占領政策を円滑に遂行する人材の早急な育成のために、その専門的な知識と分析能力が求められたのである。アメリカの人類学者の半数が、情報機関を中心に数十の政府機関で戦争関連の仕事に直接携わり、残りの多くも非常勤で戦争業務に関わっていたという。

エンブリーも引く手あまただったとみられ、その証拠にあちこちの部局を短期間で渡り歩いている。しかし、多くの文献から浮かんでくるのは、戦争協力を余儀なくさせられながらも、『菊と刀』のベネディクトや米軍当局の日本（人）に対する固定観念と一線を画し、学問の自由を守ろうとする一徹な社会科学者としてのエンブリーの姿だ。

COIは一九四一年七月、後に「CIAの父」などと呼ばれる弁護士のウィリアム・J・ドノヴァンを長官に、ルーズベルト大統領直轄の戦時情報機関として発足した。国務省、陸軍、海軍、そして南米を活動地域とするFBIのそれぞれが別個に行っていた安全保障に関する情報収集や分析の調整が狙いだった。ライバルのジョン・E・フーヴァーFBI長官の協力が得られないなど困難もあったが、当初九十人余の職員は開戦後急増、四二年三月には千八百五十人の大部隊となる。

同年六月に統合参謀本部傘下の諜報機関である戦略事務局（OSS）と一般市民への情報伝達を専門と

する大統領直轄の戦時情報局（ＯＷＩ）の二つに改組されると、エンブリーは八月からＯＳＳに移り、調査分析部に所属した。

ＯＷＩは公開された情報源に基づく「白い（ホワイト）プロパガンダ」を担当、ＯＳＳは出所を隠して非合法な手段に訴える「黒い（ブラック）プロパガンダ」を担った。これらのプロパガンダによる心理作戦は、一九四五年八月十五日の天皇の「玉音放送」に至るまで、日米戦争では絶大な威力を発揮した。ドノヴァンがトップを務めたＯＳＳは戦後、トルーマン大統領によって解散され、ＣＩＡに引き継がれた。

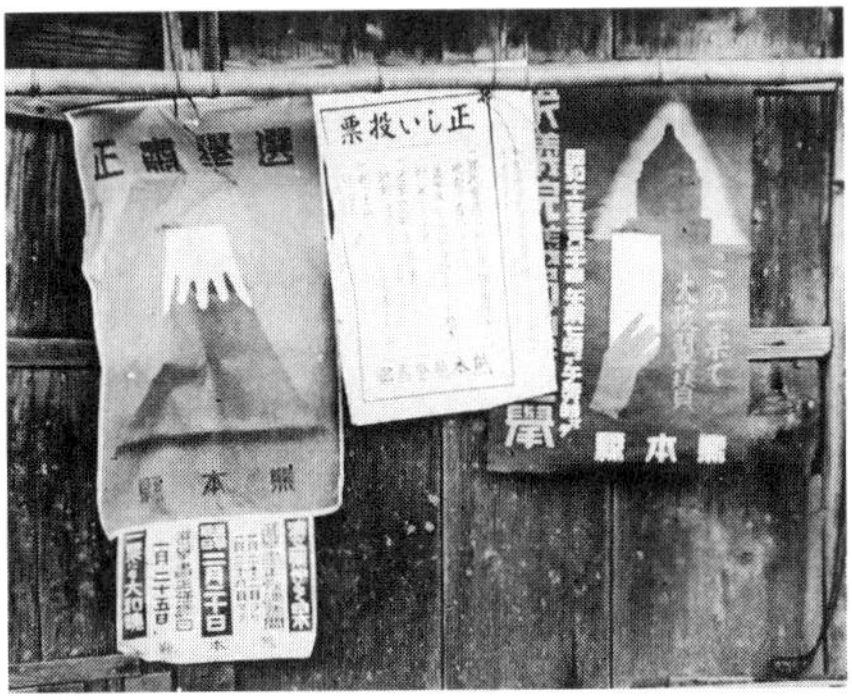

1936年２月の総選挙投票を呼び掛ける須恵村のポスター。「この一票で大政翼賛」、「一票にも大和魂」の文字が見える。戦時のプロパガンダはアメリカだけではなかった（エンブリー撮影）

エンブリーが所属したＯＳＳ調査分析部は、戦争の見通しについて調査分析し報告する機関で、大学教師を中心にさまざまな学問領域から約九百人の研究者を擁していた。日本に関しては、労働問題、自殺の文化的意味、対日宣伝（プロパガンダ）の有効性などが重視され、極東課日本班の責任者は日本の政治制度の研究者であるチャールズ・Ｂ・ファーズが務めた。同部の業務は四五年十月一日のＯＳＳ廃止後、国務省に引き継がれている。

なおＣＯＩ設立の際には、アメリカ議会図書館長を務めていたアーチボルド・マクリューシュがさまざまな文化団体に働き掛け、情報に関する専門的な人材集めに貢献した。議会図書館はまた、情報機関が戦争に関わる資料を収集するために不可欠な組織だった。マクリューシュは、先に紹介したように一九三六年四月、須恵村にいるエンブリー夫妻を訪ねた『フォーチュン』誌の記者である。

マクリーシュは、ルーズベルト大統領の信任も厚く、国務次官補まで務めた。エンブリーをよく知り、父エドウィンとも親しいマクリーシュが、日本滞在経験があるエンブリーをCOI要員にリストアップしたとしてもおかしくない。

情報機関COI、OSSで対日報告書を作成

COIとその後身であるOSSで、エンブリーは日本に関する幾つかの報告書作成に関わった。開戦一ヵ月足らずの一九四二年一月二日付で書かれた「国民の社会・心理分析」と題するCOI調査分析部の機密報告書には、四人の作業スタッフの一人として、早くもエンブリーの名が挙げられている。中にはロイド・ワーナーの名もある。ワーナーは『須恵村』でエンブリーが村の階級を分類する際に参考にしたシカゴ大学の人類学教授だ。

この報告書作成は、エンブリーにとって当局での開戦後最初の仕事だったと思われる。報告書は、三十ページにわたって、自然環境への適応、社会組織、イデオロギーなど六項目に分けて「国民をどう心理分析するか」について述べている。特に日本だけを念頭に置いた報告ではないが、敵国の心理分析の重視は、後にゴーラーの『日本人の性格構造とプロパガンダ』（一九四三年）やベネディクトの『日本人の行動パターン』（一九四五年）、『菊と刀』（一九四六年）にもつながっていく。

アメリカの人類学者デイヴィッド・H・プライス（一九六〇〜）の『人類学的知性』（二〇〇八年）によると、一九四二年一月十二日のCOIのメモでは、エンブリーの仕事ぶりについて「日本における幅広

い現地研究を行った際立った資質を持つ一人の優れた人類学者」と紹介し、「この敵国の人々に関する精神的社会的な報告を作成する能力において彼より優れた者は誰もいない」と最大限の評価を与えている。プライスは、エラとロバート・スミスにもインタビューし、『人類学の脅威』（二〇〇四年）、『人類学的知性』などで、日米戦争においてエンブリーが果たした役割を詳細に追究している。

さらにプライスによると、同年三月のCOI心理部の機密報告「日本の社会関係」は、「少なくともかなりの部分」がエンブリーによって作成された。農村生活や仏教の説明など「そのほぼ半分」が、一年後にエンブリーが発表する小冊子『日本人（The Japanese）』にそのまま引き写されていることから、エンブリーが深く関わったことは明らかだという。報告書に筆者の名はないが、私はこの「日本の社会関係」は、その全文がエンブリーの手になることは間違いないと思う。

しかもこの報告書で、天皇を「象徴（symbol）」と位置付けている点が注目される。アメリカで「象徴」という言葉が初めて使われた公的文書と思われるからだ（第十五章で再度触れる）。

また四月には、終戦後の占領もにらんだアメリカの重要な対日戦略である「日本計画」の草案がCOIによって作られている。エンブリーも草案作成に関与したとの見方があってもおかしくない。

COIには、「穢多《えた》　日本の被差別集団」（一九四二年二月）というタイトルの報告書があるが、シンガポール大学の日本史研究者ティモシー・エイモス准教授は、これもエンブリーが作成したとみている（「結束する部落民」二〇〇七年）。八ページの短い機密文書だが、日本の被差別部落に関する情報がほとんどなかった当時のアメリカでは貴重な資料とされ、日本の占領時も活用された。一九二二年（大正十一）に設立された全国水平社や社会主義、階級闘争との関係にも触れており、社会的に差別された貧しい部落出身者が戦後日本の民主化に果たす役割をアメリカが注視していたことがうかがえる。さらにエンブリー

フレッド・エガン

は、被差別部落に関する別の報告書『穢多』をＯＳＳからも刊行している。

なおＯＳＳ調査分析部は、一九四二年十月に「日本の社会的、心理的状況に関する予備調査」と題する無署名の報告書をまとめているが、これもエンブリーが深く関わったことは疑いない。天皇を「象徴」としたくだりや、神道を「民俗神道」「教派神道」「国家神道」に三分類した箇所は前述の「日本の社会関係」をそのまま引き継ぎ、その三ヵ月後に出される『日本人』にも全く同じくだりがあるからだ。参考文献には『須恵村』が挙げられており、エンブリーは後に占領軍士官を養成するためにシカゴ大学に設けられた民政訓練学校（ＣＡＴＳ）の重要な教材としてこの報告を使用している。

ＯＳＳには一ヵ月足らずの在籍だったが、シカゴ大学時代の同僚フレッド・エガン（一九〇六〜九一）によると、エンブリーは日本に関するポケットガイドの準備も手伝ったという。当局がエンブリーの『須恵村』の実績を買っていた、つまり敵を最もよく知る人物として評価していたことは言うまでもない。

エンブリーは、終戦時、ハワイのＯＷＩ（戦時情報局）に所属していた。ということは、ＣＯＩ、ＯＳＳ、そしてＯＷＩというアメリカ政府の主要な情報機関を設立直後から知り尽くしていたとも言える。しかし、戦時転住局、民政訓練学校、ミクロネシア調査などその後の役割に関しては、整理された多くの報告を雑誌に寄稿しているにもかかわらず、情報機関に関するものは全く見当たらない。戦争協力にも等しい情報機関の職務を苦々しく思っていたのではないだろうか。

第四章　日系人強制収容所での葛藤《かっとう》

戦時転住局（WRA）に移り、日系移民に寄り添う

ＣＯＩ（情報調査局）、ＯＳＳ（戦略事務局）を経て、一九四二年八月下旬から四三年八月まで、エンブリーは十二万人に及ぶ日系アメリカ人キャンプ（強制収容所）の運営に当たる戦時転住局（ＷＲＡ）で重要な役割を担った。転住局は十ヵ所の強制収容所（「戦時転住センター」と呼ばれた）を管理するための政府機関である。エンブリーは四三年二月に創設されたコミュニティ分析課のトップを務めた。須恵村調査やハワイ島コナ地区の日系移民の調査が評価されたと思われる。

日本人のアメリカ移民は一八六八年（明治元）にハワイへ渡った百五十三人を皮切りに、一八八五年の政府同士の契約（官約移民）により活発化し、以後十年で約三万人が移住した。それは厳しい労働や移民排斥など反日感情による差別の歴史でもあった。中でも戦時中の強制収容は日系人移民にとって最も過酷な出来事であり、エンブリーは転住局でこの問題に真正面から向き合うことになった。

「もし、十万余の人々を巻き込んでいる管理の問題が理性的かつ民主的に解決できないならば、われわれは、複雑な戦後の問題、例えば一億人の多くの人種が混在する東南アジアの問題をどうやって解決す

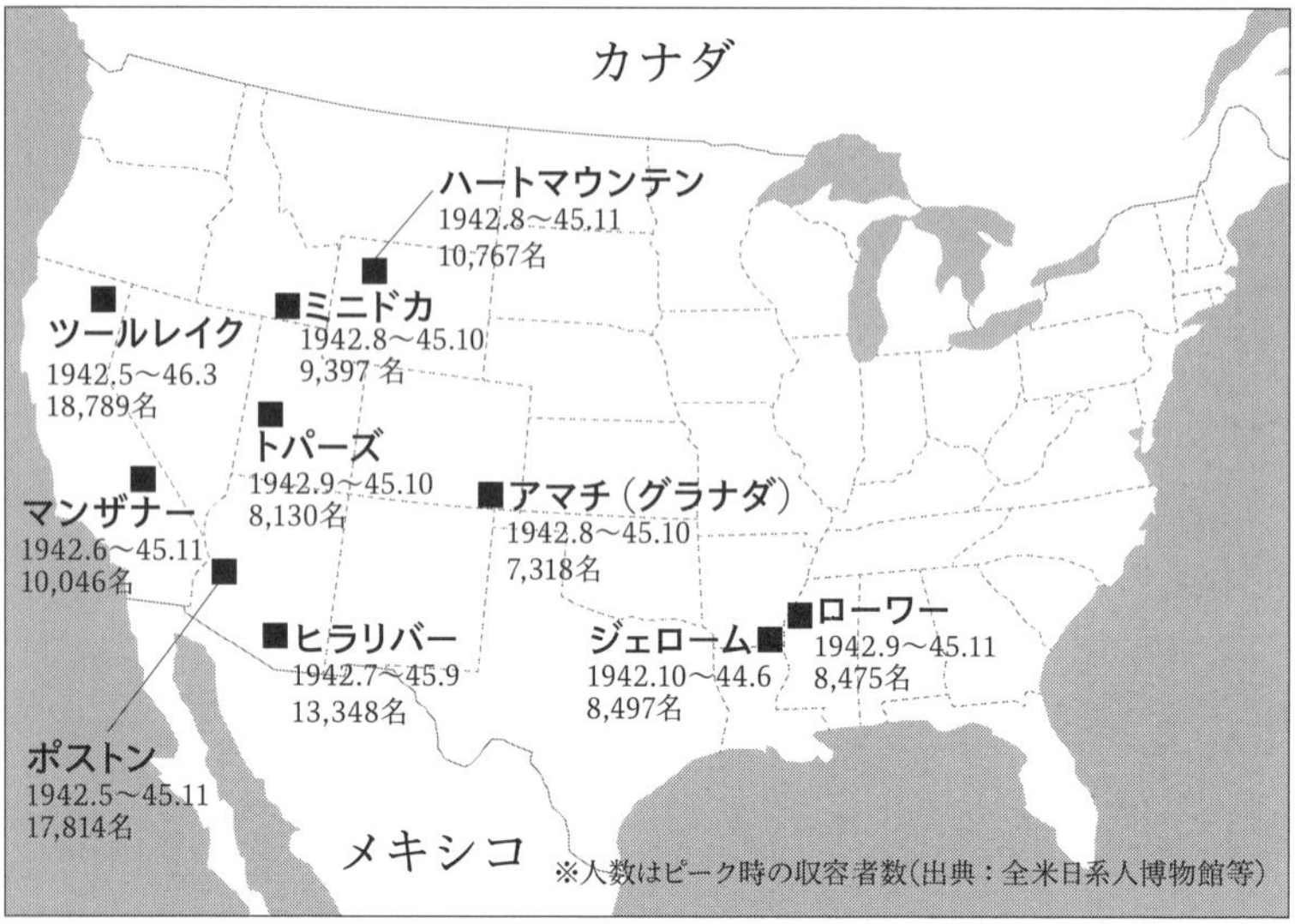

1942年以降開設された主な日系人強制収容所（戦時転住センター）

るというのか」（「合衆国における日系人の転住」一九四三年）。

戦時転住局の職務である収容（管理）と出所（自由）という、アメリカの民主主義に突き付けられた課題に対し、エンブリーはすでに戦後のアジアまで見据え、日系人に限らない民族・文化の問題として取り組む必要性を訴えている。見方によっては収容政策に加担したとも言える「報われない仕事」（エンブリー）だったかもしれないが、この言葉にはエンブリーの覚悟が滲む。戦時転住局での一年間は、エンブリーが人類学の公正な社会的応用の必要性を強く実感した時間でもあった。

日系人強制収容に関する文献は日米に多数ある。しかし、エンブリーの果たした役割に言及したものは極めて少ない。ここでは、エンブリーの当時の報告書や、コミュニティ分析課創設の背景や機能を詳しく解説した「コミュニティ分析　統治における人類学の一例」（一九四四年）

などを基に、戦時転住局で担ったエンブリーの役割を追ってみたい。

日系人の強制収容は、一九四二年二月十九日、ルーズベルトが署名した「(国防上)必要がある場合、指定された軍事地域から軍が強制的に『外国人』を隔離する」ことを承認する大統領令が発端だった。「外国人」は事実上、敵国日本と通じる危険分子としての日系人を指した。

二月下旬から、アメリカ西海岸沿岸州とハワイの日系アメリカ人、移民日本人約十二万人が強制的に立ち退きを命ぜられ、そのほとんどが五月に開設したポストン(アリゾナ州)を皮切りに砂漠や荒地に次々に作られた収容所(戦時転住センター)に収容されることになった。大統領令に従って立ち退きを推進したのは日本軍による本土進攻を警戒する陸軍だったが、直後からアメリカが奉ずる自由と民主主義に反するとの抗議運動が持ち上がり、収容政策は軌道修正を迫られる。このため、実際の収容所運営と収容者の解放を任されたのが戦時転住局である。なお収容所には同局が管理する十ヵ所のほかにも、司法省や移民局管轄の収容所があった。エンブリーが戦時転住局に移った一九四二年八月中には、十ヵ所のうち七ヵ所がすでに開設され、日系人収容の最終段階だった。多くの問題も顕在化しつつあった。

転住センターという名の強制収容所に、それぞれ八千人から二万人近く集められた日系人は、有刺鉄線に囲まれ、武装した警備兵に監視された劣悪な環境の中で、終戦まで屈辱的な抑留生活を強いられた。全米日系人博物館によると、うち七割は、国籍上で

1942年5月に開設したアリゾナ州ポストン転住センター

はアメリカの市民権を持つ「アメリカ人」だったという。

同化政策を批判したコリア局長

収容所設置については、先住民を管理するインディアン局が協力したが、当時のジョン・コリア局長（一八八四〜一九六八）はエンブリーや父親のエドウィンと親しかった。エンブリーの妹のキャサリンは、自身がポストン収容所で働くことになったのも、「インディアン局に勤めていたエンブリーの友人の紹介でコリアを訪ねたことによる」と明かしている。十ヵ所の収容所のうちインディアン保留地内に造られたポストンは当初、インディアン局が管理することになっており、コリアは日系人と協力し合った運営に特に力を注いでいた。

社会学者でもあったコリアは、それまでのインディアンのアメリカ社会への「同化政策」を批判し、一九三四年にインディアン再組織法を成立させたことで知られる。コリアのインディアン政策に対する評価は賛否あるが、先住民調査の経験を通じコミュニティの暮らしに共感、文化や人権を保護する〝文化多元主義〟の思想の持ち主だったとされる。共産主義者の疑いを掛けられたこともあった。

転住局の初代局長には、後のアイゼンハワー大統領の弟で農務官僚のミルトン・アイゼンハワーが就任したが、コリアも有力な局長候補だった。大統領令に基づくとは言いながら、日系人の強制収容は基本的人権を侵す違憲の疑いが強く、アイゼンハワーもコリアもアメリカの民主主義に対する挑戦として批判的な点では一致していたという。

コリアについてエンブリーは、「私は、インディアン政策に関してジョン・コリアのような偉大な権威と意見を異にする勇気などとても持ち併せていない。彼は、一九三〇年代にインディアン局を自由化した業績だけでなく、この悲しむべき戦後の世界でどこにも存在する少数民族グループの側に立った幅広い人道主義的な努力のゆえに、私がとても尊敬する人物」（「コリアの返事に対する答え」一九四九年）と賞賛している。エンブリーの戦時転住局での任務は、ハワイ・コナ地区の日系人調査の実績に加え、父エドウィンあるいはコリアの薦めだったとも考えられる。

一方で、エンブリー自身が戦時転住局への異動を希望していたのも事実だ。それを明確に裏付ける資料がある。まだＣＯＩ（情報調整局）に属していた一九四二年四月、後にエンブリーが設立するコミュニティ分析課の顧問となるシカゴ大学の先輩ロバート・レッドフィールドに送った手紙である。「人類学は、今まさに始まっている日系人の大規模な移動を直《じか》に研究することによって、百年、千年先よりも進歩するだろう。……もちろん、そうした研究が私の今の仕事（筆者注：ＣＯＩの業務）よりずっと価値があると思う」。

ＣＯＩの居心地の悪さを暗に吐露しているようにも読める。さらに、「その研究は、強制的な移動が引き起こす諸問題と、日系人が新しいコミュニティでどのように自分たちを組織するかを重点的に扱うだろう」と、一ヵ月前に設立されたばかりの転住局でのコミュニティ研究の可能性にまで言及している。ＣＯＩ、ＯＳＳ（戦略事務局）在籍時からエンブリーが、収容を強いられる日系人のコミュニティについて分析する専門課の設置を模索していたことをうかがわせる文面だ。レッドフィールドは「その任務にあなたよりふさわしい人はいない」と返信している。

ここで、日系人収容に反対するエンブリー家の深い関わりに触れないわけにはいくまい。エンブリーの父エドウィンは人種差別に対して生涯厳しい姿勢を貫き通したが、その姿勢は日系人収容問題でも変わりなかった。アルフレッド・パーキンスの評伝『エドウィン・ロジャーズ・エンブリー』によると、収容開始直後の一九四二年三月、エドウィンはたまたま北カリフォルニアにいて、日系人家族が家から追い出される現場に遭遇する。

「アメリカの市民と民主主義に対してこれまでに犯した最もひどい罪の一つだ」。

そう感じたエドウィンは収容政策に抗議する日系アメリカ人市民同盟（JACL）に参加、エンブリーやキャサリンから情報を得ながら収容者の解放を手伝った。その際、解放された日系人の身元引受人として自宅に泊め、衣服を与え、仕事の面倒を見るなど、妻ともども支援し続けた。支援資金は理事長を務めていたローゼンウォルド基金から拠出した。三つの財団・基金に関わったエドウィンの仕事に、アメリカふうの「慈善」を超えたヒューマニズムの精神を見る思いがする。

日本人に対するそうした共感は、一九二六年（大正十二）の日本への家族旅行が原点だったという。エドウィンは、「日本人の自然に対する愛情、美しい道具、限りない善意、家族愛、母国への献身」を賞賛した。旅行に同行した高校生時代のエンブリーにも同じ思いが刻まれたはずだ。

また、エンブリーとエドウィンに加え、妹キャサリンは教師として、さらに伯父《おじ》ハワードもソーシャル・ワーカーとして収容所で働いた。

新設のコミュニティ分析課をリード

戦時転住局は、こうしてインディアン局の協力を受け、その取り組みを参考にしながら、強制収容を承認する大統領令から一ヵ月後の一九四二年三月十八日、軍との連絡調整機関である大統領直轄の緊急事態管理局（OEM）内に設立された。エンブリーに詳しい全京秀《チュンキュンス》・ソウル大学名誉教授（文化人類学）によると、エンブリーの転住局異動は、前任のOSSに籍を置いたままOEMへの出向という形が取られた。

コミュニティ分析課という名称が表しているように、転住局は、日系人を単に収容し管理する施設としてはとらえず、そこに教育、労働、医療、レクリエーションなどを含むコミュニティ（共同体）を作ることを計画した。担当するコミュニティ管理部長には人類学者のジョン・H・プロバンス（一八九七〜一九六五）が就任。ニューヨークに住みながら志願してポストン収容所に抑留されたことで知られる著名な彫刻家イサム・ノグチ（一九〇四〜八八）も、コミュニティ建設に力を貸した一人だ。

それは、軍事的で非民主的な日系人の隔離から、生活の場作り、収容者の早期の「再定住」（社会復帰）へと、たとえ建前であろうとアメリカ的な民主主義の理念に沿って政策が修正されたことを意味する。エンブリーにとっては、一度作られてしまった収容所から十万人を超える日系人を解放するまでの間、収容所をどう運営するか、管理と自由をともに実現しなければならない困難な仕事に向き合うことになった。

収容所では、当初は同化を進めるために禁止が検討された日本語学校や日本語による宗教儀礼が認められるなど、「伝統的で有益な日本文化」（エンブリー）と共存する政策が進められた。エンブリーの須恵村やコナの移民調査体験が、そうしたコミュニティ計画に生かされないはずはなかった。また、エンブリーが転住局に移って二ヵ月後の一九四二年十月からは、仕事があるか、何らかの支援があれば出所できる特別の解放政策が採用された。

しかし、転住局は一万人規模の人工的な町を管理しなければならず、収容者は貧富の差、職業の相違、最初に移住した一世、その子である二世、二世の中でも日本で教育を受けた後アメリカへ戻った帰米という複雑な人間関係を抱えていた。共通点は「祖先が日本人」ということだけだった。だがエンブリーによれば、「それを理解し管理する能力のある職員はほとんどおらず、管理上の危機は目に見えていた」（「コミュニティ分析」）という。収容者に同情的なコミュニティ分析官と「収容者を物扱いする」管理者の衝突も珍しくなかった。加えて、治安を最優先する軍や敵性日系人に目を光らす連邦捜査局（FBI）との摩擦は明白だった。

コミュニティ分析課は、コミュニティ管理部長のプロバンスから乞われたエンブリーが転住局文書課長時に半年掛けて準備し、転住局設立からほぼ一年後の一九四三年二月に設けられた。

ポストン収容所の分析官だった精神科医で社会学者のアレキサンダー・H・レイトン（一九〇八～二〇〇七）によると、コミュニティ分析課新設を提案したのはほかならぬエンブリー自身で、同年一月にポストンを訪れて同課の必要性について協力を要請したという（『人間の支配』一九四五年）。ポストン収容所に収容者十五人を助手とした社会学研究部を作ったレイトンは、後にエンブリーも所属した戦時情報局（OWI）の海外戦意分析課を率い、対日心理作戦に重要な役割を果たすことになる。

課の名称には「社会（ソーシャル）分析課」も検討されたが、「社会」という言葉が曖昧《あいまい》として却下、「コミュニティ」が採用された。

ワシントンの戦時転住局本部には二十一人の人類学者が採用されたが、コミュニティ分析課には当初、レッドフィールドら人類学者六人、社会学者五人の計十一人が配属された。そのうち日本を直接調査した経験があるのはエンブリーだけだった。ワシントン本部の二人以外はインディアン局が管轄したポストンを除く九収容所に分析官が配置された。最終的には、コミュニティ分析課には人類学者二十人を含む計二十七人が在籍した。

コミュニティ分析課の目的は、被収容者たちの社会的背景や収容所に対する反応、対する管理者の被収容者への態度など収容所で発生する諸問題を把握し、報告することだった。そのために各収容所から定期的に、また随時送られてくる膨大な量の報告類の管理および収容者の研究を行った。総数三百通を超える報告を上げた収容所もあった。レッドフィールドも管理計画のための提案メモを作成したという。

「注意深く観察すれば、あなたは心の中の『日本人の型』を捨て去るだろう」

それらの報告を分析してまとめた「コミュニティ分析報告書」は、一九四二年十月の第一号から四六年六月まで十九件あるが、明らかにエンブリー名で出された報告は四四年一月二十八日付の第八号までのうち、「非公表」と記されている三号と五号を除く六件を占める。三号、五号もエンブリーが作成したことは明らかだ。これらの報告のうち幾つかは後に雑誌に寄稿されている。

一号はコミュニティ分析課が出来る前の文書課時代の日付で、八号はエンブリーが戦時転住局を離れた後の日付で提出されている。テーマは一号から順に、「日系アメリカ人との関係」「転住センターの動揺の原因」「合衆国における日本人の集団と団体」「日本人の休暇」「転住に対する収容者の抵抗」「二世の同化」「隔離計画の分析」「日本における日系人の教育　帰米」と、いずれも日系人の基本的なあり方に関わる内容となっている。

また、一九四三年二月からは「プロジェクト（収容事業）分析シリーズ」と題された現地報告も計二十四件作成され、うち十点はエンブリーが在籍した八月までに準備された。収容者自身がその手伝いをすることもあった。第一号はエンブリー自身が現地調査したユタ州のトパーズ収容所に関する報告だった。

エンブリーはこれらの中で、木造バラック建てで極めて衛生状態が悪い収容所のお粗末な待遇の改善、転住局の管理運営上の課題、日系人の心理分析など詳細に報告。強制収容から再定住（解放）へという転住局の任務として、まずは日系人の人格を認め、その立場に立った待遇改善を求め続けた。エンブリーの報告は、自身の分析を基に各収容所の管理計画が立てられるという、単に人類学者としてのアドバイスを超えた実務的な職務でもあった。

日本人の人種や文化に関する知見が盛り込まれた報告書の重要性を認めたディロン・S・マイヤー戦時転住局長（一八九一〜一九八二）は、スタッフ全員に対して報告書を読むよう指示している。農務官僚だったマイヤーは、友人のミルトン・アイゼンハワーの後を継いで一九四二年六月に二代目局長に就任、転住局解散まで務めた。二人とも農務官僚出身だったのは、収容された日系人の半数近くが農業を営み、収容所での食糧や収入源の確保が必要だったことを考慮されたのかもしれない。

マイヤーは局長就任当初から、「戦時転住局の目的は、できるだけ早い再定住によって収容者が静かな暮らしと生産的な仕事を取り戻すこと」と訴え、収容所の早期閉鎖を求める姿勢を貫いた。

一方、マイヤーや戦時転住局に対して一定の評価をしつつ、軍による日系人収容という政策そのものを激しく批判していたのが、宣教師として日本滞在経験があり『須恵村』の書評も書いたゲーレン・M・フィッシャー（一八七三〜一九五五）である（第九章で後述）。カリフォルニア州バークレーにいたフィッシャーは、「日本人収容のバランスシート」（一九四三年）などの批判記事を雑誌に投稿し抗議を続けるとともに、七十歳という年齢にもかかわらず、関わりが深いキリスト教青年会（ＹＭＣＡ）など宗教団体を中心にさまざまな組織を糾合して収容者の出所、受け入れを支援した。転住局の政策について「民主的で人道的」と一定の評価をするフィッシャーは、一九四三年にマイヤーの転住局長解任の動きがあると、ルーズベルト大統領宛てに異動を許可しないように私信を送っている。

エンブリーは、「自由への抵抗　ある管理の問題」（一九四三年）の中で、フィッシャーの寄稿「太平洋岸からの日本人の避難」（一九四二年）を参考文献として挙げている。当時、フィッシャーとエンブリーに直接の交流があったかどうかは不明だが、互いにその存在を知り、収容者の解放という点で同じ立場にあることを理解していたことは疑いない。

全ての収容所の閉鎖まで見届けたマイヤー局長や立ち位置が明確なフィッシャーとは違った立場で、エンブリーは自らの倫理に従って職務を遂行する。その過程で、アメリカが掲げる民主主義に疑問を持つことになったのではないだろうか。戦中戦後のエンブリーの足跡の中で、収容所に関わった体験こそが、民主主義に対するエンブリーの思想を方向付けたようにも思える。

コミュニティ分析報告書には、エンブリーの日本に対する胸の内が随所に現れている。

収容所の早期閉鎖を訴えた転住局長マイヤー

「日系アメリカ人との関係」と題された報告書第一号は、「人種と文化」を始めとして「思考や行動形態」「リーダーの重要性」「仕事の仕方」「食べ物」など、日系人理解の基本を説いている。

「日本の知人たちを注意深く観察すれば、あなたは心の中に作り上げた架空の『日本人の型』をすぐに捨て去ることだろう」。

エンブリーは「型（タイプ）」という言葉を使って国民性という概念の恣《し》意性に疑問を呈している。ルース・ベネディクトの「文化の型（パターン）」を念頭に置いていたのだろう。

「ルーズベルト大統領はオランダ系だがオランダ語は話せない」などの例を引きながら、「日系人の気質については、決定要因は人種というより文化である」と、人種主義を否定する。

平山部落の朝鮮人の少女たち。エンブリーは須恵村でも朝鮮、中国の移民の暮らしを見守っていた。マイノリティに対する視線はどこにいても変わらない（1936年5月、エンブリー撮影）

　そして、二世が日本人と同じ人種であることで同じ気質なのかと言えばそうではなく、育った所がアメリカならアメリカの文化的気質を持っていると主張し、「カリフォルニアの日本人は家族愛が強く自己犠牲的な人々だ」など日系人寄りの記述も織り交ぜながら、収容所での待遇に「敵国日本」に対する偏見を持ち込まないように釘を刺している。

　人種あるいは生物学的な要因、今で言えばＤＮＡが人の気質や暮らし方、行動を決めるという考え方を否定し、文化や社会環境が決める、というエンブリーらの文化論は、ナチス・ドイツの人種差別に対する反発が強まる当時のアメリカで広く論議を呼んでいた。ルース・ベネディクトの『人種主義　その批判的考察』（一九四〇年）は代表的な論考である。ただ前述のコミュニティ分析報告書第一号には、紋切り型で架空の「文化の型」には疑問を呈しつつ、理解すべき対象としての「日本人」や「日本文化」を描く方法では、ベネディクトとの色濃い類似が見て取れる。当時、民族や文化の違いに優劣はないという文化相対主義が人類学の潮流となっていた。

　さらに報告書で、日本人に見られる「仲介人」による争いの回避、全員一致の決定方式などに触れているのは、明らかに須恵村の体験を反映したものだった。そしてエンブリーは収容所職員に対して、収容者の複雑な不安や恐怖心を取り除くために、「できるだけ多くの収容者を個人的にそして十分に知るようあらゆる努力をすべきである」と求めた。

ポストン、マンザナー収容所のストライキ

一九四三年一月の「転住センターの動揺の原因」と題した二回目の報告書では、前年十一月にポストン（アリゾナ州）、十二月にマンザナー（カリフォルニア州）の収容所で起こった抗議のストライキを重大な危機として分析している。全ての収容所にも飛び火する恐れがあったこの収容所の事件は、エンブリーにコミュニティ分析課の必要性を痛感させ、十二月中旬に文書課からコミュニティ管理部に異動する。

一九四二年五月に最初の収容所として設けられたポストンのストライキは、二世の収容者に対する暴力事件が発端だった。ストライキ自体は暴力を伴わなかったが一週間続いた。ゼネストまで発展した原因は、親日的な一世および日本で教育を受けた〝帰米日系人〟とアメリカで生まれ育った親米的な二世の対立、収容所のリーダー争いや居住環境の悪化、労働条件の改善約束が守られなかったこと、管理者が日系人をよく理解せず誤解を生じていたことなどがあった。

続いてマンザナー収容所で発生したストライキでは、軍警察が出動し二人の死者と多くの負傷者を出した。エンブリーは、収容所が狭すぎたことや周囲の住民が日系人に敵意を抱いていたことなどを批判している。

「一世、帰米、二世は分類するのに便利な言葉だが、これらのグループに関する一般化においては、多くの個人的な例外を伴うということを忘れないことが重要だ」。

こうしたエンブリーの訴えは、ポストンやマンザナーのストライキを、それぞれの境遇の困難さや悩み、微妙に異なるアイデンティティを考慮せず、さらにはそうした分断を招いたのは収容政策そのものだったことさえ忘れ、一世、帰米そして二世の対立や内輪もめとして処理しようとする態度とは正反対

だった。

エンブリーは、ポストンのストライキを前にした一九四二年九月九日付で「ポストン計画に関する注釈」と題した報告を提出した。報告は全ての転住センターに回覧され、この中でエンブリーは、収容者の「日本化」について次のように警鐘を鳴らしている。

「ヒラリバー（アリゾナ州）、ポストン両収容所の明らかな傾向は、排他的に日本人を作り直す収容所に住んでいることの結果として、立ち退かされたアメリカ人の日本化である。白人との以前のような交際はなくなり、アメリカ人の証明は破棄された。そして、より年上の日本人の多くが、自分自身を人種的にだけでなく社会的に日本人とみなすように常に一定のプレッシャーを形成している。以前は決してそうでなかった多くの若者も、現在の状況によって今ではそんな傾向になっている」。

一世はともかく、元々アメリカ人として認められることを望み同化を積極的に受け入れていた二世や若者が、日本化へと〝逆行〟する現況の中で、転住局の安易な見通しに対する警告でもあった。

だが、こうした事態は、日本文化を許容しながら、教育から仕事まで収容所にコミュニティを構築しようとする転住局の政策が、自ずから招いた結果とも言える。エンブリーは、その逆説にも気付き、「転住センター居住者自身に対する補佐と収容制度の改善は、センターの存在を長引かせる別の要素である」（「合衆国における日系人の転住」）と指摘している。

さらにエンブリーは、一九四二年十月十二日付で賃金など四項目の具体的な問題提起を通達。日系人の処遇に関してインディアン保留地を念頭に置きながら根本的な問いを盛り込んでいる。

「ポストンの状況は、収容所の住民を徐々に減らす転住局の全体計画が、われわれがアメリカに永久的な日本人保留地を望むのか、それとも、負担としてより資産として日系人をアメリカの生活に再吸収することを望むのかという問いに関係している」。

この通達でエンブリーは「吸収」という言葉を使っている。「吸収」は、インディアン局長のジョン・コリアが否定した「同化」に近い。エンブリーは翌年一月の報告書第六号「二世の同化」として詳しく分析している。ここでは「同化」という言葉を使っているが、「アメリカに同化できない日系人」「ジャップはジャップ」という人種主義的な見方に対し、日系人も十分に同化できるし、すでに多くの二世が同化していると反論することが狙いだった。

「二世はアメリカの服を着て、アメリカの食べ物を食べ、アメリカの家具を買い、アメリカの調理器具と食器を使い、パーマをかけ、アメリカふうの家に住み、日常生活の習慣として日本式の道具よりもむしろアメリカの道具を利用する」。

日系人をアメリカ化するための同化を促しているわけではない。権力側の押し付け政策ではなく、日系人側の主体性として同化を分析した、と言えるかもしれない。「郷に入《い》っては郷に従え」ということわざを、郷の側から見るか郷に入ったよそ者側から見るかで大きな違いがあるのと同じだ。言葉遣いに対するエンブリーの意図は明確ではないが、コリアほどには意識的に「吸収」や「同化」にこだわってはいないようにも思われる。

「アメリカの世論は、日本と日系アメリカ人を区別できない」

ただ、デトロイトの転住局で働いた文化人類学者ハーバート・パッシン（一九一六〜二〇〇三）に言わせると、意外に聞こえるかもしれないが「アメリカは、しばしば残忍なほどの同質化作用が働く国」（『米陸軍日本語学校　日本との出会い』加瀬英明訳）だった。日本研究家であるパッシンはエンブリーを尊敬するシカゴ大学の後輩である。戦後はＧＨＱ幹部として来日し、エンブリーの追悼文を書いたジョン・ペルゼルの後任としてＧＨＱ民間情報教育局（ＣＩＥ）の世論調査課長を務めた。

こうして、ある意味で理想主義的なコリアやエンブリーの考えを反映した転住局の政策にもかかわらず、収容所の現実は容易ではなかった。実際は管理者が実権を握っているにもかかわらず、エンブリーが「えせ民主的な、高校並みの自治」と批判した名ばかりの自治や民主主義、収容日系人と管理者であるアメリカ人の間の意思疎通の困難がさまざまな問題を引き起こしていた。こうした事態は、逆にエンブリーにコミュニティ分析課の重要性と責任を痛感させた。特に、アメリカへの忠誠を強要される中で、一世と帰米日系人の再定住への不安は根強かった。転住局の存在を政府の差別的な管理者と見る収容日系人と、逆に収容者を「甘やかしている」とするＦＢＩなど治安維持を優先する勢力の間で、転住局はその政策を実現していかなければならなかった。

エンブリーは、応用人類学会の機関誌『応用人類学』に寄稿した「自由への抵抗」の中で、収容者が自由の身となるはずの再定住を渋った理由として、「家族がバラバラになることへの恐れ」「収容所内での交友と地位を失う恐れ」「戦争中の国で日本人として差別される恐れ」「財産を失ったため抱える経済的な不安」「前に住んでいた西海岸以外の定住に気が進まない」「仕事の問題」など具体的に十一項目を挙げ、「解放された後のアメリカ社会の差別への恐れ」と「収容所内で新しく得た地位を失う不安」という主要な二つのケースがあったと指摘している。

「自由への抵抗」というタイトルが、収容所に残留しても、解放されても、大きな困難と不安を抱えることになる日系人の立場を如実に象徴している。そんな収容者全員が解放されるのは、エンブリーがこの分析を書いて二年半後のことだ。ちなみにこの寄稿は、エンブリーが戦時転住局を辞した直後に出され、コミュニティ分析報告書には含まれていない。

収容所の外では「アメリカの世論は、いつも太平洋のわれわれの敵と、この国の少数集団である日系アメリカ人を区別できない」という状況がある。内にはいつも「予期せぬ多くの要因」を抱えながら、収容者をいかに解放するかに腐心した結果としてエンブリーは、四二年十月の特別解放政策と四三年二月の軍による日系人の兵役再開を挙げ、その奮戦ぶりと成果にも触れている。

転住局の仕事に対するエンブリーの自負とも読み取れるのが次の言葉である。

「コミュニティ分析のトップとしての筆者が日本の人々と接した『経験』を持っていたという事実は、訓練されたという事実よりも、人間関係の分野でその言葉により重い影響力を与えると思われる」（「コミュニティ分析」）。

また、各収容所とワシントンの転住局本部との関係について、「ワシントンは、地方の問題について言及することを好まない傾向がある」として、逆に地方の管理者が自信を持ってワシントンとコミュニケーションを取ることの重要性を訴えている。これも、現場のフィールドワークを経験したエンブリーらしい助言だ。

さらに、収容所関係の仕事について、「応用人類学およびその人類学との関係」（一九四五年十～十一月号）でエンブリーは、人類学の「控えめな」応用によって貢献できる分野として、異文化を取り扱う植民地政府やインディアン局、そして戦時転住局を例に挙げ、その正当性に触れている。「異文化を取り扱う植民地政府」とは、この記事の直前に調査したミクロネシアを念頭に置いたものと思われる。

正当化の理由として、「行政のこうした分野では、応用人類学は、誤解や不手際に起因する金銭的かつ人的損失を軽減する社会的に有益な機能を満たすかもしれない」と、やや功利的な説明をしている。その際エンブリーが、医師が人の命を救うのと同様の基本的な職業的倫理の重要性を引きながら、人類学においては「対象となる民族の権利および尊厳を守るという原則」を強調していることを見逃してはならない。

「応用人類学」とは、人類学の理論と方法を、社会的で実践的な課題の解決に適用する研究のことである。一九四一年にはアメリカ応用人類学会が設立され、人類学の社会的役割に関するガイドライン（倫理規定）を定めている。人類学者のジェイムズ・L・ピーコックは、その機能として、「一つは現実的問題の解決。第二に政策への参入。そして第三は現場に直接手を差し伸べること」（『人類学とは何か』一九八六年）という。エンブリーは三つともに取り組んだと言えよう。

ポストン収容所の分析官だったアレキサンダー・レイトンは、回顧録でエンブリーを評し、「他のスタッフにじわじわと応用社会科学の可能性を気付かせた」（『人を管理する』一九四五年）と述べている。一方、人類学者デイヴィッド・プライスは「戦時転住局の収容所で働くほとんどの人類学者は、収容された日系アメリカ人を監視し、管理することに精力を注いだ」とも言う。転住局という政府機関に身を置いたエンブリーに対する評価の難しさを表してもいる。

二世女性を解放する

戦時転住局でのエンブリーの足跡の中で、ユタ州のトパーズ収容所からミワ・カイ（甲斐美和子、一九一三〜二〇一二）という日系二世の女性を解放したエピソードは心に残る。

カイは、エンブリーが須恵村滞在時に隣の多良木《たらぎ》町の旅館の娘・山路八重子に付けさせた日記を英訳した女性で、後にコロンビア大学図書館で日本関係の蔵書充実に貢献。日本研究を援助する「ミワ・カイ基金」を設立した。エンブリーは戦時転住局の一員として多くの日系人の出所・再定住を手伝ったが、カイもその一人だった。

一九一三年（大正二）五月にサンフランシスコで日米貿易を営む甲斐商店の娘として生まれたカイは、幼いころからピアノの才能を発揮していた。十歳で家族とともに東京に引っ越すが、二年ののち一人サンフランシスコに戻りピアノを学ぶ。当地の日本人社会では「天才少女ピアニスト」扱いを受けていた。二七年に再び東京に戻り、ロシア革命を逃れて日本に亡命したユダヤ系ロシア人のピアニスト、マキシム・シャピロに師事。「甲斐美和子」の名で福岡など日本各地で演奏会を開いた。三二年、十九歳のときに第一回日本音楽コンクール（時事新報社主催）のピアノ部門で大賞を受賞、三七年にはポーランドの第三回ショパン・コンクールに参加し、その名を馳せた。

ＧＨＱの一員として現憲法の人権に関する条項、特に女性の権利（第二十四条）を起草したことで知られるベアテ・シロタ・ゴードン（一九二三～二〇一二）の父レオは世界的なピアニストで、当時の日本でミワ・カイの師シャピロの良きライバルだったという。一九二九年（昭和四）に日本に移り住んだレオは、ウクライナ生まれでシャピロと同じユダヤ系だった。カイが大賞を得た音楽コンクールでは、三七年の第六回大会でカイの五歳年下でレオに師事する藤田晴子が優勝した。ロシア革命の混乱に伴い日本に渡った二人のユダヤ系ピアニストと、若い〝門下生〟の才能が当時の日本の音楽界をにぎわした。

日系人強制収容所からエンブリーが解放したミワ・カイ

カイを知るコロンビア大学図書館司書の野口幸生《さちえ》が、カイとエンブリー夫妻の出会いについて貴重な情報を知らせてくれた。

「カイさんとエンブリーの妻エラさんは、戦前の日本で音楽および

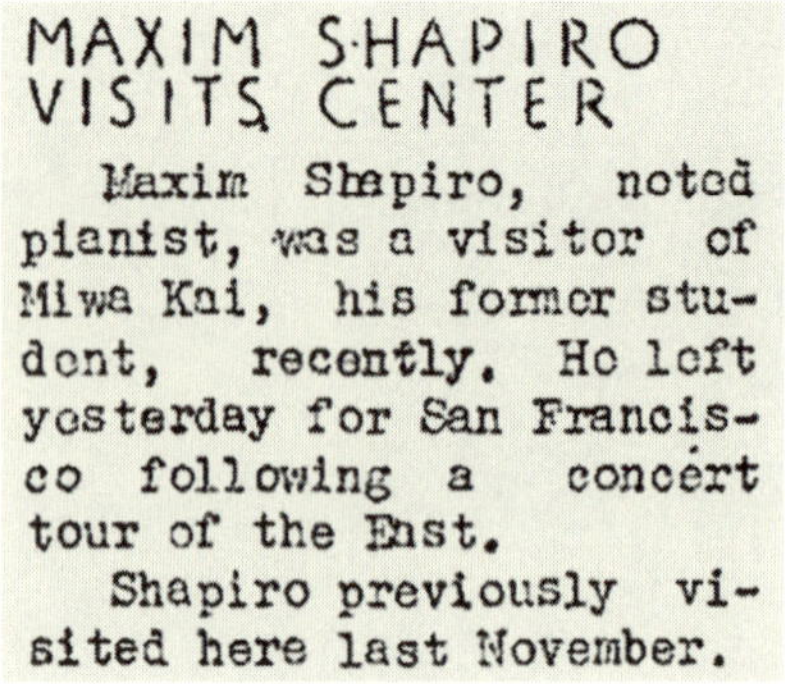
MAXIM SHAPIRO VISITS CENTER

Maxim Shapiro, noted pianist, was a visitor of Miwa Kai, his former student, recently. He left yesterday for San Francisco following a concert tour of the East.

Shapiro previously visited here last November.

ミワ・カイに会うため、師のマキシム・シャピロがトパーズ収容所を訪問したことを伝える『トパーズ・タイムズ』の記事（1943年6月5日付）

ロシア関係のコミュニティーで知り合ったということです。エンブリーさんが彼女を調査に使うという名目でシカゴに移住させ、その後、ニューヨークの友人を頼ってニューヨークに来られ、コロンビア大学で職を見つけたとうかがっています」。

その縁がカイの人生に少なからぬ影響を与えることになる。エラも、カイの師シャピロと同じユダヤ系ロシア人だった。

カイはシャピロと恋愛関係にあったといい、三九年にシャピロとともに再渡米。二年後の日米開戦によって、一九四二年十月九日、二十九歳の時にトパーズ収容所送りとなった。サンフランシスコに近い同収容所は、その一ヵ月前に開設されたばかりで、八千三百人の日系人が収容された。カイが収容所送りになった直後の十一月と翌年六月の二度、シャピロは西部でのコンサートのついでにトパーズを訪れカイに会っている。四二年十一月十八日の『トパーズ・タイムズ』紙は、収容者を激励した三日間の訪問の後、シャピロがカイを「生まれつきの天才ピアニスト」と賞賛したことを伝えている。

また、カイのピアノの才能は、収容所の児童らに対する音楽教育という形で生かされた。一九四三年五月六日の同紙は、音楽週間に合わせて八日夜にトパーズ音楽学校主催でコンサートが開催されるとの記事を掲載している。「音楽を通じた世界統合」がテーマだった。演奏者にカイの名があることは言うま

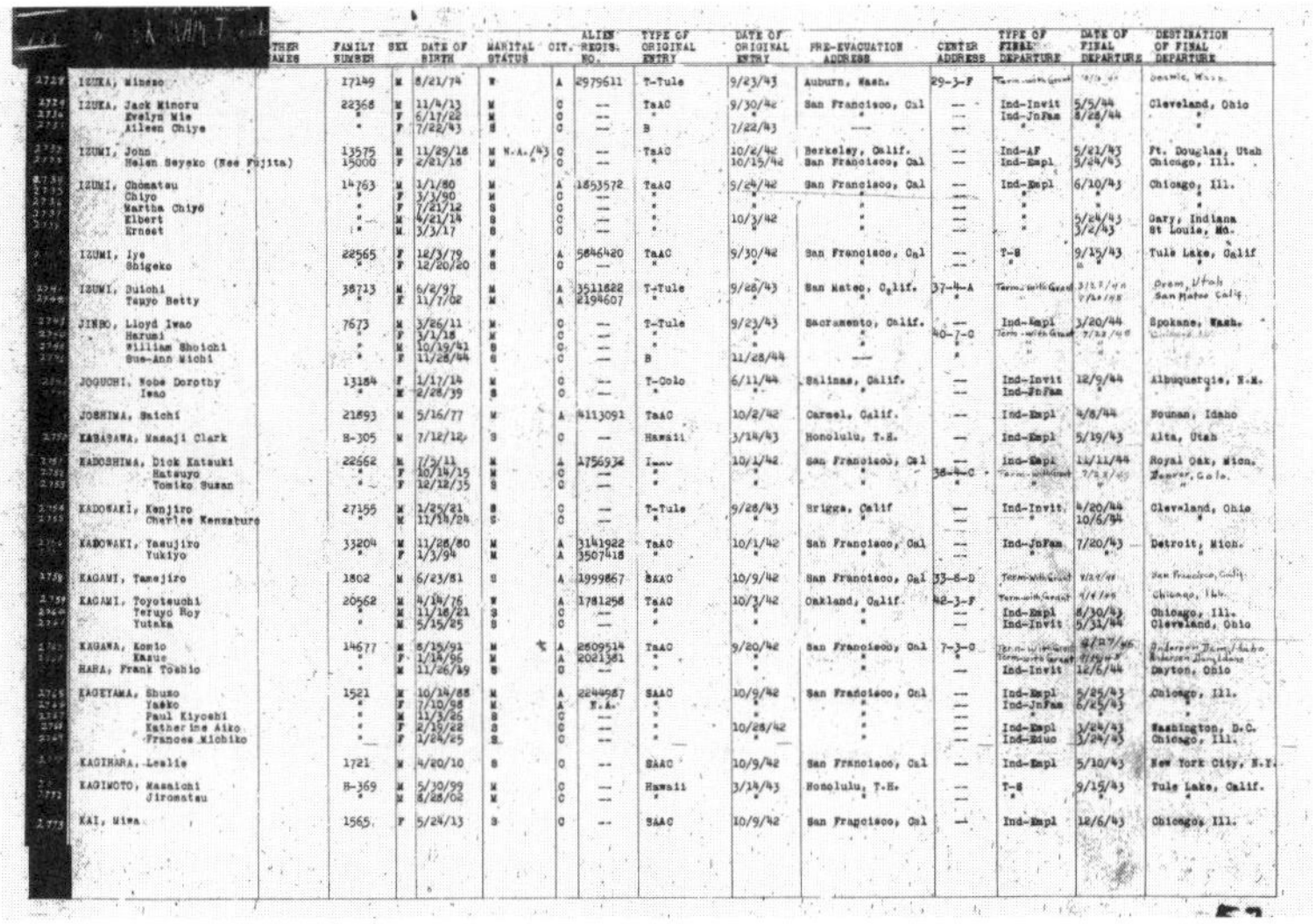

	NAME	OTHER NAMES	FAMILY NUMBER	SEX	DATE OF BIRTH	MARITAL STATUS	CIT.	ALIEN REGIS. NO.	TYPE OF ORIGINAL ENTRY	DATE OF ORIGINAL ENTRY	PRE-EVACUATION ADDRESS	CENTER ADDRESS	TYPE OF FINAL DEPARTURE	DATE OF FINAL DEPARTURE	DESTINATION OF FINAL DEPARTURE
2727	IZUKA, Mineso		17149	M	8/21/74	W	A	2979611	T-Tule	9/23/43	Auburn, Wash.	29-3-F	Term-with Grant	[illegible]	[illegible]
	IZUKA, Jack Minoru		22368	M	11/4/13	M	C	—	TaAC	9/30/42	San Francisco, Cal	—	Ind-Invit	5/5/44	Cleveland, Ohio
	Evelyn Mie		"	F	6/17/22	M	C	—	"	"	"	—	Ind-JnFam	8/28/44	"
	Aileen Chiye		"	F	7/22/43	S	C	—	B	7/22/43	——	—	"	"	"
	IZUMI, John		13575	M	11/29/18	M N.A./43	C	—	TaAC	10/2/42	Berkeley, Calif.	—	Ind-AF	5/21/43	Ft. Douglas, Utah
	Helen Seyeko (Nee Fujita)		15000	F	2/21/18	M "	C	—	"	10/15/42	San Francisco, Cal	—	Ind-Empl	5/24/43	Chicago, Ill.
	IZUMI, Chomatsu		14763	M	1/1/80	M	A	1853572	TaAC	9/24/42	San Francisco, Cal	—	Ind-Empl	6/10/43	Chicago, Ill.
	Chiyo		"	F	3/3/90	M	C	—	"	"	"	—	"	"	"
	Martha Chiyo		"	F	7/21/12	S	C	—	"	"	"	—	"	"	"
	Elbert		"	M	4/21/14	S	C	—	"	10/3/42	"	—	"	5/24/43	Gary, Indiana
	Ernest		"	M	3/3/17	S	C	—	"	"	"	—	"	3/2/43	St Louis, Mo.
	IZUMI, Iye		22565	F	12/3/79	W	A	5846420	TaAC	9/30/42	San Francisco, Cal	—	T-S	9/15/43	Tule Lake, Calif
	Shigeko		"	F	12/20/20	S	C	—	"	"	"	—	"	"	"
	IZUMI, Suichi		38713	M	6/2/97	M	A	3511822	T-Tule	9/28/43	San Mateo, Calif.	37-4-A	Term-with Grant	[illegible]	Orem, Utah
	Tasyo Betty		"	F	11/7/02	M	A	2194607	"	"	"	"		[illegible]	San Mateo Calif
	JINBO, Lloyd Iwao		7673	M	3/26/11	M	C	—	T-Tule	9/23/43	Sacramento, Calif.	—	Ind-Empl	3/20/44	Spokane, Wash.
	Harumi		"	F	3/1/18	M	C	—	"	"	"	40-7-C	Term-with Grant	7/22/45	[illegible]
	William Shoichi		"	M	10/19/41	S	C	—	"	"	"	"	"	"	
	Sue-Ann Michi		"	F	11/28/44	S	C	—	B	11/28/44	——	"	"	"	
	JOGUCHI, Nobe Dorothy		13184	F	1/17/14	M	C	—	T-Colo	6/11/44	Salinas, Calif.	—	Ind-Invit	12/9/44	Albuquerqie, N.M.
	Iwao		"	M	2/28/39	S	C	—	"	"	"	—	Ind-JnFam	"	"
	JOSHIMA, Saichi		21893	M	5/16/77	W	A	4113091	TaAC	10/2/42	Carmel, Calif.	—	Ind-Empl	4/8/44	Nounan, Idaho
2752	KABASAWA, Masaji Clark		H-305	M	7/12/12	S	C	—	Hawaii	3/14/43	Honolulu, T.H.	—	Ind-Empl	5/19/43	Alta, Utah
	KADOSHIMA, Dick Katsuki		22662	M	7/3/11	M	A	1756932	[illegible]	10/1/42	San Francisco, Cal	—	Ind-Empl	11/11/44	Royal Oak, Mich.
	Hatsuyo		"	F	10/14/15	M	C	—	"	"	"	38-4-C	Term-with Grant	[illegible]	Denver, Colo.
	Tomiko Susan		"	F	12/12/35	S	C	—	"	"	"	"	"	"	"
	KADOWAKI, Kenjiro		27155	M	1/25/21	S	C	—	T-Tule	9/28/43	Briggs, Calif	—	Ind-Invit	4/20/44	Cleveland, Ohio
	Charles Kenzaburo		"	M	11/14/24	S	C	—	"	"	"	—	"	10/6/44	"
	KADOWAKI, Yasujiro		33204	M	11/26/80	M	A	3141922	TaAC	10/1/42	San Francisco, Cal	—	Ind-JnFam	7/20/43	Detroit, Mich.
	Yukiyo		"	F	1/3/94	M	A	3507418	"	"	"	—	"	"	"
2758	KAGAMI, Tamejiro		1802	M	6/23/81	S	A	1999867	SAAC	10/9/42	San Francisco, Cal	33-8-D	Term-with Grant	[illegible]	San Francisco, Calif.
2759	KAGAMI, Toyotsuchi		20562	M	4/14/76	W	A	1781258	TaAC	10/3/42	Oakland, Calif.	42-3-F	Term-with Grant	[illegible]	Chicago, Ill.
	Teruyo Roy		"	M	11/18/21	S	C	—	"	"	"	—	Ind-Empl	8/30/43	Chicago, Ill.
	Yutaka		"	M	5/15/25	S	C	—	"	"	"	—	Ind-Invit	5/31/44	Cleveland, Ohio
	KAGAWA, Komio		14677	M	8/15/91	M	A	2609514	TaAC	9/20/42	San Francisco, Cal	7-3-C	Term-with Grant	[illegible]	Anderson Dam, Idaho
	Kazue		"	F	1/14/96	M	A	2021381	"	"	"	"	Term-with Grant	[illegible]	Anderson Dam, Idaho
	HARA, Frank Toshio		"	M	11/26/19	S	C	—	"	"	"	—	Ind-Invit	12/6/44	Dayton, Ohio
	KAGEYAMA, Shuzo		1521	M	10/14/88	M	A	2244987	SAAC	10/9/42	San Francisco, Cal	—	Ind-Empl	5/25/43	Chicago, Ill.
	Yaeko		"	F	7/10/98	M	A	N.A.	"	"	"	—	Ind-JnFam	6/25/43	"
	Paul Kiyoshi		"	M	11/3/26	S	C	—	"	"	"	—	"	"	"
	Katherine Aiko		"	F	2/19/22	S	C	—	"	10/28/42	"	—	Ind-Empl	3/24/43	Washington, D.C.
	Frances Michiko		"	F	1/24/25	S	C	—	"	"	"	—	Ind-Educ	3/24/43	Chicago, Ill.
	KAGIHARA, Leslie		1721	M	4/20/10	S	C	—	SAAC	10/9/42	San Francisco, Cal	—	Ind-Empl	5/10/43	New York City, N.Y.
	KAGIMOTO, Masaichi		H-369	M	5/30/99	M	C	—	Hawaii	3/14/43	Honolulu, T.H.	—	T-S	9/15/43	Tule Lake, Calif.
	Jiromatsu		"	M	8/28/02	M	C	—	"	"	"	—	"	"	"
2773	KAI, Miwa		1565	F	5/24/13	S	C	—	SAAC	10/9/42	San Francisco, Cal	—	Ind-Empl	12/6/43	Chicago, Ill.

ミワ・カイの出所記録原簿。最下段左端に名が見える
（トパーズ日系人収容所博物館提供）

でもない。

トパーズ博物館から送ってもらった収容者原簿によると、カイが同収容所を出たのは一九四三年十二月六日。一年二ヵ月の間収容されていたことになる。出所し再定住するためには身元引き受けが条件だったが、解放後の行先はシカゴと記されている。当時シカゴ大学の民政訓練学校（CATS）の指導教官だったエンブリーがエラからカイの身の上を聞き、人類学の調査のために雇うという名目で引き取ったのだ。

シカゴのエンブリー家に身を寄せたカイは、週一回、小学生の娘クレアにピアノレッスンをしながら、終戦直前に刊行されるエンブリーの『日本国家』の原稿をタイプ清書。同時に、エンブリーが多良木町の旅館の娘・山路八重子に付けさせた日記を英訳した。

この日記については、エラとロバート・スミスが一九八二年に『須恵村の女たち』を書き

ミワ・カイが英訳した『日本の旅館の娘の日記』を書いた山路八重子。左は母親。離村するエンブリー夫妻に別れのあいさつに訪れた（1936年10月、エンブリー撮影）

上げて間もなく、日記の存在を思い出したエラの勧めで読み直したスミスが出版を検討。エラがカイをスミスに紹介し、エンブリー家でのカイの最初の英訳から四十年後の一九八四年、『日本の旅館の娘の日記』として日の目を見た。三六年（昭和十一）一月から九月まで百八十ページに上る日記には、「遅くとも朝六時に起きて夜十時か十一時まで休みなく働く平均的な教育を受けた若い日本人女性」（エンブリー）の日常が綴《つづ》られている。村民の送別会があった夜、「日記を付けながらうたた寝したので、十二時半に床に就いた」との記述も見られ、八重子がエンブリーに頼まれた日課を忠実に守っていた様子がうかがえる。

収容者の「忠誠審査」を調査

ところで、エンブリーは一九四三年二月中旬の四日間、トパーズ収容所を訪れている。アメリカに忠誠を誓うかどうか日系人に問う「忠誠審査」の実情を調査することが目的だった。忠誠審査は、再定住を促進する方策だったとは言え、出所・再定住や徴兵の資格を問う「踏み絵」でもあり、収容者の反発は強かった。忠誠に抗する一世と忠誠を誓う二世が同居する家族の分断という悲劇も少なくなかった。

それは、「日本人」である一世はもちろんのこと、その血を引く二世にとっても、自己のアイデンティ

トパーズ転住センター（1943年。トパーズ日系人収容所博物館提供）

ティが引き裂かれる思いだったに違いない。忠誠審査に対しエンブリーは、報告書の中で明確な反対を訴えてはいない。収容者にとっては、調査に訪れたエンブリーもまた忠誠審査を迫る権力体制側の一人、せいぜい「親切な管理者」程度にしか見えなかっただろう。収容者の解放促進という大義名分と忠誠審査という手段の乖離《かいり》。それはエンブリーの置かれた苦しい立場を浮き彫りにしている。

実はこのとき、エンブリーはカイに会い、聞き取りをしていた。忠誠審査に関するエンブリーの報告書「プロジェクト分析シリーズ」第一号（一九四三年二月）の中でこのくだりに出合ったときには、目が釘付けになったものだ。「若いアメリカ人ピアニストで、帰米の一人だが明らかにアメリカに忠実なミスK」。カイをそう紹介している。

カイはエンブリーの聴取に対し、収容所生活の中で反米的な気運が強まっていた帰米日系人の本音を伝えた。

「多くの帰米日系人が戦争の後は日本に帰りたいと思っている。それは、収容所隔離の直接の結果でもある」。

また、「多くの二世は日米開戦後、徴兵されてもいいと思っているのに、志願するよう求めるのはひどいと感じている」と、アメリカ人としての二世の忠誠を疑う収容所政策の問題点を訴えた。

　忠誠審査に関して最も問題視されたのが、二十八番目の「アメリカへの無条件の忠誠の宣誓と天皇への忠誠の拒否」を取り上げた質問だった。これに対してノーと答えることで、自分が日本に帰国できないだけでなく、日本に住む親類縁者まで害が及ぶことを懸念する日系人もいた。逆にイエスと答えることで無国籍になることを恐れた日本国籍の一世の多くはノーと答えた。結果は、イエスが八十八％を占めた。カイもイエスと答え出所を認められた。

　エンブリーの報告では、忠誠審査に声高に反対したのは帰米日系人のグループだとし、若い二世のグループはエンブリーに対して、「多くの帰米は日本と戦いたくなくて忠誠審査を妨害しようとしている」と訴えたという。別の二世は「帰米のやつらは戦争で死ぬのが怖い臆病者だ」と非難した。

エンブリーの末妹のキャサリン

　エンブリーは「帰米」をテーマにしたコミュニティ分析報告第八号（一九四四年一月）でも、帰米日系人が「日本に帰りたい」と思うのはアメリカ政府が危険分子として日本に送還したかった半面だとして、詳細に分析している。帰米者は、日本ではアメリカ人として差別され、アメリカでは日本人として敵対視される「少数民族の中の少数民族」で、二重三重にデラシネ（根なし草）的な存在だった。当時エンブリー家の世話になっていたカイの思いも滲んだ報告だ。

　一方、トパーズの隣のアリゾナ州にあるポストン収容所では、末妹のキャサリンが教師として働いていた。同収容所には、エンブリーと一緒に父のエドウィンも訪れている。キャサリンは一九九九年に収容所に関する回顧録『灰色の追放生活』を出版。ポストンのストライキの経緯や忠誠審査の実情など収容所生活を詳細に紹介し、その中で出所後のカイについても触れている。

「制約され画一的な収容所での生活の後、彼女は自信と喜びと自発性を失い、……誰も信用せず、友達も作らずに、世の中から自分を閉ざしていた」。

キャサリンは、収容所時代のことに関して口が重かったカイが受けた心痛について、同情を込めて述懐している。エンブリーの身元引き受けによって出所できたとはいえ、カイに安堵や解放感はなかった。事実、収容所生活やエンブリー一家との関係についてカイ自身が語った言葉は見当たらず、管理者であり解放者でもあったエンブリーに対する複雑な思いが推察される。

それでも何とか立ち直ったカイは、半年後にシカゴを離れ、ニューヨークのコロンビア大学図書館でタイピストとして働き、その後、司書となる。日本文学者として知られるドナルド・キーンの師で同大に日本文化研究所を創設した角田柳作《つのだりゅうさく》の助手も務めた。

『灰色の追放生活』では、カイに関する興味深い事実、すなわち天才ピアニストと呼ばれたカイが、なぜ将来を約束されたピアノの道を断念したのか、理由の一端も明かされている。

「左手の手術の後、彼女は断念したピアノのキャリアについて哲学的にこう説明した。『もはや一オクターブも弾くことができない手しか持っていないとしても、それは、図書館の司書にとって何ら重要なことではない。私にとって人生はかくも慈悲深いものだ』と」。

ただ、左手の手術については、原因を含めそれ以上のことは書かれていない。

一九五九年ごろ、留学中のアメリカでカイの知遇を得た憲法学者の奥平康弘（一九二九〜二〇一五）は、カイの死去を悼んだ「あるライブラリアンの軌跡」（『波』二〇一二年九月号）で、ピアノを断念した経緯について「〝甲斐美和の謎〟として、そっとしておきたい」と偲んでいる。「プライバシーに踏みこむのを恐れたから」だという。

カイは二〇一一年、ニューヨークで九十八歳の天寿を全うした。エンブリーとエラの出会いもそうだが、カイとエンブリー夫妻、そしてその妹キャサリンとの関係も不思議な巡り合わせと言うほかない。

トパーズ日系人収容所博物館（同博物館提供）

半世紀を経てようやく謝罪

こうして、同じ敵国でも、ドイツ系、イタリア系アメリカ人には適用せず日系人だけを送り込んだ強制収容政策は、一九四六年三月まで続いた。全員が解放され最後に閉鎖されたのは、忠誠登録にノーと表明した収容者が集められたツールレイク収容所（カリフォルニア州）だった。戦時転住局は同年六月に解散した。アメリカが、その非人道性、人種差別を認めて謝罪し賠償にようやく応じたのは、一九八八年、レーガン大統領の時代になってからである。

強制収容所に限らず、日系アメリカ人が置かれた立場や思いに迫ることは容易ではない。収容所閉鎖から七十年以上を経過して今もなお、三世や四世を含め心身の奥に潜めた辛酸を私たちは真に理解することはできない。だが、一世、二世、帰米それぞれの思いに寄り添おうとしたエンブリーを通じて、その一端に触れることはできるかもしれない。先住民や在日朝鮮人、世界の移民やマイノリティの問題を考える契機でもある（なお、二〇一七年七月八日、収容所の歴史を学ぶトパーズ博物館が本格オープンした）。

強制収容所に関する日米の文献の中で、エンブリーの仕事に触れたものはほとんどない。日本では皆無と言っていい。コミュニティ分析課長として転住計画に及ぼしたエンブリーの影響や戦時転住局の業務の再検討など、今後の研究が深まることを期待したい。

一方、戦時転住局時代の一九四三年一月、エンブリーはスミソニアン協会の戦争背景研究シリーズ第七巻として刊行された冊子『日本人』を発表する。スミソニアン協会はワシントンにある国立の学術研究機関で、第二次世界大戦に関係した地域、特に太平洋地域の民族、地理、歴史、自然史などを紹介した同シリーズを四二年から四五年まで二十一巻発行している。シリーズの多くは軍事当局や情報機関に役立つ情報を提供するもので、『日本人』も例外ではなかった。

そうした『日本人』の発行目的があったにもかかわらず、エンブリーは、日本の拡張主義は欧米の植民地主義政策の反作用だったことを指摘し、人類学者が「攻撃的な日本人」などと揚言していた国民性理論やアメリカの自民族中心主義に異論を挟んでいることが注目される。

エンブリーは『日本人』を踏まえつつ、次に紹介する民政訓練学校での講義録を基に、終戦直前に『日本国家（The Japanese Nation）』を刊行する。ただ同書は、先述した通り、ミワ・カイが身を寄せていたエンブリー家でタイプ清書した一九四四年前半にはすでに書き上げられていた。『日本国家』やこの時期以降の諸論文には、『日本人』に残っていた曖昧さが払拭《ふっしょく》され、自民族中心主義への抗議がいっそう明確になると同時に、占領による日本の民主化に対する疑念が強く表明されている。その意味で一九四三年という年は、三十五歳のエンブリーの思想形成にとって非常に重要な年だった。エンブリーが強制収容所の日系人との交流や観察を通じて抱いた、アメリカという国家の民主主義に対する不信が大きく影響したのではないだろうか。

第五章　占領軍士官を教育

シカゴ大の民政訓練学校へ

戦時転住局（WRA）に次いで、戦時中にエンブリーが果たした重要な役割が、シカゴ大学に設けられた民政訓練学校（CATS）での指導である。

同大の准教授となったエンブリーは、一九四三年九月から四五年四月まで、民政訓練学校の日本地域研究部主任として、日本占領に当たる陸海軍の士官訓練に携わった。その際、教材として最大限に活用したのが自著『須恵村』だった。

実はエンブリーは、民政訓練学校に移る少し前の一九四三年六月に、シカゴ大学の「社会思想委員会」に参加する希望を先輩のロバート・レッドフィールドに伝えていたが、かなえられなかったという経緯もある。同委員会は、大学院生に対する学際的な研究機関として、レッドフィールドらが四一年に創設。自由な研究環境が特長で、メンバーには哲学者のハンナ・アーレントや詩人のT・S・エリオット、ノーベル賞経済学者のフリードリッヒ・ハイエクら、そうそうたる名が並ぶ。シカゴ大学に戻ったものの、民政訓練学校の教官というポストはエンブリーにとっては残念な転任だったかもしれない。

前任の戦時転住局が、日本軍のアメリカ本土進攻を想定した状況下にあったのに対し、一九四二年六月のミッドウェー海戦を分岐点に形勢は一転、「合衆国がアジアで直面している重大な問題は日本の軍事占領」（エンブリー）という状況になっていた。

「アジアのための軍政府士官が日本の言語、文化、歴史の完全な基礎知識を獲得することが、何よりも不可欠である」。

占領行政官の役割と心構えを説いた「日本の軍事占領」（一九四四年）の一節だ。エンブリーは日本の占領には賛成ではなかったが、占領の成否がアジア全体の未来を左右すると認識していた。

民政訓練学校を紹介したエンブリーの「アメリカの軍政府」（一九四九年）やシカゴ大学図書館の資料によると、アメリカ陸軍省では、第一次大戦後のライン地方占領の際に、非軍事的な占領行政としての軍政の訓練を受けた将校がいなかったために大きな障害があった反省から、軍政将校の人材育成が求められた。日米開戦直前の一九四一年十二月三日付の指令で、早くも日本やドイツの軍事的占領に備えて軍政要員の訓練を開始。翌年五月にはバージニア大学に軍政学校を開設、海軍はコロンビア大とプリンストン大に軍政学校を設けた。

さらに、訓練を拡充するため、一九四三年三月には軍政に関係する活動全般を統括する民政部を陸軍省に設置、地域研究で実績のある大学に民政訓練学校が設けられた。当初の対象はヨーロッパ中心だったが、四四年には極東を対象に、シカゴ、ハーバード、エール、ミシガン、ノースウェスタン、スタンフォードの六大学に民政訓練学校を置いた。軍政学校で六週間訓練を受けた後、六大学のいずれかでさらに半年の訓練を受けるという教育プログラムだった。

エンブリーがいたシカゴ大学では、極東戦域を対象にした訓練プログラムが一九四三年九月から実験的に開始され、特別に選ばれた二十九人の一期生は翌年十一月に修了した。その中には戦後、GHQの天然資源局長としてエンブリーの『須恵村』を携えて須恵村を訪問したヒューバート・シェンク大佐もいた。シェンクはスタンフォード大学で古生物学教授を務め、GHQの農地改革にも携わった。

軍政学校では、三期にわたって占領地における法規、補給、諜報、公行政・組織、運営、人事等の基礎的な事項、民政訓練学校では各地域の社会や文化、教育、語学から国民性に関する事項まで幅広い教育が行われた。

日本を対象とした占領地域研究のためのカリキュラムを最初に開発したのはシカゴ大学で、それを指導したのがエンブリーである。講師八人のうち四人が人類学者で、日本に行った経験があるのはエンブリーと、日本に九年間滞在し慶応大学で教えたこともある経済学者ダニエル・H・ブキャナンの二人だけだった。エンブリーが作成したカリキュラムは他の民政訓練学校でも使われた。

講師の中には、ポストン日系人収容所にいたアレキサンダー・レイトンや戦後の日本の農地改革の指導者として須恵村にも足を運んだウォルフ・ラデジンスキー大佐、民政局（GS）法規課長として憲法草案作りに参画した弁護士のマイロ・E・ラウエル中佐もいた。ラウエルは、日本の民間の憲法研究会が作成した草案を「民主的」と高く評価するなど、憲法草案作成の中心的な役割を担った人物として知られる。後に占領時の重責を担うことになる二人が、シカゴ大学の民政訓練学校でエンブリーと同じ釜の飯を食っていたわけである。

また、エール大学の訓練学校では、神戸の高校でエラの同級生だったカナダ人の歴史学者ハーバート・ノーマンが講師を務めたほか、『アメリカの鏡・日本』の著者ヘレン・ミアーズもミシガン、ノースウェスタン両大学で日本に関する講義を行ったという。エンブリーの思想と薄からぬ縁を持つこの二人には後で触れる。

エンブリーの講義ノート

私は、エンブリー夫妻が残した資料を調べるために、二〇一四年（平成二十六）一月、ニューヨーク州イサカにあるコーネル大学の図書館を訪ねた。『須恵村の女たち』の共著者ロバート・スミスがコーネル大学の教授だった縁で、そこには夫妻に関する記録の多くが保管されていた。図書館訪問は、夫妻合わせて二千ページを超えるフィールドノートを複写することが主な目的だった。民政訓練学校時代の講義ノートが残っていることも分かったが、内容を精査する時間がなく、複写をあきらめざるを得なかった。

帰国後も講義ノートは気に掛かっていたが、分量が多いため入手には相応の負担が予想される。購入をためらっていた二〇一五年秋、偶然出会ったのが、コーネル大学で文化人類学を学ぶ院生ラウラ・ココラだった。インドと中国に挟まれたヒマラヤの小国ブータンの国民総幸福（GNH）に関して東京で行われた研究会の席である。GNHは、GDP（国内総生産）に代わる暮らしの指標としてブータンが進めている政策理念だ。

実は、私が〝エンブリーの須恵〟に関心を持ったきっかけもブータンにあった。新聞記者時代からGNHに関心を持っていた私は、二〇〇七年以降三度ブータンを訪問し取材した。すると、そのころ読んだ『須恵村』と『須恵村の女たち』の風景がブータンそっくりに思えたのだ。

顔つきや衣服だけでなく、須恵村で「かちゃあ」、ブータンで「ラコ」と呼ぶ共同労働で行う田植えや贈与交換などの「協同」、民間信仰、おおらかな性や夜這《よば》い……。私は日本のムラの幸せを探ることに舵を切った。一方ココラは博士論文のテーマとして「幸せとは何か」を日本で研究中で、たまたまGNH

に関する研究会開催を知り参加していた。ロバート・スミスと顔なじみというココラも『須恵村』を読んでいた。ブータンとエンブリー夫妻という共通のテーマに会話は弾んだ。

翌二〇一六年に博士論文の参考にとココラを須恵に二度案内した縁もあり、私は大学に戻った彼女にエンブリーの講義ノートの冒頭数ページのコピーを打診した。数週間後、何と百五十ページもの資料がメールで送られてきた。講義資料を読み込み、必要と思われるページを選り抜いてコピーしてくれたことは明らかだ。須恵を案内した私へのお返しだというココラの心遣いが伝わってきた。

さて、エンブリーの講義ノートによると、授業の参考文献として、福澤諭吉、新渡戸《にとべ》稲造《いなぞう》、ラフカディオ・ハーンらに加え、ノーマン、ミアーズらの名が挙がっている。自著では、地方や農村を紹介する際に『須恵村』を、中央政府や国家レベルの課題を解説する際には『日本人』を教科書としていたことも分かった。エンブリーが戦略事務局（OSS）時代に提出した報告「穢多《えた》」も社会階級の分類として使用していたほか、須恵村をいち早く紹介した一九三六年九月『フォーチュン』誌の日本特集号を随所で引用していることも注目される。

エンブリーは講義でまず三点を挙げて、「日本に関する特別な難しさ」を強調している。一点目は「アメリカと類似したドイツやイタリアの文化と異質」なことだ。言語はもちろん、家族制度や交渉の方法などを指す。次いで「第二次大戦前の日本に関する教育の不在」、三番目に「戦時の日米のプロパガンダによって見失われた客観的な日本研究」である。特に三点目は、自民族中心主義が占領政策に与える弊害を意識したエンブリーらしい視点だ。

講義内容は、日本人の人種的あるいは神話的起源から、農村、都市あるいは国レベルの文化、社会、経済、教育、行政の仕組み、天皇制から、個人のライフサイクルに至るまで幅広く網羅している。ただ、日本の軍事や軍備に関するエンブリー自身の記述がわずかしかないのは『日本人』や『日本国家』と同じで、エンブリーの研究領域にはないテーマだったことを反映している。しかし、軍人の規範として一九四一年（昭和十六）一月、東條英機《ひでき》が陸相時代に示達した「戦陣訓」全文の英訳が紹介されているのは興味深い。有名な「生きて虜囚《りょしゅう》の辱《はずかしめ》を受けず」は、この中の言葉だ。

一九四四年八月の講義では、『須恵村』を使って、村の交通手段、地理的位置、行政の仕組み、部落や組、ぬしどり、宗教など紹介。「協同（co-op）」という言葉も頻繁に登場し、『須恵村』の主テーマである協同の仕組みを力説している様子がうかがわれる。

また、「須恵村の衛生と健康」と題した講義録では、水道設備や食物の冷凍、掃除、病気に関しては針治療やお灸などにまで言及している。エンブリー夫妻は、過酷な労働とともに須恵村に婦人病が多いことに驚いたが、講義では、『須恵村』では不十分だった農村の健康問題を幅広く取り上げている。しかも、ムラの現実をありのまま報告した『須恵村』とは違って、衛生状況や健康管理の不十分さをアメリカ社会と比較して記述しており、占領行政に資することを念頭に置いていたことが分かる。

この衛生に関する講義録は、タイトルと内容を修正した上で政府系のワシントン科学アカデミーの機関誌（一九四四年四月十五日）に「日本のある村の衛生と健康」として寄稿された。

民政訓練学校の講義録は日本を理解するための客観的な解説に終始し、占領に当たっての教訓めいた記述はない。しかし、太平洋問題調査会アメリカ支部の機関誌『ファー・イースタン・サーヴェイ』に寄稿した「日本の軍事占領」でエンブリーは、「極東のためのどんな訓練計画のカリキュラムにも、例えば行政官になる人が労働問題に出くわしたとき、その困難を『劣った』人種のせいにしないように、人種と文化の区別の議論を加えるべきである」などと、戦時転住局の管理と同様に、単に技術面でなく、占領行政官が人種偏見を持たないように基本的な教育を施すことの重要性を訴えている。

特にこの中で、「日本の占領と戦後管理は、地方の市長、知事、内閣、さらには日本警察の協力を通じた間接的な方法でなければならない」として、ドイツ占領のような軍による直接統治ではなく、地方も巻き込んだ「間接統治方式」を主張していることが注目される。

「日本の軍事占領」では、当事者同士の争いを避ける手段としての仲人《なこうど》などの「仲介の原理」を詳述しており、「間接統治」はそれを敷衍《ふえん》したと思われる。須恵村で知った仲介の原理はエンブリーに強い印象を残し、多くの論文で紹介されている。また、占領行政をテーマにした論考「アメリカの軍政府」では、コミュニティ分析の重要性を強調するとともに、日本の天皇の扱いに関する質問に講師がどう答えるかも難しい問題だったことを明かしている。

シカゴ大の民政訓練学校を率いていたのは、同大学でともに人類学を学んだフレッド・エガンだった。エガンは、エンブリーの死後、その業績を高く評価した追悼文で、当時のエンブリーの仕事を「特に重要な貢献」としてこう述べている。

「エンブリーは、この期間のことについて執筆しているが、この数年間一度も人類学上の規範に妥協したことはなかった。日本の占領から戻って来た士官たちは、実際的な問題に直面したとき、それを処理するのにエンブリーが行った教育が役立ったことを認めた」。

エガンが賞賛した「エンブリーが守った人類学上の規範」とは、この期間にエンブリーが発表した「日本の軍事占領」や「戦後日本の民主主義」（一九四四年）、「応用人類学およびその人類学との関係」などの論文の中で、アメリカの自民族中心主義と一線を画し、日本人と対等に接することを訴え続けたことを指している。

民政訓練学校で指導した一九四四年にエンブリーは、先に述べた「衛生と健康」のほか、『須恵村』に書き込まれていない、「食」と「地方行政」という二つのテーマに関する報告も作成している。

一点は、「日本の食習慣と食事」。米はもちろん野菜、魚、肉、漬け物から調味料、さらには「日本人が嫌いな食べ物」に至るまで事細かに解説しており、「機密」扱いの海軍の報告として提出された。冒頭、「地域の食の慣行は尊重されねばならない。食の習慣に精通していることは、占領地の自給自足を促し、地域の人々と占領軍の両方の健康を維持するのに役立つ」というくだりはいかにもエンブリーらしい。

雑誌に発表されたもう一点の「日本の地方行政」については、第十四章で再度触れる。これらの報告は、日本の占領に際して必要な情報を補足する意味合いがあったと推測できる。

『日本国家』を準備

そして、この間のエンブリーの最も注目すべき著作が、講義ノートを基に、『須恵村』では十分に見渡せなかった日本という国全体について、近世の歴史から当時の天皇制まで視野を広げた『日本国家』である。

終戦間近の一九四五年七月に刊行された『日本国家』は、先に触れたように一九四四年前半には概ね書き終えていたとみられる。その内容が、民政訓練学校での講義録を下敷きにしたものであることは明らかだ。一例として、講義で使われた日本地図や「行政機構の図」「日本政府の略図」などの図表は、全て『日本国家』でも使われている。後で触れるヘレン・ミアーズの『亥年《いどし》』からの引用箇所もそっくりそのまま。講義録の作成と『日本国家』の執筆は、ほぼ併行して進められた。

エンブリーは『日本国家』を「この本は主として国家の社会組織の研究である。人類学者はしばしば

『須恵村』の献辞を捧げられた愛甲慶《けい》寿《すけ》家（1936年９月、エンブリー撮影）

文字使用前の小さな社会の社会構造を描いたが、たまたま人類学者である筆者は、社会人類学の方法を近代国家の社会的な調査に適用することを試みた」と位置付けている。

目次を見ると、第一章「歴史的背景―徳川幕府」、第二章「近代の経済的基盤」、第三章「統治機構」、第四章「社会階級制度」、第五章「教育」、第六章「マスコミュニケーション」、第七章「家族と世帯」、第八章「宗教」、第九章「文化の型」、第十章「国の姿勢」そして最後に「将来」という短いエピローグで結ばれている。日本概論の教科書と言ってもいい。

目に留まったのは、冒頭のエンブリーの献辞である。「かけがえのないエラへ」とある。『須恵村』は、村で世話になった愛甲慶寿《けいすけ》家に捧げられた。『日本国家』の献辞には、戦時中の仕事を支え続けた妻に対する感謝が凝縮されている。エンブリーは日本語が片言しかできなかった。生前、日本語を本格的に学ぶことはなかったと思われる。その大きな理由は、日本語の達者な妻が常に身近にいて手助けしたからだ。エンブリーにとってエラは、日本に関する主要な情報源でもあった。

『フォーチュン』を刊行するタイム社の『ライフ』誌は、戦後間もない一九四五年九月十七日の日本降伏特集号で『日本国家』を取り上げている。表紙をマッカーサーで飾った同誌は、「日本国家　封建制、国家主義、戦争そして現在の敗北の歴史を抱えて」と題した日本の紹介記事を掲載。「日本をほとんど知らないアメリカ人が日本を理解するためにちょうどいいタイミングで『日本国家』が出版された」として、戦略事務局（ＯＳＳ）や戦時転住局（ＷＲＡ）で働いていたことを紹介しつつ、「この記事の資料のほとんどがエンブリー博士の本に基づいている」と打ち明けている。終戦前後のメディアで『須恵村』と同様に『日本人』『日本国家』も重宝された様子がうかがわれる。

『日本国家』は多くの書評でも取り上げられ、「エンブリーが本文二百六十二ページの本に、これほど豊富な日本人の精神と社会構造に関する情報をどうやって盛り込めたか不思議なほどだ」などと概ね好評だった。

東北の農村調査の英訳

エンブリー関連の文献の中で、なかなか所在がつかめず気になっていた英訳書があった。「一九四五年『東郷村　北日本の村』佐野寿夫訳、エンブリー注釈付き」として記された文献である。エール大学東南アジア研究所の編集者アンナ・ピケリスによるエンブリー文献一覧で知り探したが、同大学図書館も所蔵していないという。民政訓練学校時代の仕事と思われるが、自身の執筆ではないため後回しにしていた。

それを送ってくれたのが、エール大学教授のウイリアム・W・ケリー（一九四六〜）だ。亡くなったときのエンブリーの職場はエール大学で、ケリーは同大学の人類学部長を務めたこともあ

1945年9月17日発行の『ライフ』誌。日本降伏特集号の表紙は連合国軍総司令官ダグラス・マッカーサーが飾った

る。

　大切な友人となったケリーと私の〝出会い〟は、民政訓練学校の講義ノートを送ってくれたコーネル大学の院生ラウラ・ココラ以上に劇的だった。

　エンブリーの博士論文を探していた二〇一七年（平成二十九）二月、ケリーのホームページに、アメリカにおける人類学的な日本研究に関する博士論文を網羅した一覧表があるのを発見した。四百件に及ぶ論文のトップにエンブリーの『須恵村』があった。戦前唯一の博士論文であれば当然だ。

　ページの末尾にはケリーのメールアドレスも記載されている。厚かましくも私はすぐにメールを送り、エンブリーの博士論文の所在について尋ねた。すると、その日のうちにケリーから返事が届き、しかも欲しかった論文が添付されているではないか。さらに驚いたのは、翌月に刊行予定だったエンブリーに関する私の本『忘れられた人類学者《ジャパノロジスト》』を予約注文した、と記されていたことだ。ケリーが著名な日本研究家で、山形県庄内地方の伝統文化を長年調査していることも知った。

　以来、私は見ず知らずのケリーに山のような質問を浴びせるとともに、エンブリーに関する多くの資料を送ってもらった。その縁で、二〇一七年秋のケリーの来日に合わせ須恵を案内する機会にも恵まれた。その際に、くだんの『東郷村　北日本の村』をケリーが所蔵していることを知り、帰国後にメールで送付を依頼。それもまたその日のうちに届いたのだ。

　この文献は、東京帝国大学農学部による調査報告『庄内田所の農業、農村及び生活』（一九三六年四月）を、エンブリーの須恵村調査の助手だった佐野寿夫が村を去った後に東京で英訳して改題したものである。本文末尾には「一九三六年十二月二日翻訳」とあり、須恵村を離れてからたった一ヵ月で仕上げたことになる。エンブリーは「編集者短評」で「帰国直前だったため、単語や表現をチェックする機会がなかった」と明かしている。英訳を持ち帰っていたエンブリーが、民政訓練学校の指導に当たって再読、校正し、終戦二ヵ月前の四五年六月にようやく太平洋問題調査会から出版されたというわけだ。

東京大学による東郷村（現・山形県東田川郡三川町の一部）の調査は、一九三〇年（昭和五）と三四年（同九）の二回実施された。報告は錦織英夫助教授の執筆だが、エンブリーが日本到着直後に教えを乞うた那須皓《しろし》教授（一八八八〜一九八四）が調査を指揮、序文を書いている。農村恐慌ただ中の調査を踏まえ、那須はエンブリーに対し、東北は調査地としてふさわしくない、と助言した。しかし、東郷村の報告は、調査期間こそ短かったものの、『須恵村』と同じ時期の「東北地方の典型的な田所」（那須の序文）の村の暮らしを知るにはちょうどよかった。英訳は、須恵村調査を終えたエンブリーが那須の示唆を受けて佐野に依頼したとみられる。

エンブリーが短評で触れている通り、本文には佐野の訳注と、出版に当たって付加されたエンブリーによる須恵村との比較を記した編注が、カッコと二重カッコでそれぞれ分かるように挿入されている。五ページにわたる「部落の協同」の節も含まれ、「《部落の協同は、須恵では家屋の建築や葬儀などを含む》」、「結い《須恵では「かったり」》」、「小走り《須恵では「ぬしどうり」に当たるようだ》」などの編注にエンブリーの工夫が表われている。須恵村と東郷村という南北の異質な日本の村を比較することによって、日本の稲作農村の実情に迫ろうとしたエンブリーの意図が読み取れる。

いずれにしろ、このシカゴ大学の民政訓練学校時代は、戦時転住局に続きエンブリーの思想の足場固めの時期でもあった。

第六章　二度のミクロネシア調査

サイパンで終戦を迎える

日米戦争の行方を見守っていたエンブリーは、どこで終戦を迎え、そのとき何を思ったのだろう？　それが分かる資料が、エンブリーが亡くなるまで働いていたエール大学にあった。「サイパンとテニアンにおける軍政府」と題された、エンブリーによるミクロネシアの調査記録（フィールドノート、表紙の日付は一九四五年九月十二日）である。エンブリーは、日米激戦の地サイパンで八月十五日を迎えたのだった。

シカゴ大学の民政訓練のプログラムは終戦三日後の一九四五年八月十八日に終了する。プログラム終了を前にエンブリーは同年五月、企業が海外で活動する際に、その国の政府機関との摩擦を軽減するために設けられた外国経済管理委員会の顧問を短期間務めた。その後、ハワイの太平洋地域戦時情報局（ＯＷＩ）支部で日本の戦意分析を専門とする心理戦争プログラムの指導教官（上級分析官）になった。

当時、ワシントンのＯＷＩ本部の極東部に軍と共同で設置された海外戦意分析課（ＦＭＡＤ）のトップは、ポストン日系人収容所の分析官時代にエンブリーとも交流があったアレキサンダー・レイトンが務めていた。ＯＷＩには、上級分析官としてルース・ベネディクトも在籍していた。レイトンの指示で書かれたベネディクトの『菊と刀』（第十二章で触れる）には『須恵村』から多くの引用があるが、ハワイのエンブリーとワシントンのベネディクトに接触があったかどうかは不明だ。オランダの歴史家ルドルフ・V・A・ヤンセンスがアメリカの対日戦略を検証した『日本の未来』（一九九五年）によると、同課の日本専門家はエンブリーだけだったが、ベネディクトらと協力した痕跡は見つかっておらず、ベネディクトらによる日本人の性格に関する報告書作成にエンブリーは加わっていなかったという。

ちなみにレイトンによれば、当時のOWI極東部には東洋史学者のジョージ・E・テイラー部次長（一九〇五〜二〇〇〇）のもとに、エンブリー、ベネディクト、レイトンのほか、ジェフリー・ゴーラー、モリス・オプラー、クラックホーン夫妻、アレクサンダー・レッサー、ロイヤル・ハスリック、フレッド・ハルス、カトリーヌ・スペンサーら一流の社会科学者約三十人が集められた。エンブリーを招聘《へい》したのも『須恵村』を評価していたテイラーだった。

エンブリーは、OWIの任務としてミクロネシアを調査した。

そのフィールドノートには、日本の委任統治領からアメリカの占領地域となったミクロネシア北マリアナ諸島のサイパン島とテニアン島を、一九四五年八月八日から二十二日まで調査したことが記されていた。

両島は、エンブリーの調査の一年前にアメリカ軍に攻略されていた。調査は、来たる沖縄占領を視野に置いて、両島のキャンプに収容された日本人と軍政の関係を報告することが目的だった。OWIの活動に対する権限を握っていた海軍（チェスター・ニミッツ太平洋艦隊司令長官）の依頼を受けての調査だった。元々、サイパン、テニアンなどのミクロネシア調査は、西太平洋における制海権と制空権を掌握したいアメリカの西太平洋戦略の一環として実施された。それは、エンブリーが帰国前に柳田國男を訪ねた際に同行した杉浦健一ら日本の文化人類学者のミクロネシア調査が、日本の植民地政策に利することを目的に行われたのと同列と見ることもできよう。

エンブリーが調査に当たった理由として、ハワイのコナ地区で行った日系移民調査や戦時転住局（WRA）での業務が考慮されたことは十分考えられる。実際エンブリーは、サイパン島の主要都市スぺ、テニアン島のチューロの日本人収容所の待遇や軍政府の対応の不十分さを、日系アメリカ人の強制収容所と比較して報告。同時に、民政訓練学校（CATS）で教育を受けた士官の振る舞いを見極める目的もあった。

こうして一九四五年八月十五日、エンブリーは、戦争の終結という節目の日を、日米の激戦地であり日本の戦意喪失を狙った本土空襲の発進基地でもあったサイパンで迎えることになる。

「やっと戦争が終わった」という安堵はあったかもしれないが、テニアンの基地からは、日本各地を無差別攻撃した本土空襲に加え、数日前には広島、長崎に原爆を投下したB―29爆撃機が発進していた。六日午前二時四十五分に「エノラ・ゲイ」、九日午前三時四十九分に「ボックスカー」が原爆を積んでテニアン島を離陸。エンブリーも日本滞在中に立ち寄ったことがある長崎への原爆投下は、ミクロネシア調査開始翌日のことだった。

握りつぶされた原爆不要論

原爆投下の是非については、アメリカ国内で今も両論ある。

OWIと軍の共同組織である海外戦意分析課（FMAD）の課長としてエンブリーの上司でもあったアレキサンダー・レイトンの『変貌する世界における人間関係』（一九四九年）に寄り道してみよう。精神科医で社会学者でもあったレイトンは、一九四五年十二月に「米国戦略爆撃調査団」の研究リーダーとして広島を訪れ、被爆四ヵ月後の惨状を目の当たりにし、言わば悔恨を込めて同書を執筆した。

レイトンによると、日本はサイパン島陥落以降、急速に戦意を失っていった。そんな中、海外戦意分析課は、原爆投下二ヵ月前の六月一日に「日本における心理的・社会的緊張の現状」と題する長文の報告書を作成。「日本国民を殺したり拷問に掛けたり奴隷にしたりしない」、「天皇と天皇制を含めた日本の生活様式を損なわない」ことを示して日本本土に心理戦を仕掛けることが「日本人の戦意をくじき、降伏が最良の選択だという感情を強めることによって戦争を早く終わらせることができる」と結論付けた。その上で、無条件降伏に対する日本人の恐怖感を和らげることも含めた本格的な対日キャンペーンを提言している。レイトンらは「（原爆投下という）重大な作戦変更がなくても六月から九月末までの間に戦争は終わるだろう」と判断していた。しかし、「当局の考えに対抗する報告は回覧が制限され、最初の反対者までしか届かなかった」。報告を握りつぶされたレイトンの落胆は大きかった。

戦時転住局（WRA）や戦時情報局（OWI）でエンブリーと縁があったアレクサンダー・レイトン

原爆投下を検討するため極秘に設けられた政府の暫定委員会の委員長だったヘンリー・スティムソン陸軍長官（一八六七～一九五〇）も、レイトンらの結論に全く耳を貸さなかったという。スティムソンによれば、六月下旬から七月時点でも、「日本に無条件降伏を受け入れる気配はない。……アメリカ政府は、早くても一九四六年後半まで日本には十分な戦闘能力があると判断している」という状態であり、それが原爆投下の理由だった。原爆の効果を最大限にするために空襲を手控えることさえ考えていた。スティムソンは、日米開戦直後に陸軍が展開した日系アメリカ人収容所開設の責任者でもあった人物だ。暫定委の議論では、「ある種の疑わしい方向性を持った科学者や忠実性に欠ける科学者の存在があり、そのため計画が悩まされた」（一九四五年五月三十一日付「暫定委員会議事録」）との発言もあった。

対日心理戦のための最重要部署とされるホノルルのOWI支部に属していたエンブリーは、ベネディクトやクライド・クラックホーンら海外戦意分析課スタッフの、国民性を戦争の原因に結び付ける「文化とパーソナリティ」論には批判的だったが、報告書の扱いにはレイトン同様に失望したに違いない。強制収容された日系人と接した三年前と同様に、アメリカの根深い人種差別を感じていたのではないだろうか。

ただ、アメリカの軍人や国民に「昆虫のようにしぶとく無慈悲」「化け物のような狂信者」（マッカーサーの情報参謀チャールズ・ウィロビー）などと日本人の凶暴性を刻印するプロパガンダの材料を提供したのも、レイトン率いる「文化とパーソナリティ学派」の人類学者だった。レイトンは落胆すると同時に、アメリカ国内に対する心理作戦の成功しすぎた矛盾を痛感したはずだ。

終戦後、広島を調査したアメリカ陸海軍合同の戦略爆撃調査団は、原爆投下が日本の降伏を早めたとしつつ、その必要性に疑問を呈し、こう結論付けている。

「たとえ原子爆弾が落とされず、たとえロシア（筆者注：ソ連）が参戦せず、かつ本土上陸作戦が計画あるいは検討もされなかったとしても、日本は一九四五年十二月三十一日までには確実に、あるいは恐らく十一月一日（筆者注：九州上陸作戦の開始予定日）以前に降伏しただろう」（一九四六年七月一日付「調査団総括報告書」）。

調査団の一員として報告書作りに関与し、『変貌する世界における人間関係』でこのくだりを引用したレイトンの胸の内は想像に難くない。

一方、終戦時のサイパン、テニアン両島の日本人の対応についてエンブリーは、降伏の日も日本人は騒ぐこともなく静かだったが、「多くは信じようとしなかった」として、次のように報告している。

「日本の降伏を信じがたいと思っていたスペとチューロの日本人は、降伏を信じた時にはひどく悲しむかあるいは感情的に打ちのめされていた。時間が経つにつれて、彼らは、……敗北の意識を抑え、一九四五年八月の出来事をロシアの裏切りや原爆投下、そして自分たちではどうしようもなかった他の外部要因によって説明しようとするのはほとんど間違いない」。

エンブリーは、日本人が降伏を信じない理由として三点挙げる。情報の信用性、日本は弱くないという信念、かつ敗北を信じたくない思い――だ。

エンブリーが伝えるサイパンの日本人の戦闘に対する心理は、日本人が戦意を失いつつあるとしたレイトンの報告書と微妙な温度差が感じられる。その温度差は、終戦間際《まぎわ》の日本人の置かれた立場によって異なる意識の複雑さを表しているのかもしれない。

エンブリーは、太平洋地域の民族研究と平和に果たすハワイ大学の役割を説いた評論「人類学と戦争」(一九四六年)をこう結んでいる。

「原子爆弾は、自然科学が理論および理論の応用という点でどれだけ進歩したか示した。私たちの社会科学の知識が、人類を滅ぼす私たちの能力を食い止めることが絶対に必要だ」。

沖縄占領の参考にされたミクロネシアの日本人収容所調査

エンブリーによるミクロネシアのフィールドノートは、「一九四五年八月におけるサイパンとテニアン

1945年6月27日、米軍野戦テントと二重の有刺鉄線で囲まれた沖縄・屋嘉収容所。非戦闘員、朝鮮人、日本兵とに区分けされた（「沖縄戦米軍記録写真」から）

の市民に関する軍政府収容所調査報告」としてまとめられ、ＯＷＩ解散後の同年十一月二日付で提出された。提出先の宛名であるジョージ・テイラーは、ＯＷＩ時代には極東部次長を務めた人物で、調査報告を受け取ったときは国務省の情報部門の責任者だった。歴史家でもあったテイラーは、後に原爆投下を強く批判している。

報告の前書きでエンブリーは、両島の日本人調査について、「沖縄における併合作業を立案する基礎を築くため」と明記している。沖縄の初期軍政は南洋諸島の軍政を参考にしたとされるが、エンブリーによる調査もまた、沖縄の占領政策に生かす目的があったのである。

沖縄戦の勝敗は一九四五年六月下旬には決しており、アメリカは日本の本土攻略のための基地を建設することが緊急の課題となっていた。しかし、調査の最中に戦争は終結、沖縄を本土出撃の基地とする必要はなくなり「この調査の目的は放棄された」。このため、サイパンとテニアンの調査は、占領した沖縄を管理するための参考とすることが主な目的とされた。エンブリーはその時の胸中を後に「幸いにも」と記している。

半数を沖縄出身者が占める両島の日本人収容の実情を詳述したエンブリーのノートと報告書は、終戦時にはすでに収容所生活を強いられていた沖縄占領政策に生かされることになる。

沖縄の歴史家・安仁屋《あにや》政昭によると、沖縄占領後の管理に当たってアメリカ軍政府はテニアン島の収容所管理方法を手本としたという。安仁屋は、「選挙で十人の評議員が公選された。その中から委員長が互選され、新制中学・PTA・教育委員会・協同組合などもつくられた」（「移民政策」一九九八年）ことなどを例として挙げている。安仁屋の記述はテニアンの収容所管理に関するエンブリーの記述と一致しており、沖縄の軍政府はエンブリーの報告を参考にした可能性が強い。

　報告書は八十三ページに上り、三十一枚の写真、収容所の組織図など四枚の図表を含んでいる。サイパンのススペとテニアンのチューロに設けられた収容所を主に調査。食べ物、住環境や衛生、貿易・産業、労働、宗教から軍政府の管理のあり方まで、二島の収容所を観察し比較分析した内容だ。収容人数の表によると、ススペの収容所には日本人一万三千五百六十人、朝鮮人千三百八十六人、現地のチャモロ族とカナカ族三千四百九十八人が三ヵ所別々に収容され、チューロの収容所には、日本人九千九十人、朝鮮人二千三百七十一人、中国人四人が収容されていた（一九四五年八月現在）。半数以上が沖縄出身者であり、半数近くが子どもだった。

サイパンの日本人の住まい（エンブリーの日誌より）

　エンブリーの観察によると、ススペより遅れて開設したチューロの場合は、ススペの不十分な点を改善したことや、日本語や日本の文化を理解する行政官がいたため、ススペより民主的で円滑な管理が行われた。安仁屋が触れた「評議員の公選」は一九四五年七月に実施された。「委員長は総代と呼ばれ、東大卒の若い地質学者だった」という。

一方、ススペの多くの軍政府管理者の日本人に対する一般的な見方は、「彼ら（筆者注：日本人）はわれわれより劣っている」、「われわれは彼らのために多くのことをしてやっている」というものだった。片や収容所の日本人たちは軍政府に対して、「アメリカ軍は必要な食糧や衣類を与えない」、「われわれに真実を伝えない」、「軍の言葉は信用できない」と思っていた。しかし、こうした日本人の意見は管理者には知られることがないか、耳に入っても日本人は愚かで恩知らずで信頼できないという見方を強化する言質でしかなかった。「ススペの不満はチューロの十倍」だった。

「日本人に対する優越感は、恐らくアメリカ人の東洋人に対する人種的偏見の結果であり、それは日本人が戦争の敵だという事実によって一層強くなった。加えて、ススペの取り返しのつかない劣悪な環境、低次元の公衆衛生と社会生活は、管理者が日本人を軽蔑することを当然のこととしたのだ。私たちがススペの古い地域を歩いた時に、一人の日本人は少し恥ずかしそうに『私たちはブタのように暮らしている』とつぶやいた」。

また、南島の貧しい住民には無用な海軍の高級なズボンを与えて優越感に浸る軍政府管理者に対しエンブリーは「単なる例外的な誤解ではない」と憤慨する。

エンブリーは両収容所の状況を、日系アメリカ人強制収容所のコミュニティ政策に時折触れながら描いている。降伏した敵国人とはいえ、日系人収容所での偏見以上の差別を感じ取ったエンブリーの思いが行間から滲み出ている。エンブリーが、日本に対する連合国の「直接占領」ではなく、間に現地の行政を挟んだ「間接占領」が望ましいと考えた背景に、こうした体験があったことは明らかだ。

報告の「結論」でエンブリーは、キャンプでの強制的な英語教育に触れて、こう記している。

「情報と教育の分野において、自由と民主主義というアメリカ的な理想の価値を過信することが、軍政府の規律の下では適当ではないことは明らかである。……それは少なくとも、アメリカ人になることが全く認められない人々を『アメリカ化しよう』とすることが賢明かどうかに関する未解決の問題でもある。日本人は、教育に関して正当な抗議を行った。『われわれは日本の住民であり、戦後は日本に帰国したい。日本に戻るには、言語を学び理解することが必要だ。だからわれわれは日本語を学びたい』と。しかし抗議は無視され、子どもたちは英語の授業を受けさせられた」。

言語という「民族のシンボル」、つまりアイデンティティを根こそぎ奪ってしまう。そこに究極の植民地主義がある。エンブリーは、サイパンとテニアンで人類学者としてそのことを痛感したのだろう。

「親日家エンブリー」という烙印

さらにエンブリーは報告書で、サイパンのススペとテニアンの軍政府の対応の違いをこう分析している。

「責任ある地位の軍政府行政官の側から最も率直な人種的偏見を聞くのがススペだったことは意味がないわけではない。自分が管理している人々が下層階級だと思い込んでいる人が、これらの人々からわずかでも協力を得られるなどとは考えられないことだ。一方、テニアンでは、管理者と管理される側の間に幾らかの譲り合いがあり、後者は、管理する側の好意と自発的な協力の結果として、ススペよりも自由に彼らの私生活を送ることが許されていた」。

この一節からも、沖縄占領に当たってアメリカ軍政府がテニアンの収容所管理をモデルとした理由の一端がうかがわれる。沖縄のアメリカ軍政府長官はミクロネシア調査を依頼したニミッツ太平洋艦隊司令長官であり、当然エンブリーの報告に目を通していた。エンブリーは、「もし帰国した日本人が〝アメリカの管理の下の体験〟を回想するとしたら、過酷なスペのことを語るだろう」と思っていたが、沖縄の軍政府は、「過酷なスペ」でなくテニアンを参考にした。住民のための応用人類学というエンブリーの願いがわずかでも通じたのだろうか。

オーストラリアのモナシュ大学の日本研究家ベアトリス・トレファルトは、このエンブリーの報告について、「エンブリーは、戦争とアメリカ人に対して収容所の日本人がどう思っているかに関心があり、自分のミクロネシア調査が日本の占領について情報を提供することができると考えた」とした上で次のように解説している。

「報告は、抑制ぎみではあるが、人類学者であるエンブリーと収容所の軍政府の間で明らかになった緊張を明確に物語っている。これは恐らく、抑留の規律とキャンプの日本人の性格の基本的に異なる理解に起因している。エンブリーが日本を熟知していることで親日家と思われたため、軍政府はキャンプの状況を批判するエンブリーの動機を疑ったようだ。ノーマン・メラー（筆者注：政治学者でハワイ大学教授。一九九九年に同大学から「サイパンのキャンプ・ススペ」と題する調査報告書を発表）は、エンブリーがススペ滞在中に『東洋人好き』という烙印を押される危険性を明瞭に記憶している。エンブリーは、キャンプの管理は、偽善的で利己的、情報不足であり、その基本政策は階級や人種的な偏見（サイパンの大部分の日本人が沖縄と農場労働者だったため）に基づいていると思っていた」（『サイパン戦の後で』二〇〇九年）。

トレファルトの見方は恐らく正しい。ミクロネシアの軍政府のあり方を検証したエンブリーの調査報告が国務省や海軍に影響を与えたことは確かだが、収容所管理のためという目的を超えてどの程度参考にされたか、詳細は分からない。

というのも、エンブリーが在籍したＯＷＩ（戦時情報局）は、終戦一ヵ月後の一九四五年九月十五日に解散、国務省に移管され、その国務省は当時、沖縄の扱いをめぐって統合参謀本部・陸軍と意見を異にしていた。アメリカの外交方針として領土の拡大を否定する国務省は、沖縄の分離・直接占領政策に反対。海軍の中にも国務省寄りの見解があり、沖縄の民間人統治のために設けられた海軍の軍政府は参謀本部の「主要基地」化でなく復興と民主化を主張していたという。

結果的には、統合参謀本部の主張が通り、日本の非武装化のかたわら共産主義勢力との冷戦の防波堤として、言わばアメリカへ分離される形で沖縄は軍事基地化されることになる。

報告書の前書きでエンブリーは、記録は「調査の公式な報告の作成というよりＯＷＩの情報および資料として送付される」としつつ、「もちろん、筆者が述べた意見を読者であるＯＷＩやアメリカ海軍が必ずしも支持することを意味してはいない」と続け、トレファルトの指摘通り、報告書の内容がＯＷＩや軍当局の意向に沿ったものではないことを自ら示唆している。エンブリーは、ミクロネシア調査は軍部が考えていた軍事基地化のためではなく、むしろ「社会的に有益な機能を満たす」人類学の応用と考えていた（「応用人類学およびその人類学との関係」）。

憶測だが、エンブリーは戦争終結前後のミクロネシア調査の目的を、戦後の平和に寄与するため、と明確に意識していたのではないだろうか。軍部から委託される調査が客観的に行われることを疑い、戦争協力につながるとして拒否する研究者もいた。しかしエンブリー自身は、調査が占領後の日本や日本人に役立つと考えていた。調査することがアメリカを利するだけなのか、少しでも沖縄や日本の民主化に役立つのかという二律背反の中で、後者へのかすかな期待を抱いたのではないだろうか。

エンブリーがサイパン調査から戻った一週間後の一九四五年八月二十八日には、日本占領軍第一陣としてアメリカ軍の先遣部隊が神奈川県の厚木飛行場に到着。三十日には、後に連合国軍総司令部（ＧＨ

Ｑ）の最高司令官（ＳＣＡＰ）となるマッカーサー元帥も、沖縄を経由して同基地に降り立った。ＧＨＱスタッフの中にエンブリーの姿はなかった。
　六年八ヵ月の本土占領に対し、沖縄では一九七二年（昭和四七）の返還まで二十七年の長きにわたって米軍による統治が続いた。

「祖国なきミクロネシア」への憂い

　終戦後、ＯＷＩから人類学の准教授としてハワイ大学に戻ったエンブリーは、一九四五年十二月十四日から翌月五日まで三週間にわたり、人類学、植物学、動物学、地理学四人の研究チームの一人として、再びミクロネシアを調査している。この時は、マーシャル諸島のマジュロ環礁、ポナペ、グアム島などが対象となった。アメリカ軍による日本最初の占領地となり現在も陸軍飛行場があるクェゼリン島から、海軍の前進基地だったマジュロへ渡る十五日付の海軍の乗客名簿に四人の名が見える。

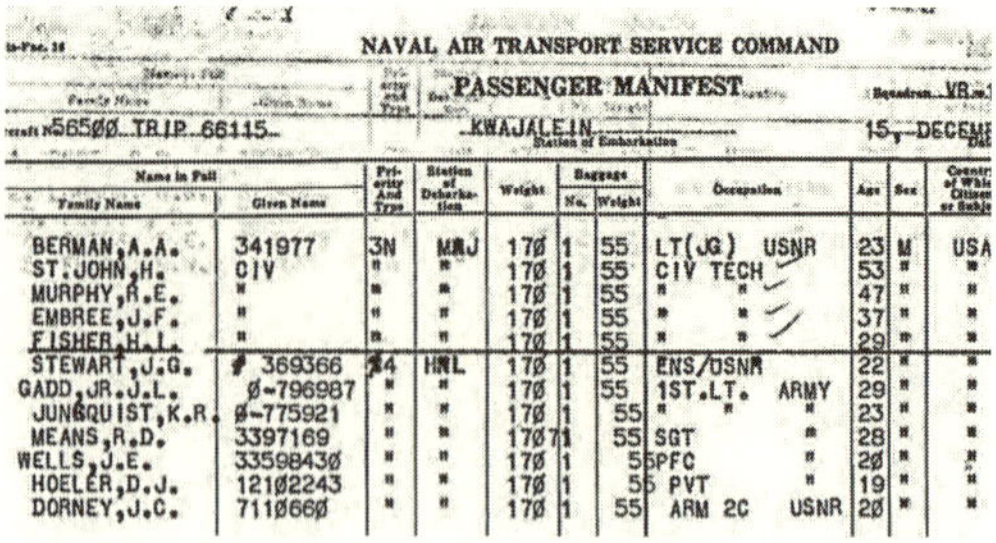
NAVAL AIR TRANSPORT SERVICE COMMAND
PASSENGER MANIFEST
56500 TRIP 66115　KWAJALEIN (Station of Embarkation)　15 DECEM

Family Name	Given Name	Priority And Type	Station of Debarkation	Weight	Baggage No.	Baggage Weight	Occupation	Age	Sex	Country
BERMAN,A.A.	341977	3N	MAJ	170	1	55	LT(JG) USNR	23	M	USA
ST.JOHN,H.	CIV	"	"	170	1	55	CIV TECH	53	"	"
MURPHY,R.E.	"	"	"	170	1	55	" "	47	"	"
EMBREE,J.F.	"	"	"	170	1	55	" "	37	"	"
FISHER,H.I.	"	"	"	170	1	55	" "	29	"	"
STEWART,J.G.	369366	4	HNL	170	1	55	ENS/USNR	22	"	"
GADD,JR.J.L.	0-796987	"	"	170	1	55	1ST.LT. ARMY	29	"	"
JUNGQUIST,K.R.	0-775921	"	"	170	1	55	" " "	23	"	"
MEANS,R.D.	3397169	"	"	170	1	55	SGT "	28	"	"
WELLS,J.E.	33598430	"	"	170	1	55	PFC "	20	"	"
HOELER,D.J.	12102243	"	"	170	1	55	PVT "	19	"	"
DORNEY,J.C.	7110660	"	"	170	1	55	ARM 2C USNR	20	"	"

エンブリー２度目のミクロネシア渡航記録（左の列上から４番目にエンブリーの名が確認できる）

　アメリカが日本を攻略するまで、ミクロネシア一帯を統治していたドイツや日本の調査はあったが完全ではなかった。また英語による調査報告がないため、ハワイ大学のグレック・シンクレア学長が海軍に協力を求めて調査は実現した。一九四七年に始まるエール大学の大規模なミクロネシア調査の事前調査とされた。

　軍と関連した人類学者の活用は、占領統治を支える人材育成のための民政訓練学校と同じく軍と大学の連携を表している。エンブリーはこの調査直前の一九四五年十一月に、すでに終わった八月の調査に関して軍政府に批判的な内容の報告を提出していたが、海軍が協力したハワイ大学の調査には欠かせないスタッフだった。人類学的には、スペイン、ドイツ、日本の植民地支配によってこの地域のコミュニティが被《こうむ》った複雑な文化変容と、日本軍敗退後のアメリカ占領による影響が主な調査目的だった。

エンブリーは、ハワイ大学の調査に関して約三百ページに上る詳細なフィールドノートを作成した。また、太平洋問題調査会アメリカ支部の機関紙『ファー・イースタン・サーヴェイ』（一九四六年六月五日号）に寄稿した「ミクロネシア　海軍と民主主義」で、二度のミクロネシア調査を踏まえ、日本に取って代わったアメリカの統治について、「アメリカはこの地域の以前のような経済資源の開発に強い関心がないため、今までの収入源のかなりの部分が消えてしまった」などと、サイパン調査と同じように官僚的な軍政を辛辣《しんらつ》に批判している。

ポナペに遺された神社（エンブリーの日誌より）

ここではエンブリーの調査ノートの詳しい解説は省くが、この寄稿の一節を、ジャーナリストのヘレン・ミアーズが『アメリカの鏡・日本』（一九四八年）で共感をこめて引用している。

「日本人が去り、アメリカ人が取って代わった。……二十年間にわたって日本の教育を受けてきた彼（現地人）は、ある日突然、日本語と日本円が、英語と米ドルの前に価値を失ったことに気づく……日本語はもはや政策決定の言葉ではない……日本人と朝鮮人（島で生まれ、現地人と結婚した日本人まで）が一人残らずいなくなり、経済活動に空白ができた」（伊藤延司訳）。

エンブリーは、日本の支配に関する評価は下していない。その上でこう続ける。

「アメリカはこの地域の経済資源にはそれほど関心をもっていないから、いままでの収入源のかなりの部分が消えてしまった。……サイパンとテニアンでは砂糖の店が消えた。アンガウルのリン鉱山は廃墟のまま放置されている。……民間貿易の中心だった町が、近い将来、再び活動を始める見通しはない。……いまや島民にとって主な経済活動といえば、米軍施設で日雇い（食堂の給仕、洗濯など）として働くか、軍の売店に出すお土産品をつくるぐらいのものである」。

あたかも日本擁護のように見えるが、決してそうではない。日本の侵略行為を免責しているわけでもない。エンブリーはただ、国際政治に翻弄される「祖国なき」ミクロネシアを憂い、海外での自国アメリカ軍政の官僚的な振る舞いに冷静な視線を注いでいるのだ。

エンブリーによるこのくだりを引いたミアーズは、「この事実は、占領国日本との関係で考えると、新たな重要性を帯びてくる。なぜなら、日本人もアジア人もこの事実を知っているからだ。私たちは日本人を『再教育』して、私たちの理想を実践させようとしている。しかし、私たち自身がその理想を実践してみせなければ、再教育はむずかしい」とし、アメリカによる日本民主化にも矛先を向けた。

しかしエンブリーの危惧はミアーズの疑問を超えていたと思われる。思い起こすのは、日米開戦二年前に刊行された『須恵村』で、エンブリーがポリネシアの植民地化に触れて、「一定の社会の型が他との接触――西洋文明――によって著しい変化を受け、しかもなお残存することは恐らく不可能である」と指摘していたことだ。

ポリネシアの地名には触れられていないが、アメリカによるハワイ、イギリスによるニュージーランド、フランスによるサモアやタヒチの植民地化・併合と、その結果としての先住民文化への影響が想定できる。エンブリーは『須恵村』で、日本の文明はポリネシアとは異なった道を歩むことで残存したと指摘。それを実現したのは「西洋文化を統制された形で採用する」日本の政策だと評価した。それから六年後に始まる日本の占領までを想定することはできなかったが、異文化を受容し融合する日本人への信頼でもあったと私は思う。

エンブリーが接した柳田國男もまた、ポリネシアに言及しながら、列強の植民地主義と自民族中心主義を随所で批判している。柳田は、西洋の「先入観」「狭隘《きょうあい》なる民種優劣観」「不自然かつ不幸なる干渉」が「弱い者を悩まし妨げた」(「日本の民俗学」一九二六年)と糾弾、ポリネシアについてこう指摘する。

「白人侵略というがごとき突然かつ偶然の歴史的変化がなかったならば、後にいかなる珍しい形をとって、この文明は成熟したか知れなかったのである。全然西洋のものとは法則を別にして、しかも大なるものまた美しきものの芽生《めばえ》はたしかにあったのである」(「青年と学問」一九二八年)。

ポリネシアは植民地化された。日本は占領されたが植民地にはならず、「保存されている美しいもの、永遠に価値あるもの」(『須恵村』)は何とか残った。

同じ太平洋地域の文化の変容に関心を持ったエンブリーが懸念していたのは、アメリカの占領による日本の「真の民主化」への疑念だけではなかった。人類学者としてはむしろ、占領のあり方次第では、沖縄をはじめ日本の社会構造、文化が残存しない恐れ、だったのではないだろうか。実現こそしなかったが、占領政策の一環として日本語のローマ字化まで検討されたのだ。

エンブリーが須恵村の調査を通じて感得した異文化に対する敬意は、こうした戦中戦後のアジア太平洋体験で一層深まったと思われる。調査中に終戦を迎えたサイパン、テニアンは、元々スペイン、ドイツの植民地だったが、第一次世界大戦で日本の委任統治領となった。北マリアナは、現在もアメリカの自治領として支配下にある。

これらの島々での調査や体験によって、エンブリーは欧米諸国の植民地主義、帝国主義を目の当たりにした。同時に、この地域における戦争中の日本の振る舞いの功罪も熟知したはずである。そのことが、ミアーズと重なるエンブリー晩年の旗幟鮮明な立場に集約されたと思える。

例えば、一九四五年秋、二度目のミクロネシア調査の直前に書かれた「応用人類学およびその人類学との関係」で、エンブリーは以下のように述べる。

「人類学者が、植民地の管理あるいは軍政府の仕事でさえ正しいと思えるのは、自分の影響力が、民族と文化の間に平和で誇りある関係を作り出すことに最終的には役立つと信じているからだ」。

その際エンブリーは、例えば政府や軍など人類学以外の目的のために「自らが属する文化を唯一の価値基準だと思い誤る」ことを厳しく戒めている。人類学の応用を肯定すると同時に、その危うさへの戒めも忘れていない。

マードックへの批判とスペアへの評価

当時のアメリカの人類学者によるミクロネシア調査では、海軍将校となったジョージ・P・マードック（一八九七〜一九八五）が率いるエール大学が知られている。マードックは、戦中の一九四三年から四四年にかけて海軍と共同でミクロネシア関係の地誌、統治、経済を分析した「民事ハンドブック」を作成。戦後の四七、四八年には、海軍の援助の下に二十五人の文化人類学者を含む四十二人による大規模な調査プロジェクト「ミクロネシア人類学共同調査（CIMA）」を率いて集中的に調査した。五一年に報告が刊行されている。

エンブリーは、科学雑誌でマードックが「パラオ人は進歩的であり、西洋の方法を採用したがっている」などと書いていることに対し、「異国の文化に対する自民族中心主義的な思考と西洋の流儀の優越性の意識」（「人類学の自民族中心主義に関する注釈」）と厳しく批判している。

文化相対主義を提唱したフランツ・ボアズは、かつてコロンビア大学で学びたくて会いに来たマードックを「つまらない趣味人」と追い返したことがある。このためマードックは、ボアズ派に対する最も激しい反対派になったという。社会主義者を自任するボアズは、研究の政治利用を嫌い、科学の中立性に強くこだわった。

ミクロネシア調査団のジョージ・マードック（後列右から３人目）

人類学者デイヴィッド・プライスによれば、マードックは一九五〇年代に吹き荒れたマッカーシズム（マッカーシー米上院議員の発言に端を発した反共産主義活動）に協力、フーバーＦＢＩ長官の情報提供者だったとされる。人類学の社会への応用を認める立場ではエンブリーと同じだが、何のために役立てるか、その目的において二人は全く背中合わせだった。

マードックは、ミクロネシアだけでなく、海軍の「民事ハンドブック　琉球列島」（一九四四年）作成に寄与、占領下の沖縄軍政にも加わった。ハンドブックには、「（琉球）島民は日本人から民族的に平等だとは見なされていない。……よって、琉球人と日本人との関係に固有の性質は潜在的な不和の種であり、この中から政治的に利用できる要素をつくることが出来るかもしれない」との記述も見える。エンブリーが嫌った政略的な思考と読める。

一方で、マードックと親しかったというアレキサンダー・スペア（一九一三〜九二）の『マジュロ、マーシャル諸島の村』（一九四九年）についてエンブリーは、マードックと正反対の評価をしている。当時アメリカの信託統治領だったマーシャル諸島にあるマジュロ環礁（現在はマーシャル諸島共和国）は、エンブリーも二度目のミクロネシア調査で訪れた地域である。島では、キリスト教会が唯一の宗教組織であるにもかかわらず、死者が病気を引き起こすため霊が病気を癒すという信仰（心霊術）がより重要視されていると知ったスペアが、統治者に対しその効果をしっかり観察するよう求めたという。エンブリーはこの本に対する書評で、その相対主義的な姿勢を称賛した。須恵村の民間信仰を観察した自分にスペアを重ねたのかもしれない。

この書評は『アメリカの人類学者』誌（一九五〇年十〜十二月号）に発表されている。エンブリーが事故死する直前だ。友人同士のマードックとスペアへの対照的な評価から、エンブリーがサイパン滞在から五年経ってなお、ミクロネシア調査の意味にこだわっていたことがうかがえる。スペアはシカゴ大学でエンブリーやフレッド・エガンらとともにラドクリフ＝ブラウンの下で社会人類学を学んだ。ミクロネシアを幅広く調査し、エンブリーの死後、追悼文を寄せている。

「秘密主義はどんな政府でも認めることはできない」

もう一点、エンブリーが厳しく糾弾したのが政府の「秘密主義」だ。「ミクロネシア　海軍と民主主義」の結びで、「ホノルルとワシントンの本部の軍政府の報告には『秘密』の印が捺《お》される」として、民主主義の原則の立場から海軍を批判した。太平洋地域の軍政府の体験が「公的に共有されない」ことは、エンブリーにはどうしても理解できなかった。「保守的な情報部員は無駄というよりもっとタチが悪い。……軍政府に不都合な『扇動者』や『過激論者』は拘留されるか排除された」。エンブリーにしては珍しい辛辣な言葉が飛ぶ。「政治的な問題と経済的な問題に加えて解決されるべき第三の問題がある。それは秘密主義の政府の問題――戦争中にすべての政府に存在した現象だが、マサチューセッツであろうとミクロネシアであろうと、どんな一般人の平時の民主的な政府でも正当とは認められない現象――である」。

アメリカという国家の「秘密主義」に対する不信は、すでに一年前からエンブリーの批判の俎上に上がっていた。

「国民の性格構造を主張する文献は、主として謄写版印刷された〝秘密〟のパンフレットという形を取り、科学的な批評を前提としていない。それにもかかわらず、それらの結論は新たな見解あるいは〝人類学〟の方法として政府機関に提出される」（「応用人類学およびその人類学との関係」）。

ＯＳＳやＯＷＩという情報機関に身を置いたエンブリーもまた数多くの「秘密」文書に関わっており、自身の問題として痛感していたのだろう。

ここには、常に公正な立場で行われるべき学問は政治的な立場や判断に左右されてはならず、広く一般に公開されるべきである、というエンブリーの信念が表れている。こうした批判が政府や軍に愉快なわけはない。二つのミクロネシア調査報告は軍との緊張関係を決定的にしたとされるが、エンブリーは雑誌でともに概要を公表した。

なお、エンブリーにとって学位を取得し青春を謳歌したハワイは、須恵村から帰国してシカゴ大学で博士号取得後に過ごした五年間に次いで三度目の滞在だった。故郷のニューヘイブン（コネティカット州）、エンブリー家の別荘があったムスコカ（オンタリオ州）に近いカナダのトロントと並んで特別な場所だったと思われる。ハワイ大学には現在、日本あるいは東南アジアを研究する大学院生を対象にしたエンブリー奨学金が設けられている。

「エンブリーは軍事占領の一員になることを嫌った」――GHQのポストを固辞

ハワイ大学に戻ったエンブリーが戦後再び日本を訪れることはなかった。不思議なのは、なぜエンブリーがGHQ／SCAP（連合国軍最高司令官総司令部）に参加しなかったか、である。

妻のエラが、エンブリーの心境をこう明かしている。

「一九四五年に彼はSCAPによって、あるポストを提示されたが、軍事占領の一員になることを嫌い、経験があるハワイ大学でもう一度教えたかった」（「五十年後の須恵村」）。

「あるポスト」とは何だったのか分からないが、選んだ道がエンブリー本人の意思だったことをうかがわせる言葉である。研究現場に戻りたい。それがずっと変わらぬエンブリーの本音だったことは疑いない。

それにしても、一九四八年の最盛期には六千人に上ったGHQのスタッフとして、エンブリーはなぜ占領政策に携わらなかったのだろうか。戦前の日本農村を調査した唯一の人類学者として日本の社会や文化に詳しく、戦時転住局（WRA）や民政訓練学校（CATS）という戦争中の職務も日本占領を前提にしていたはずである。民政訓練学校で教官だったラデジンスキーやラウエルが、農学者、弁護士というそれぞれの立場で辣腕《らつ》を振るい、ノーマンやミアーズでさえGHQで活躍したことを考えると、なおさら疑問が残る。

ハーバード大学で文化人類学を教えたジョン・C・ペルゼル（一九一四〜九九）は、エンブリー追悼文で、「エンブリーが戦時中に日本について書いたものは、戦争中の冷静さの見本のようなものであり、占領下の日本社会の民主化の進展に関する彼の（悲観的な）見通しが、GHQの試みから彼を遠ざけたのだ」と記し、エラの回想を裏付けている。その理由についてペルゼルは、「（占領に加わることを）エンブリーは不愉快と思っていたか、あるいは権力機関と彼の仕事仲間たちのどちらがやっていることも正しくないと思っていた。同僚たちは、陰に陽に表明されたエンブリーの分析や行動の結果としばしば合わなかった」ことを挙げている。

ペルゼルは戦時中に海兵隊員としてサイパン、テニアンで参戦した経験がある。戦後、GHQの民間情報教育局（CIE）で世論社会調査課長を務め、「日本人の読み書き能力調査」を実施。日本語のローマ字化を計画していたとされる。ローマ字化は「日本や日本の歴史をアメリカ人が理解していない好例」など、アメリカの自民族中心主義の典型と批判され破綻した。占領政策に関してはエンブリーとは異なる道を歩んだが、追悼文では「エンブリーの仕事と勇気は疑いようもなく、彼が提起した問題は常に基本的なものだった」と、深い尊敬の念を表している。

当時の進路選択の理由をエンブリーの側から推測させる文章がある。戦後間もない一九四五年秋に書かれた「応用人類学およびその人類学との関係」の一節である。

「政府の仕事と大学の間で繰り広げられている最近の奇妙な事態は、特に敵国に対する『国民の性格構造』に夢中になっていることである。例えば、このグループによって出された日本に関する幾つかの発表は、ずっと以前の人種主義を思い出させ嫌な気持ちにさせる。そこには、自分たちの敵の忌むべき性格構造と、反面の自分たち自身の立派な美徳を根拠に、自分たちとは異なる民族の家庭生活、教育、民間信仰に、必要ならば暴力的に立ち入り、改革する道徳的権利を持っている、という強い思惑がある。フランツ・ボアズの後継者たちの奇妙な学説だ」。

この一節から、占領軍が須恵村に踏み入って、ムラの古い体質を「民主化」する風景を想起することも不可能ではない。エンブリーはそんな光景を思い描き、その場に立ち会うことを嫌ったのかもしれない。

続けて、「人類学者、特に応用の分野で仕事をする何人かの人類学者のもう一つの自民族中心主義的な傾向は、人類学が世界の救済への唯一の真の道筋であり、だから、国家の政策決定者を導くためにだけ使われるべきであると主張することだ」と、人類学が戦争や独善的な政治の道具に利用されること、人類学者がそれに加担することを戒めている。そんな思いを抱えてGHQスタッフに加わることにエンブリーは耐えられなかったのではないか。

「アメリカの占領は日本の民主化を遅らせるだろう」

後で詳しく触れるが、エンブリーは一九四四年九月の寄稿「日本の軍事占領」と、同年十一月の「戦後日本の民主主義」でも既に、「日本を占領するアメリカが公表した政策は、日本の民主主義のプロセスを促進するのではなく遅らせる結果になるだろう」と、アメリカの占領政策による日本の民主化に直接疑念を表明している。度重なるこうした占領批判が、当局側のエンブリーに対する警戒に直結したとしてもおかしくない。

戦争終結のさなかに、沖縄占領をにらんだミクロネシア調査に携わったことが、エンブリーの姿勢に何らかの影響を与えた可能性もある。逆に、エンブリーのミクロネシア調査報告が軍批判に偏っていたことを当局が嫌ったとも考えられる。あるいは、日本の民主化をめぐるアメリカ政府内の「日本派」と「中国派」の対立や、人事を含む複雑な駆け引きが影響したかもしれない。ジョン・ダワーによれば「いろいろな意味でもっとも自民族中心主義的な人物」（『敗北を抱きしめて』）であるマッカーサーは、特定の地域専門家を上から下まで嫌っていたし、日本の問題について少しでも語る資格をもった人は、意図的に排除されていたという。占領政策を断行する上で、日本びいきの日本専門家は障害になりかねないという判断だろう。

さらには、妻のエラが革命を経てソ連という社会主義国となったロシア出身であることが影響したと考えるのは、うがちすぎだろうか。いずれにしろ、エンブリー自身が、GHQメンバーに加わらなかった経緯や心情を吐露した言葉を残していないため、全ては推量に頼るほかない。

とは言え、後に反共産主義的な欧州経済復興計画「マーシャル・プラン」（一九四七年五月にマーシャル国務長官が発表した大規模な欧州経済支援策）への関与を求めるなど、当局がエンブリーを完全に無視していたとは考えられない。エラが言うように「SCAPによって、あるポストを提示された」とすれば、GHQへの不参加はやはりエンブリーの意思だったと考えるのが自然だろう。

ちなみに、戦前の日本で十年間駐日大使を務めた後、国務次官として天皇制の存続など戦後の日本のあり方に大きな影響を与えたジョセフ・グルーは、マッカーサーの政治顧問というポストを勧められたが、「十年以上も日本に住み多くの友人を持っている者が、征服者の顔をしてまた日本に戻る気にはなれない」と断ったという（中村政則『象徴天皇制への道』）。エンブリーが提起されたポストが何だったのか気になるところだ。

第七章　戦火のインドシナへ

「夫の仕事はCIAみたい」

ハワイ大での短い生活の後、エンブリーは一九四七年、大戦後の激動に向き合うタイ、次いでベトナムとの文化交流計画を進めるために、国務省情報局（あるいは文化広報局、USIS）の文化担当高官としてバンコクとサイゴン（現ホー・チ・ミン）に派遣される。東南アジア行きはエンブリーの希望でもあり、エラと十歳の娘のクレアも一緒だった。エンブリーにとっては、高校生時代に両親とともに訪れて以来ほぼ二十年ぶりの東南アジアだった。

エンブリーは、一九四七年三月末から香港、マニラ、ジャカルタ、シンガポールを経由し、四月中旬にバンコクに着任。翌四八年四月中旬に離任するまで各国を旅した。エンブリーはこの一年の記録を、四百二十二ページに上る日誌と百八十三ページのアルバムとして残した。タイ、ベトナム、ラオスについては「概要」も添えている。わずかだがエラが書いたページも見られる。夫妻で記した二千二百ページを超える須恵村のノートと並ぶ貴重な記録だ。

東南アジアでの任務の目的についてエンブリーは、「地方のUSIS事務所のスタッフ減員による国務省の予算削減」だったとしている。バンコクについては、広報担当と文化担当職員（当のエンブリー自身）が削減の対象だったという。エンブリーの任務は、民族や文化、習慣の研究にとどまらなかったわけだ。

加えて、「フランス人は、ＵＳＩＳを諜報機関だと思っている」中での活動は、結果的に情報部員の役割も帯びていた。実際エラはハワイ大学の教え子パトリシア・ポランスキーに、当時の夫の仕事ぶりについて「ＣＩＡみたい」と漏らしたことがあったという。つまりエンブリーは、現地で少なくとも三通りの要務をこなしたことになる。ＵＳＩＳの人員削減、政治情勢を含む情報収集、そして研究者としてのフィールドワークである。

それまでエンブリーが属していた「白い（ホワイト）プロパガンダ」のための戦時情報局（ＯＷＩ）は一九四六年一月に廃止されたが、解散後はＵＳＩＳに統合された。同局極東部門トップのジョージ・テイラーは元々歴史学者でＯＷＩ時代の上司でもあり、エンブリーと親しかった。エンブリーと同年で深い縁があるチャールズ・ファーズも同局に所属しており、東南アジア派遣はそれらの人脈の意図が働いた可能性もある。「文化担当高官」として民族や文化の研究あるいは交流を進めただけなのか、諜報的な業務にまで携わったのか。

要員削減は気の進まない任務だったかもしれないが、日本以外のアジアの国々に対するエンブリーの強い関心を示す小論がある。戦後二ヵ月足らずの時期に書かれた「アジアにおける日本の遺産」（一九四五年）だ。この中でエンブリーは、日本、朝鮮半島、インドシナ、タイ、フィリピンを挙げながら、戦後のアジアを憂慮してこう記している。

「日本人がこの地域から去り、国連が出動しつつある現在、さまざまな問題が生じている。新たな植民地帝国主義と、以前の状態に戻そうとする動きに直面する中で、国連の威信は衰えるのか、そして日本人抜きの日本のスローガンがその力を取り戻し、アジアの平和をかき乱す不安材料となるのだろうか」。

文中の「以前の状態」とは、日本軍進駐前のヨーロッパ列強の植民地時代を指す。また、「日本人抜きの日本のスローガン」は、日本が唱えた「アジア人のためのアジア」という反欧米のスローガンを、日本が去ったアジアの国々自身が掲げることを意味した。

アジアに対するこうした視線は、三ヵ月前に刊行された『日本国家』を結ぶ次の一文から引き継がれたものだ。

「成熟したアジアの時代の訪れは、アジアにおける政治的、経済的な支配からヨーロッパとアメリカが最終的に撤退することを意味する。問題は、西洋列強が、潔く撤退することによって、すべての近代国家の間に親密な社会・経済的相互依存の未来を築くことができるのか、それとも、アジアの新しい風に抵抗することによって、再度の東アジアの戦争の種を蒔くのか、どちらを選択するのかということだ」。

つまりエンブリーは、日本だけでなく戦後のアジア全体が、他国の親切めいた手を借りずに自立した国造りをすべきであり、そこにアジアの新時代があると訴えている。また、お為《ため》ごかしの大国の介入が新たな戦争を誘発する原因となることを戒めているのだ。

そして、この懸念は当たったと言わざるを得ない。エンブリーの東南アジア滞在当時は、独立を目指す北ベトナムとインドシナの支配権回復をもくろむフランスとの間でインドシナ戦争（一九四六年〜）が始まったばかりだった。エンブリーはここでも、フランスの植民地主義と向き合うことを余儀なくされたわけである。しかもアメリカの東南アジア研究はまだ緒に就いたばかりだった。

「ルース」なタイ、「タイト」な日本

このバンコク滞在時の調査研究が、タイ研究の古典として高く評価されている『タイ　緩やかに作られた社会システム』（一九五〇年）だ。前著で紹介しているので詳しくは触れないが、「タイトな（規律の強い）」日本社会に対して「ルースな（緩い）」タイ社会、というエンブリーの分析は、広く賛否の論議を呼んだ。

ただ、タイと日本の社会や文化を対比するこの論文は、エンブリーが批判するルース・ベネディクトの「文化の型」を思い出させるものだった。本来価値を含まない「ルース」「タイト」という分析が価値観をまとって独り歩きする恐れがあったことは否めないだろう。加えてエンブリーは、「タイトな」日本の例として、ベネディクトの「義務」や「恥」の観念も持ち出している。

バンコクの若いタイ女性。エンブリーは「洋風のショートカットでパーマをかけている」と説明している（エンブリーの日誌より）

このため後の研究者は、エンブリーが、身近に接した日本人と比べて、「ルースな」という規定を否定的な価値としてとらえていたのではないかという疑問を提起している。しかしエンブリーは、四九年に書いたある書評で、タイ、ラオス、カンボジアと、ベトナム、中国、日本との「基本的な文化の相違」に触れ、「タイ人は、陽気さと無責任と気まぐれの若々しい生き方を保ったまま、死ぬまで老成しないように見える」という筆

者の言葉を引いている。こうした表現からは、エンブリーが実はタイ人を好意的なまなざしで見つめていることが読み取れる。誤解を恐れずに言えば、エンブリーの妻エラが『須恵村の女たち』で親しみを込めて描いたのも、極めて「ルースな」女たちの世界だった。

この書評でエンブリーが「タイ文化に関する唯一の人類学的分析」として挙げているのが、ベネディクトの「タイ文化と行動」（一九四三年）である。『菊と刀』と同様に現地でのフィールドワークを踏まえたものではなかったが、実はベネディクトにとって初の「文化とパーソナリティ」研究だった。

元々ベネディクトは自民族中心主義を批判する文化相対主義の立場だったにもかかわらず日米戦争の中で自民族中心主義的な主張を展開したとして、エンブリーの批判対象となった。自民族中心主義の告発者であるべき人類学者自身がその罠に陥ってしまいかねない一例だ。もちろん、エンブリーは文化や構造が不変だとは毛頭考えていなかっただろう。ただ、タイ文化の特質を決め付ける印象を与えた点では、エンブリーでさえその危うい渕に立っていたのかもしれない。

またエンブリーは、現地の雑誌『タイ社会ジャーナル』（一九四八年十月）に「シャムとミクロネシアのキックボールと他の幾つかの類似点」を寄稿。マーシャル群島で観察したキックボール（日本や中国の蹴鞠《けまり》の類。タイではセパタクロー、フィリピンではシパと呼ばれる）がタイでも行われていることを知り、ボール遊びの伝播を通じて東南アジアから太平洋地域への民族移動を論じている。エンブリーとしては珍しくスポーツに触れた資料だ。

「エンブリーはホー・チ・ミンと〝秘密〟に会っていた」

「私は、エンブリーが、ホー・チ・ミンと少なくとも二回以上〝秘密〟に会っていたと信じている」。

ベトナムでエンブリーと行動を共にした妻エラが、教え子のパトリシア・ポランスキーに語った証言である。ポランスキーからそのEメールが届いたとき、私は、東南アジアでエンブリーが担った役割の重さと意外性を思い、驚くほかなかった。ポランスキーは、ハワイ大学図書館のロシア書誌学者で、二〇一一年にはロシア政府からプーシキン賞を受けたロシア研究家だ。私は何とかして事実確認する必要があると思った。それほど興味深いエピソードだったのである。

ホー・チ・ミン（一八九〇～一九六九）は、戦争中に抗日活動の中心だった「ベトミン」を率い、独立後はベトナム民主共和国の大統領（国家主席）となった「建国の父」である。そのホー・チ・ミンと接触

インドシナ戦争で破壊されたハノイの家並み（1947年11月、エンブリーの日誌より）

していたのが事実なら、アメリカのインドシナ介入に反対していたエンブリーはどんな立場で会ったのだろうか。少なくとも「文化担当高官」の気楽な役回りであるはずはない。しかもエンブリーが身を置くUSISはホー・チ・ミンとは相容《い》れない反共的な政府機関である。

だがポランスキーは、それ以上の情報や資料を持ち合わせていなかった。エンブリーが東南アジアから帰国した後の論文や報告には、この事実を書き残したものはない。そこで、エンブリーの日誌に手掛かりがあるのではないかと思い、「ホー・チ・ミン」の文字を探して何度も読み返した。

日誌によると、エンブリー夫妻は、一九四七年八月上旬にインドシナ戦争最中の「東洋のパリ」サイゴンに移動、さらに十月末には

「荒廃した都市」ハノイに移っている。

ホー・チ・ミンに会ったとすればそれ以降の可能性が強いが、結局その事実は確認できなかった。デリケートな外交問題なので「エラに自由に話していいわけではなかった」(ポランスキー)し、日誌に書き残すこともできなかったのだろう。ただし日誌には、「ホー・チ・ミン」の名が度々登場し、エンブリーが接触した可能性は否定できないとの思いが深まった。

例えば一九四七年十月十五日、当時香港に亡命していたベトナム帝国最後の皇帝バオ・ダイ(保大、一九一三〜九七)の通訳らと会談した様子が記されている。通訳は「ホー・チ・ミンはソビエトの影響を受けたテロリストだ。その政権は幅広い支持によらず、テロリズムと人々の無知によって支配している」とホー・チ・ミンを非難したという。また、その通訳はエンブリーに対して、バオ・ダイがフランスの庇護を受けることができるかどうか打診している。

8月革命後のホー・チ・ミン(左)と退位したベトナム最後の皇帝バオ・ダイ(1945年)

ベトナムのグエン朝第十三代皇帝バオ・ダイは一九四五年三月、日本軍のクーデターによるフランス排除に伴い、親日的なベトナム帝国の独立を宣言する。五ヵ月後の日本の敗戦、ベトミンによる八月革命を機に退位するが、ホー・チ・ミン政権(ベトナム民主共和国)の最高顧問に遇される。しかし次第にホー・チ・ミンと対立、翌四六年三月に中国に亡命しイギリス領の香港に移る。エンブリーがバオ・ダイの通訳と会ったのはその一年半後のことだ。

「われわれの戦争をアジア人に戦わせていいのか」

エンブリーは一方で、ホー・チ・ミンが率いるベトミン関係者とも親しく接していた。バンコクからサイゴンに移った直後の一九四七年八月十七日に、ベトナムの著名な象徴主義の詩人トラン・ヴァン・ダン（一九二六〜九七）の自宅に招かれたのも一例だ。

ダンはベトミンに参加していたが、エンブリーは「彼は、たぶんホー・チ・ミン以外によるインドシナの支配を支持していると思う」と記している。豪邸に住む裕福な詩人ダンが、フランスの後押しで準備中だったベトナム臨時中央政府のグエン・ヴァン・ツアン大統領の友人だったという事実が、ダンと会ったエンブリーの冷静な推察の背景にあった。

エンブリーはダン宅を翌一九四八年一月十三日にも訪問している。八人の招待客の中には、フランス軍の将校に加えフランスが南ベトナムに立てた傀儡《かいらい》政権であるコーチシナ共和国のベトナム人幹部も招かれていた。エンブリーは、ダンがベトミンとフランス両陣営に秋波《しゅうは》を送っていることを確信。ダンの振る舞いは、エンブリーにインドシナ情勢の複雑さを再認識させた。ダンは共産党員だったが、後にその作品の解釈をめぐり除名されたという。

コーチシナ共和国は同年五月に臨時中央政府に吸収され、さらに一九四九年六月にベトナム国（南ベトナム）に引き継がれる。その元首には、フランスに口説かれて香港から帰国したバオ・ダイが就任し、ベトナムは北のホー・チ・ミン政権との二国並存状態となった。

ベトミンについては、アメリカがつい数年前まで抗日戦争中のベトミンを支援していたという経緯もあり、エンブリーには「共産主義者というより民族主義者」と映っていた。

エンブリーのホー・チ・ミンに対する評価はこうだ。
「バオ・ダイは小物だが、ホー・チ・ミンは大物だ。……もしバオ・ダイがホー・チ・ミンと一緒に仕事をすれば、平和が訪れるかもしれない」。

対立するバオ・ダイとホー・チ・ミン両方の関係者との接触を通じて、エンブリーは何を企図したのだろうか。

後にエンブリーは、ビルマ人の暮らしにおける仏教の社会的な重要性を述べる講演の中で、「ビルマにおけるモスクワ共産主義の拡張に対する非常に重要な防波堤」(一九四九年五月、ハリス財団主催の講演)という表現で、冷戦初期の旧ソ連に対し、むしろ懐疑的な立場を表明している。エンブリーは共産主義と自由主義というイデオロギー的な左右両陣営を超えた和解の道を探ろうとしたのではないか。

日誌には、「全てのベトナム人はフランス人を憎み、殺す機会をうかがっている」などと、フランスの差別的な支配に対するベトナム人の反感の強さが書き込まれている。同時に、フランス人以外の多くの外国人がインドシナの独立を望んでいる事実も明かす。ベトナムでの日誌は、政治情勢の記述が多い。

エンブリーが望んだのは、日本の敗戦により再度の植民地支配をもくろむフランスからベトナムが独立し、早急に平和を回復することに尽きると言っていい。

「このフランスとベトナムの戦いは、地域紛争以上のものである。ヨーロッパが依然としてアジア人の人としての尊厳を無視し、日本によって火を付けられた白人嫌いの偏見の炎に油を注ぐことは危険な徴候である」(「インドシナのための国連委員会」一九四八年『極東報告』十七巻)。

この寄稿では、同じような状況で日本の降伏後にオランダから独立したインドネシアを参考に、国連の仲裁委員会の調停に期待。その際エンブリーは、長くイギリスの植民地支配を受けた大国インドとともに、スイスやスウェーデンなど中立的な小国の役割に注意を喚起している。実際はオランダに対するアメリカの圧力が物を言ったがゆえの独立だったが、列強の自民族中心主義を牽《けん》制するため、第三世界の国々を含む国連の多様性に望みを託したのだろう。

国連に期待を寄せるエンブリーは、アメリカによるフランスへの軍事援助について「私たちは、ベトナムの人々に対するフランスの戦争を政治経済的に支援することをやめるように合衆国に呼び掛ける」と反対している。アメリカの介入についてエンブリーは、エラにも「成功するはずはない」と語っていたという。

インドの『ユナイテッド・アジア』誌第四巻（一九五二年）に掲載された寄稿「東南アジアの力学」にも同じ論調が見られる。エンブリーはここでもホー・チ・ミン率いるベトナム民主共和国を擁護し、「国連およびインドのような第三世界の斡旋」を提言。アメリカによるフランス支援を「浪費」と退け、「われわれの戦争をアジア人に戦わせてもいいという、非現実的な主張の繰り返しによって、何百万人もの人々を疎《うと》んじることである」と批判している。

当時、独立後のインド初代首相ジャワハルラル・ネールが非同盟中立主義を唱え、欧米に翻弄される東南アジア各国でもその旗印を展開しつつあった。ネールは、エンブリー死去直前の一九五〇年十月にインドのラクノウで開かれた太平洋問題調査会の第十一回会議で「アジアの理解のために」と題して演説し、大国の支援に頼らず冷戦構造に距離を置く〝第三世界〟の自立を強調した。インド誌でのエンブリーのインド言及と植民地主義糾弾は、ネールを意識したものと思われる。

ちなみに、研究者に知られていないこの寄稿はエンブリー最後の記事であり、絶筆の可能性もある。

ラオスのミャオ族の人たち（1948年１月、エンブリーの日誌より）

「東南アジアの仕事にうんざりして…」

一九四八年一月、エンブリーはラオスを訪問する。ラオスもまた、ベトナムと同じく、大戦中に日本の援助・介入を受けた国で、戦後はフランス領となっていた。次いでカンボジア、ビルマ（現ミャンマー）、インドネシアと、インドシナでの務めが終わる前の三月まで、任務であるＵＳＩＳの地方事務所スタッフとの接触のかたわら、戦乱をくぐった周辺国を「フィールドワーク」して回る。

日誌の一節として掲載されている「ラオス紀行」には、インドシナ戦争で翻弄されたミャオ（モン）族に関する記述もあり、翌年、『ワシントン科学アカデミー会報』に発表された。

大戦中のモン族に対する日本軍の対応についてエンブリーは、「劣った民族として扱うという重大な過ちを犯した」とし、その結果、日本人を嫌ったモン族はフランスを支援。戦後はベトミンとも敵対したという。もちろん、後のベトナム戦争（一九六〇～七五）の間、米軍と共産勢力に分かれ戦ったモン族の悲劇をエンブリーは知る由《よし》もない。

インドシナ地域の調査を通じて、エンブリーはそれぞれの「すさまじい文化的な相違」や、西洋諸国および日本の影響による文化変容の一端を知るが、それらの地域の文化が再びフランス化という植民地政策に押しつぶされる危機を痛感することになった。

エンブリーは、他国へ派遣される文化高官の仕事に関して、「現地の文化の吸収と母国への情報提供」

「現地へのアメリカ文化の伝達」の二つを挙げる。その上で、特に後者を遂行するに当たって、「アメリカの国益にかなうような知識だけを拡散する」ことに対する強い疑念を呈している。それは「人類学者の職業倫理の問題」であるという（「アジアにおけるアメリカの文化高官の幾つかの問題」一九四九年）。文化帝国主義に対するエンブリーらしい戒めである。

エンブリーが撮影したラオスのアルバムの１ページ
（1948年１月、日誌より）

ケンブリッジ大学教授の近代史家ピーター・マンドラー（一九五八〜）は東西冷戦を振り返りながら「エンブリーは東南アジアでの国務省の仕事を続けた数少ない人類学者の一人だったが、仕事にうんざりして去った」（『不確実な帝国　アメリカの歴史と冷戦の思想』二〇一二年）とエンブリーの胸の内を推《お》し量る。

日本とアジアの平和に強い関心を示していたエンブリーだけに、国務省から与えられた職務は拒否しなかったものの、独立国であるタイから戦火のフランス植民地ベトナムへ移り、そこで「うんざり」したのだろうか。

国務省の高官として滞在することに対して、赴任が決まる前からエンブリーが一抹の不安を抱えていたことは事実だ。一九四六年十二月二十六日付の手紙でシカゴ大学の同僚フレッド・エガンに、「ずっと前からタイを調査したかった」と明かす一方、「外交官の任務を価値ある活動にするためには、そこに住む民族について十分に知ることができるかどうかが問題だ」と書き送っている。事実、ラオス紀行を読むと、人々の暮らしの内側まで入り込んだ調査には至っていないことが分かる。

不安が的中したとも言えるが、「うんざり」の理由は幾つか推察できる。例えば、USISのリストラという、エンブリーに似つかわしくない任務を挙げることができる。

また、エンブリーは、ラオスに入る直前の一九四八年一月十八日の日誌に「どんな邪魔が入ろうと、きょうフィールドワークを始める。……私はUSISの仕事から完全に自由でいることを期待していた」と本音を吐露している。望んでいた人類学的な調査が、それまでの九ヵ月果たせずにいたことの証しでもある。日誌は、人類学者あるいは文化高官というよりUSISの職員としての記述に満ちていた。

サイゴンではエンブリーらの文化活動が気に入らないフランス当局から抗議されていたため、「何事にも消極的な」アメリカ総領事は事を荒立てないよう声を潜めるしかなかったことを明らかにしている。植民地という「以前の状態」にアジアを戻そうとするフランスなど列強の居座り、加えてアメリカによるベトナム介入の動きに対して、エンブリーが「うんざり」した可能性は強い。

エンブリーは、東南アジアから帰国する途中、パリに立ち寄った。日誌の最後の数ページは一九四八年四月二十~二十三日付。二十日にはユネスコを訪問して発展途上国の教育問題に関する取り組みを聞いており、五〇年にエンブリーがユネスコと関係を深めるきっかけになったと思われる。二十三日には、東洋美術を集めたギメ美術館の学芸員で歴史家のフィリップ・スターン、著名なベトナム研究家ポール・ムス、そしてアジア文明を研究するフランス国立極東学院の名誉学院長ジョルジュ・セデスと接触。フランスを代表するアジア研究家三人とベトナム情勢について意見交換した。

サイゴンでエンブリーと親しくしていたフランスの考古学者ルイ・マルレは、こう偲んでいる。

「エンブリーは、アジアに関する知識を国家のために役立てることを一度も断ったことはないが、他の誰より、すぐに成果を上げることよりも、私心のない高い理想に恋した科学者だった」。

しかし、エンブリーの思いをよそに一九五〇年、アメリカはフランスの要請に応じてベトナムへの介入を開始、戦争の泥沼にはまり込んでいく。

エール大学東南アジア研究所長に就任

東南アジアでの任務を終えたエンブリーは、一九四八年四月アメリカに帰国。エール大学の准教授として新しい東南アジア研究のプロジェクトに加わり、五〇年七月には同大の東南アジア研究所長に就任する。エール大学は父エドウィンが卒業し、その後勤務もした縁があった。

そこでエンブリーは、八百三十ページを超える浩瀚《こうかん》な『東南アジアの民族と文化の文献目録』(一九五〇年)を編纂する。序文に「将来の東南アジア研究の基礎を準備するもの」との一文がある。当時アメリカには東南アジア研究者がほとんどいなかったことから、その穴を埋めることが目的だったことを明らかにしている。

エンブリーが編纂した『東南アジアの民族と文化の文献目録』(1950年刊)

文献は、エンブリーが現地で準備を進めていたもので、東南アジアで植民地政策を展開したフランス、イギリスをはじめヨーロッパ各国の人類学者の名を網羅。ただ、「政治史や経済、福祉を対象にはしていない。それらは幾つかの文脈で部分的に出てくるだけ」とし、人種や社会組織、宗教、言語などあくまで「民族と文化」という人類学的なテーマに限定している。

また、ウイリアム・T・ジュニアと共著で『東南アジアの民族』（一九五〇年）を刊行。先行するヨーロッパの研究を参考に、アメリカの東南アジア研究の道筋を開いたのがエンブリーと言っていい。

さらに同年には、欧州復興計画（マーシャル・プラン）を具体化するために設けられた経済協力局（ECA）の顧問として、東南アジア滞在の経験を生かした「東南アジアに行くアメリカ人のための文化面での注意」に関する摘要を取りまとめた。アメリカ人と現地の人々との交流をスムーズに進めることが目的だった。

その序文でエンブリーは、「東南アジアへ行くことは、西洋の文化からアジアの文化へと入って行くことである。そこで出会う相違は、言葉や生活様式の違いだけでなく、礼儀や習慣、宗教あるいは生活の全ての面にわたる。経済的援助の計画に着手する際に、これらの相違を考慮に入れることは、ちょうど農耕学者が農業改良の計画において自分の使う土壌のタイプを考慮に入れるのと同じように重要である」と訴えている。経済援助に取り組む場合も、異文化、異民族との接し方は施し的な態度であってはならないという、エンブリーにとっては須恵村滞在時や戦時中と変わることがない姿勢が貫かれている。

東南アジアに関して、エンブリーがシカゴ大学以来の交流がある先輩のロバート・レッドフィールドに送った興味深い書簡がある。バンコク赴任二年前の一九四五年五月七日付で、「来たるべき十年のための試案」というタイトルが付されている。

この中でエンブリーは、早くも東南アジアを研究する希望を明かし、須恵村調査を皮切りに戦時転住局や民政訓練学校など過去十年の経歴を列挙しつつ、「異なった環境の国々に対する西欧の影響」「農村の対比と関係性」「ナショナリズムの拡大」などについて、経済、政治、歴史、人類学者らによる東南アジアの学際的研究を提案している。

これを読むと、エンブリーら専門分野の異なる四人の研究者が行ったハワイ大学のミクロネシア調査は、「試案」の予備的な試行だったとも考えられる。社会や文化を部分的に切り取るのでなく、全体としてとらえたいという科学者としての欲求だ。

また一九四九年六月には、「アジアの都市の社会研究のための提言」をエール大学に提出。須恵村の調査は、日本で言えば農村社会学だったが、ここでは「比較都市社会学（comparative urban sociology）」という分野に視野を広げている。

この「提言」では、調査地として急速に変化する大都市のバンコクを想定し、「西洋文化との接触や戦前の日本の占領、共産主義あるいは西側資本主義からどんな影響を受けたか」などの研究を通じて「国連の国際機構の発展のためにも、ヨーロッパやアメリカと同様のアジア社会の知識が必要」と訴えている。エンブリーは、冷戦後のアジア全体の平和を目指す研究を念頭に置いていたのだろう。

しかし、反植民地主義とアジアの平和を願ったエンブリーの夢は、一九五〇年の不慮の死によって道半ばにして断たれることになる。人類学者デイヴィッド・プライスによると、エール大学では「エンブリーの高潔さ、非の打ち所のない性格、信望、誠実さ、能力を疑う者は誰もいなかった」という。

「異端」の同志レイモンド・ケネディの死

エール大学の人類学の先輩レイモンド・ケネディ（一九〇六〜五〇）の生き方が、エンブリーと重なって印象に残る。

エンブリーが「異端の教授」と評した人類学者レイモンド・ケネディ（1906〜50）

ケネディは、エンブリーが後を継いだ東南アジア研究所を一人で立ち上げた人物だ。エンブリーは四十二歳、ケネディは四十四歳という若さで、ともに一九五〇年に不幸な死を遂げた。エンブリーは、『ザ・ファー・イースタン・クオータリー（季刊極東）』にケネディの追悼記事を寄せている。悲しいかな同誌は五一年二月、エンブリーの死後に発行された。追悼文でエンブリーは、ケネディがアメリカにおける東南アジア研究のパイオニアだっただけでなく、社会問題や人類の福祉に信念を持って取り組んだ「異端の教授」と紹介。記事ではまた、ケネディが一九五〇年四月末にインドネシアのバンドン東部で、強盗に襲われ死亡したことを伝えている。犯人は分からずじまいだった。「異端」という表現は、エンブリー自身を重ねたのかもしれない。

ケネディはエール大卒業後、オランダ領インドネシアでゼネラル・モーターズ社の車のセールスマンとなるが、インドネシアの文化に魅せられ、三年後に不景気も伴って同社を辞め、一九四五年にエール大学に戻った。

第二次大戦中はケネディもエンブリーと同じ戦略事務局（OSS）などアメリカ政府機関に雇われていたため、前掲のプライスによると、死亡した当時のケネディは、インドネシアにおけるCIAの工作員と誤解されていたという。しかし、インドシナ戦争の最中に東南アジアで仕事をしたエンブリーとケネディに共通するのは、「植民地主義を強く批判し、発展途上の世界で独立を目指すグループの支持を明言、同じ論調の批評を死ぬまで書き続けた」（プライス）ことだった。ケネディが集録した『インドネシアの民族と文化の文献目録』（一九四五年）は、先に紹介したエンブリーによる東南アジア文献目録作成の先駆けでもあった。

ケネディは、アメリカのフィリピン支配と独立についても批判的だった。「アメリカ人は自由をめざす最善の準備は『アメリカ化』であるという臆断で行動した」（「植民地の危機と将来」一九四五年）。アメリカの自民族中心主義は、対日戦争、日本占領に引き続きそのまま東南アジアに持ち込まれたというわけである。

ケネディの矛先は日本による植民地政策に対しても同様で、エンブリーよりもなお厳しいものだった。欧米と違って同じ有色人種であるにもかかわらず、日本はその利点をアジアで生かせなかったと批判。『『大東亜』に関するあらゆる宣伝にもかかわらず、その比較的に古い属領での日本人の記録は、原住民の政治的地位の向上にほとんど努力していないことを示している」（同）。

「日本人は……帝国主義先進者の欠点の多くを模倣し、彼ら独特の長所の利用をあやまり、自由の十字軍の先頭にたつ機会を逸したのである」との指摘は、エンブリーの思いとも似通っている。プライスは「ケネディは反日宣伝を目的とするインドネシア人を生み出した」ともいう。

フレッド・エガンは、「エンブリーは、レイモンド・ケネディが亡くなった後、エール大学東南アジア研究所長を務め、東南アジア地域の主要な科学的かつ歴史的な問題の解決に重要な貢献を始めていた」と、将来の東南アジア研究を担うはずの二人の名を連ねてその死を悼《いた》んだ。

念頭にいつも日本が——日本研究の文献目録を準備

一九四八年以降、エンブリーはアジアの文化変容に関する数多くの書評を書いている。

四八年には、東南アジア関連の著作六冊を三本の書評で取り上げている。多くの文献に接してアジアの知識を可能な限り吸収しようとしたエンブリーの姿が思い浮かぶ。そしてどの文章にも、どこかで日本を念頭に置いていることが感じられる。

例えば、戦前のベトナムに九年間滞在し、人類学者のクロード・レヴィ＝ストロースとも親しかったフランスの地理学者ピエール・グルー著『極東の土地と人間』（一九四七年）に関する書評。「鉱物的、動物的な」西欧の生産物に対して、日本および東南アジア諸国の農業に共通する「植物文明」をグルーの独創的な見解として紹介しつつ、「農民が利益のために行動する西欧社会を見本とした変化は、土とともに生きてきた世代の後、今や生き残るために収益を挙げねばならない東洋の農民の助けにはならないだろう」と述べ、ここでも異質な文化の尊重を訴えている。

また、死後の一九五一年以降に発表された論考は筆者が把握しただけでも五件ある。レイモンド・ケネディに対する追悼文と五二年の「東南アジアの力学」は先に紹介した。他の書評三件のうち二件がアジア関連だ。

『アメリカの人類学者』（一九五一年一〜三月号）に載った書評もその一つ。インドのアッサム州ルシャイの文化変容を描いたイギリス陸軍少佐アンソニー・G・マッコールの『ルシャイ・クリサリス』（一九四五年）に対する一ページ足らずの短い文章である。同著は日本軍が進攻する以前の西欧による地域への影響と適応策を提示した報告だが、書評では、日本とアジアの関係、そしてアジアに与える西欧の影響に対する気遣いをうかがわせる。ほとんど知られていない国境の山岳地帯の少数民族を対象とした文献に着目したところが、九州の片田舎である須恵村を調査したエンブリーらしい。アジア太平洋地域は、最初は西欧、次いで日本という外圧によって大きな変化を余儀なくされた。エンブリーは、この二度にわたる文化変容以前の伝統的な地域社会を「それ自身の用語によって説明」することの重要性を強調している。

ところで、コーネル大学所蔵のエンブリーに関する資料の中に、「日本の社会組織　文献目録　一九五〇年」というタイトルの文書がある。シカゴ大学の民政訓練学校（CATS）の講義資料に混在していた。一九五〇年はエンブリーがエール大学に在籍していた時期なので、同大学時代に作成されたことは明らかだ。あくまで憶測だが、エンブリーは『東南アジアの民族と文化の文献目録』と同じような、日本に関する総合的な文献目録を作成しようとしていたのではないだろうか。

資料は、「日本に関する資料のための一般的原典」をはじめ、歴史、社会組織、宗教、伝記もの、文学、海外の日本人まで、七つの分野の英語文献をリストアップしている。ただしこの目録は計十四ページ、挙げられた文献は福澤諭吉の『福翁自伝』、火野葦平の『麦と兵隊』、ルース・ベネディクトの『菊と刀』、ヘレン・ミアーズの『アメリカの鏡・日本』など百五十点ほどに過ぎず、作業途中だった形跡もある。民政訓練学校の講義資料に紛れ込んでいたということは、エンブリーが同校の教官時代にその準備を始めたとも考えられる。

しかし、エンブリーの研究対象の関心が日本から東南アジアに移っていた時期にもかかわらず、日本をテーマにした文献整理に取り組んでいたことは何を意味するのだろう。タイの研究「タイ　緩やかに作られた社会システム」は須恵村に代表される日本との比較文化論でもある。日本研究から離れてしまったように見る向きもあるが、エンブリーにとっては、日本の「一般民衆の日常生活」が営まれていた須恵村が人類学の原点であることに変わりはない。

しかも当時のエンブリーの秘書は、事故死した夫との仲をエラが疑ったほど、非常に有能な日本人女性だったという。もしかして、最初のフィールドワークを試みた日本に対する関心はまだ冷めやらず、いつか研究を再開する考えを持っていたとも思える。しかし、この年にエンブリーは亡くなり、この短い文献リストだけが残された。

折しも日本では、須恵村を二度訪れた農業社会学者アーサー・レーパーを団長とする農地改革調査団が『転換期の日本の村』を刊行（一九五〇年十一月）。それを受けて、日本における「コミュニティ研究」の先駆である『須恵村』の調査手法を継承するミシガン大学など、アメリカによる戦後日本の村落調査が盛んになった時期だった。

東南アジア研究から、もう一度、日本に立ち返るための日本文献の海……。アジアや世界の平和を考えるために、戦争、終戦、占領、そして冷戦後も自民族中心主義を通す自国アメリカとの関係において、平和なムラの暮らしと軍国主義という功罪を合わせて経験した日本にこそ学ぶべきものがある、との思い……。私の夢想に過ぎないが。

第八章　ユネスコ、ポイント4、そしてFBIの影

「開発」と「民主化」のイデオロギー

エンブリーは死の一ヵ月前、アメリカ人類学協会の理事会によって、政府が協会と契約して進めていた「ポイント・フォァ（P4）計画」のためのハンドブックの編集者に選ばれた。

P4計画は、一九四九年一月、民主党のハリー・トルーマン大統領が就任演説で発表したもので、共産主義勢力に対する防波堤として東西冷戦を決定的にした欧州復興計画（マーシャル・プラン）に続くアメリカの新しい海外援助計画と位置付けられた。発展途上国に対する技術協力と援助を訴える内容で、トルーマン演説の第四点目だったことから「ポイント・フォァ」と呼ばれた。これを受け人類学協会は同年、「人類学とポイント・フォァに関する委員会」を立ち上げ、技術協力の方法など幅広く検討を開始。エンブリーも委員の一人だった。

しかしP4計画がマーシャル・プラン同様、ソ連など社会主義国家に対するアメリカの冷戦戦略の一環であったことは言うまでもない。このため、アメリカの指導力を示す方針として評価される一方、他国に対する「宣戦布告」との酷評も聞かれた。特にソ連は「拡大主義」「他国への干渉」と非難した。

トルーマンは、「低開発地域（underdeveloped areas）の生活水準を引き上げることを手伝う」ことによって「これらの地域の発展は、国連および世界平和の土台を強めることになるだろう」とその意義を強調。「低開発地域」（現在は「発展（あるいは開発）途上地域（developing areas）」と呼ばれる）という言葉が注目された。近代的な意味で、つまり国家やその経済的な戦略に関して、しかも欧米を基準として「発展あるいは開発（development）」という概念を初めて使った歴史的な構想とされる。

「近代化」「産業化」や「経済成長」といった開発理論は、「途上国の進歩と成長を助ける」という大義名分を伴ったP４計画を機に一気に花開き、開発によって「民主化」するというイデオロギーが世界中で幅を利かせることになった。しかし、元はと言えば共産主義陣営を悪とし、自由主義陣営を善と位置付ける、言わば自文化（自イデオロギー）中心主義の典型と言える代物でもある。

そうだとするなら、「その共感は、常に植民地主義と帝国主義に対して闘う地域の民族と共にあった」（フレッド・エガン）はずのエンブリーは、このP４計画にどう対応しようとしたのか。

エガンは、エンブリーの死に際して寄せた追悼文中、P４計画に触れたくだりで、エール大学の東南アジア研究所長だったエンブリーが、ユネスコ（国際連合教育科学文化機関）の文化交流計画に携わったこと、その業務の一環として西アフリカのリベリアを訪問したことを紹介している。当時、エンブリーはユネスコの顧問も務めていた。

ユネスコは、「教育、科学、文化を通じて、国際平和と人類の共通の福祉」を目的に一九四六年十一月に設立された国連の専門機関で、当時は多くの専門委員会で活動内容の論議が行われていた。そんな反戦平和を旗印とするユネスコの理念に共鳴したエンブリーは、人類学者の役割として文化交流計画に強い関心を抱いたと思われる。

その理念をうたったユネスコ憲章の起草に携わり、ユネスコ設立の準備段階からアメリカの代表団に加わった一人に、一九三六年にエンブリー滞在中の須恵村を訪ねたフォーチュンの記者で元アメリカ議会図書館長のアーチボルド・マクリーシュがいた。その存在が、エンブリーとユネスコを結びつける一因だったことも考えられる。

トルーマン大統領就任演説の第一点目は「われわれは国連と関係諸機関に揺るぎない支持を与え続ける」という内容だった。P4計画推進に当たって国連、ユネスコなど国際機関との連携を重視するアメリカの姿勢を明確にしたのだ。エガンが触れているように、リベリアとユネスコに関わったエンブリーはそれぞれに関する報告書を作成。そこにはP4計画と国連の連携についても記されていた。

エンブリーはユネスコの顧問として、リベリアの教育に対する技術支援について交渉するために、一九五〇年八月六日から十五日までリベリアを訪問した。

一八四七年にアメリカから独立したリベリアは、P4計画による教育支援を要請していたことに加え、リベリア財団の理事長だった父親のエドウィンが一九四八年春に初めて訪問した国でもある。エンブリーの訪問は、そのことも関連していると思われる。

リベリアでは、大統領と二度会談したほか、地方の学校を視察。その間、国務相と技術支援に関する協定案を協議した。エンブリーは帰国わずか六日後の一九五〇年八月二十一日付で、十ページの報告書を提出。報告は「もし国連がリベリアを支援するなら、FAO（国連食糧農業機関）、WHO（世界保健機関）とユネスコも、合衆国とポイント・フォア計画から用意されているような援助と足並みをそろえる必要がある」と結ばれている。P4計画に関する言及はこれだけだが、これを読む限り、国連機関との共同歩調を重視したP4計画に肯定的なエンブリーの姿勢がうかがわれる。

ユネスコへの貢献と「欧米化の衝動」への警鐘

一方、ユネスコ報告書は「人の交流　導かれる文化変容」と題され、一九五〇年九月十四日付で作成されている。リベリアで技術支援に関する協議という実務に携わっただけでなく、エンブリーはユネスコの理念づくりでも貢献した。

三十ページに上る報告書はユネスコの依頼を受けたもので、前年九月に設置された「人的交流に関する専門委員会」の討議資料として提出。創設当初のユネスコや国連の人的交流による技術支援に関する初めての基礎理論として高く評価された。

この中でエンブリーは、人的交流の一環としてのP4計画に関連して、トルーマン演説にある「世界平和の土台を強める」という言葉を紹介し、次のように触れている。

「例えば、アメリカと東南アジアの間における現在の計画は、二つの目的がある。十分に技術が開発された国としてのアメリカは、未開発な地域の平和に対する脅威を気に掛けるようになった。だが一方で発展途上国は次々に、そのニーズに適するような技術を望む。このことは、例えばインドネシアのような、工業開発を進めることで以前の植民地時代よりも経済的に成長したい政府にとっては明らかに正当である」。

その上で、「現代世界で、発展途上地域は政治的に不安定な危険を抱えており、国家間の経済的、技術的な平等化が、より安定した国際的な均衡を生む結果となるということは恐らく正しい。技術力強化を目的とした交流は、この最終目的のための手段である」として、平和に資するために途上国への経済的、技術的な支援を支持している。

ここでも、リベリアから帰国後の報告同様にP4計画に対する批判は読み取れない。P4計画は、途上国の救済という外から（上から）の視線によるものだが、途上国側から求められた場合に支援に応じることは正当だという立場と取れる。エンブリーは、その自民族中心主義的な側面や経済援助による産業資本主義の流入、東西冷戦の行方という課題よりも、途上国との文化的・人的交流を広げることが地域の平和につながるという意義に注目したのだろう。

ユネスコの理念の実現や途上国の人々の暮らしのために、P4計画を換骨奪胎して、その予算を活用しようとした、との見方もできよう。あるいは、もし須恵村でエンブリーが実感した「贈与」の仕組みを途上国に対する技術支援に重ねたとすれば、エンブリーは冷戦戦略としてのP4計画にナイーヴすぎた、とも言える。いずれにしろエンブリーの立ち位置は元々、急進的な反対派でもなければ容共的でもなかった。

だからといって、異質な文化を劣った文化と見下す視線を拒否し続けてきたエンブリーが、P4計画を手放しで支持したわけではない。報告書でエンブリーは、技術支援や人的交流に伴う「標準化を避けるべき理由」を指摘する。エンブリーが言う「標準化」とは、多くの場合「欧米化」を指す。

「別の問題は、それとは逆のすべての美辞麗句にもかかわらず、彼ら自身のイメージで他の地域の民族を作り直す支配的な文化の衝動である。……もっと言うなら、すべての文化を標準化し一様にするような試みは自滅的だ。西洋の工業化された文化に育てられた人々は、カルマ（宿命論）を重んじるインド人や自然と季節に関する日本人の感じ方について、かなりの意識改革を必要とする」。

この「標準化を避けるべき理由」という表題に、エンブリーが執拗に訴え続けてきた、異質な文化を退ける自民族中心主義や植民地主義的な同化政策に対する異議が込められている。開発途上国の人々は開発を望んでいるに違いないという思い込みと資本の計略に対する戒めであり、同時に、P4計画や民族を超えて世界の平和を求める国連やユネスコの活動が、形を変えた新たな植民地主義、文化帝国主義に陥ることへの警告でもある。

報告書は、こう結ばれている。

「計画の目的は、すべての行動を標準化する方向にではなく、人間の知性と精神を向上させるための一つの手段として、むしろ異文化間の寛容の向上と行動を決める時に文化の重要性を理解することにある」。

エンブリーの報告を受けて、専門家委員会は、一九五〇年十二月十三〜十五日に集中討議を行い、翌年二月に委員会報告を提出。また、ユネスコが四八年から毎年発行している「海外留学」ハンドブックの第三巻（一九五〇〜五一年版）では、エンブリーの報告書も取り入れられている。エンブリーの死は、まさにこの間、五〇年十二月二十二日のことだった。

エンブリーは結局、アメリカ人類学協会によるP4計画のハンドブック編集業務には携わらなかったとみられ、P4計画も一九五三年に終了する。エガンは、エンブリーが仮にハンドブック作成に携わっていたら、「彼の経験と知識は人類学の同僚らによって大いに損なわれただろう」と予想している。エンブリーは必ずしもP4計画に反対しなかったようだが、政府の意向に沿って取り組もうとした「人類学の同僚」つまり人類学協会との立ち位置の違いを見抜いた鋭い感想だ。

「協同」に基づく須恵村での日本人理解を出発点に、ハワイの移民社会、日系アメリカ人収容所、ミクロネシア、東南アジアと、相互理解のフィールドを広げていったエンブリー。共感による平和の実現というずっと変わらぬ信念を抱き続けた人類学者にとって、ユネスコの国際的な人的交流への貢献は最後の仕事となった。

ただ、平和への貢献と開発による経済成長というP４計画の「二つの目的」に照らした時、現実はどうだろう。開発支援という名目の資本進出は、途上国の経済的豊かさをもたらす半面、自立的な地域づくりにどれだけ貢献しているのか、むしろ暮らしと平和を脅かしているのではないか。あるいは、グローバリズムという新しい収奪のイデオロギーに姿を変えたのではないか。ユネスコ報告書に込めたエンブリーの理想と期待は、これからの世界にどう反映されるのだろうか。

国連機関に関してもう一件、エンブリーが携わった取り組みがある。FAOが一九四九年三月に発表した報告書『農村福祉の要点』である。五人の研究者が参加した報告には、「福祉は本質的に主観的である。それは多様な精神的かつ物質的影響の結果である心の状態である」という理念が記されている。

ブータンのGNH（国民総幸福）政策をきっかけに、今でこそ幸福研究が国際的な注目を浴びているが、その先駆とも言える報告である。特に、物質的豊かさや経済成長という単一の価値に頼る途上国開発政策と一線を画し、「主観的な幸福の要素」を探る手法はユニークだ。報告はエンブリーの須恵村調査の知見だけでなく戦時転住局でのコミュニティ分析も参考にされており、報告作成に当たってエンブリーが相応の役割を担ったことは確かだ。

戦中のエラ

ところで、エンブリーの妻だったエラと戦争との関わりにも簡単に触れておきたい。

ハワイ大学でのエラの教え子パトリシア・ポランスキーは、「戦争についてエラはほとんど語らず、出て来る言葉はいつも日本のことだった」と筆者に明かしてくれた。子どものころから日本で育ち、日本を第二の故郷と話すエラが、アメリカとの戦争の間、どれほどつらい思いで過ごしたか、想像に難くない。

エンブリーが当局に協力させられるかたわら、エラもエンブリーの手助けをした。戦争に関わった時期の二人の仕事も、須恵村での共同調査の延長のような関係だった。

エンブリーがワシントンで日系人強制収容のための戦時転住局（WRA）に勤めている時は、日本語が達者なエラは日本に関する調査分析官として、戦争遂行を経済面で指揮する政府の戦時経済委員会（BEW。一九四三年に外国経済管理委員会に改組）で働いた。シカゴ大の民政訓練学校（CATS）で教官を務めていた時は、エラも同校や他の政府機関で日本について教えた。終戦前後はエンブリーとともにホノルルの太平洋地域を対象とした戦時情報局（OWI）に勤め、二人してミクロネシア調査に関わった。

「私たちはホノルルに戻り、OWIのために働いた。私は、日本語放送のチェッカーの一人だった。戦争が終わると、OWIは解散し、私はアメリカ商事会社（USCC）のために働くことになった。この代理店は、ミクロネシア全域の調査実施を管理し、調査にはダグラス・L・オリバーが率いる多くの人類学者が参加した。私は出版以前の調査報告の分析と編集に携わった。この業務は一九四七年に終了した」。

エラはポランスキーにそう語っていたという。

アメリカ商事会社を任されていたオリバーはハーバード大学の人類学者で、マードックによるミクロネシア調査の協力者だった。一九四六年に行った調査の報告は国務省、海軍など関係各部門に提出された。オリバー編著『ミクロネシアの将来計画』（一九五一年）には共著者としてエラの名がある。アメリカ商事会社は、復興金融公社の協力会社で、太平洋地域での戦略物資と主要な食料品の調達および開発を担っていた。エラはエンブリーが批判するマードックの仕事を手伝ったことになるが、その間の事情は分からない。

オリバーは、マードック同様に占領後の沖縄調査にも加わり、沖縄の日本返還を提言している。

またエラは、教えていたハワイ大学の「太平洋信託統治諸島プログラム」の一環として、ロシアの軍人ヴァシリー・M・ゴロヴニン（一七七六〜一八三一）の旅行記『太平洋周航記』（一八二二年）のうち、ハワイとマリアナに関する部分を『ゴロヴニンの世界一周紀行』（一九七四年）として英訳した。

ゴロヴニンは、最初の世界旅行の際の一八一一年（文化八）に千島列島を測量中、北海道を警護する幕府の役人に国後島《くなしり》で捕らえられ、幕府に幽閉された探検家だ。「ゴロヴニン事件」として、探検家で幕府の隠密だった間宮林蔵《まみやりんぞう》に事情聴取されている。ロシアに捕えられた日本人と引き換えに一八一三年に解放されて『日本幽囚記』を刊行。一八一七〜一九年に二度目の世界旅行を果たし『太平洋周航記』を書いた。

英訳版の序文でエラが触れているように、カムチャッカ、アラスカ、アメリカ西海岸、ハワイを巡る『太平洋周航記』には、日露戦争さらには太平洋戦争に至る歴史的な遠因も描かれている。大ざっぱに言えば、帝政ロシアの国策会社である露米会社による北米の植民地経営、一八六七年のアラスカ売却、極東への南下、その結果としての日露戦争とロシア敗北、欧米のアジア進出、日本のシベリア出兵、そして太平洋戦争――という歴史である。自民族中心主義、植民地主義がもたらした結末だ。

ゴロヴニンの二度目の航海は、ちょうどロシア、イギリス、アメリカが太平洋の覇権をめぐってしのぎを削り始めた時期だった。ゴロヴニンが幕府に幽閉されたことも含め、故国ロシアと日本との関係においても、エラが『太平洋周航記』に関心を抱いた理由が推測できる。

故郷ニコラエフスクの悲劇

終生エラが気にしていた悲劇がある。「尼港《にこう》事件」。日本がシベリア出兵中の一九二〇年（大正九）五月、エラの生まれ故郷である黒竜江（アムール川）河口のニコラエフスク港（尼港）で発生した、赤軍のパル

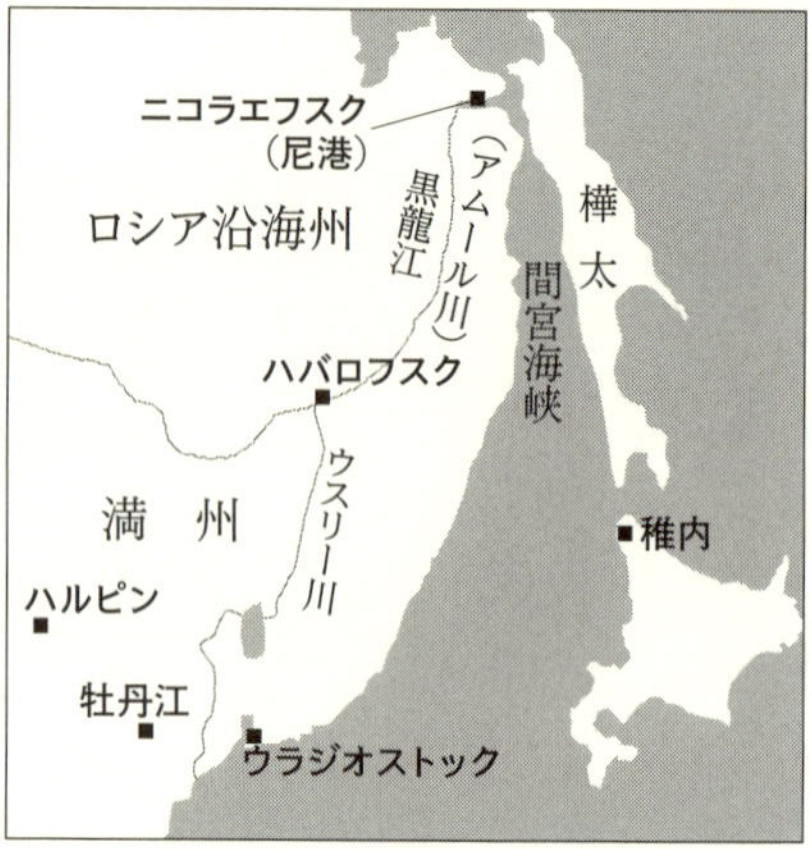

尼港事件が起きた当時の極東

チザン部隊による住民虐殺事件だ。ロシア十月革命の混乱を逃れて両親とともに日本に渡り、横浜に移り住んだ年のことである。

エラは一九九三年、事件に関する研究書『ニコラエフスク・ナ・アムーレの破壊』（一九二四年）を英訳している。日本に亡命していたロシアのジャーナリスト、アナトリー・グートマンによるロシア語原書を読んだエラが、長年の願望を実現したものだ。資料集めなどポランスキーの「数えきれない」助けもあり、原書刊行から七十年、エラ八十四歳のこの英訳によって、事件の詳細があらためて世界に知られることになった。邦訳『ニコラエフスクの破壊』（二〇〇一年、斎藤学訳）もエラの英訳を原本としている。

事件は、ロシア革命後の赤軍と反革命軍の内戦、米・英・仏・日連合国の干渉に伴う一九一八年（大正七）八月の日本軍シベリア出兵、翌九月のニコラエフスク駐留を背景として起こった。

直接の発端は、一九二〇年三月、赤軍パルチザン部隊に包囲された日本軍が、降伏協定を結んでいたにもかかわらず翌月にそれを破って奇襲したものの敗北し、百二十二人が捕虜となったことだった。捕虜救出のための日本軍の攻撃計画を知ったパルチザンは五月、日本兵捕虜および日本人居留民七百人を無差別に殺害。市民の半数の約六千人が犠牲になったとされる。革命政府は虐殺を行ったパルチザンの責任者を処刑したが、日本政府は賠償請求。北樺太（サハリン）を保障占領した。

故郷で起きた陰惨なこの事件で、エラの父メイエルと弟アブラハム（エラの叔父）が共同経営していた水産貿易会社ルーリィ商会も襲われ、パルチザン部隊の宿営所となったという。エラ一家は事件直前に日本に移住していたため難を免れたが、叔父夫婦が殺害されエラの心に深い傷を残した。

四百三十ページの英訳版には、十ページの訳者前文が付けられている。そこでエラは、原著者グートマンの「強烈な反共精神」や、事件の原因を日本に求めるかロシアに帰すか二分する歴史観も踏まえつつ、親族を巻き込んだ事件に怒りを露わにしている。

「年齢性別を問わず、無実の住民全てを対象に、異常なまでのサディスティックな残虐さで実行された」。パルチザンには農民や労働者も含まれていた。「全てが獣であったわけではないが」、エラが最も心を痛めたのは「人間のおぞましさ」だった。

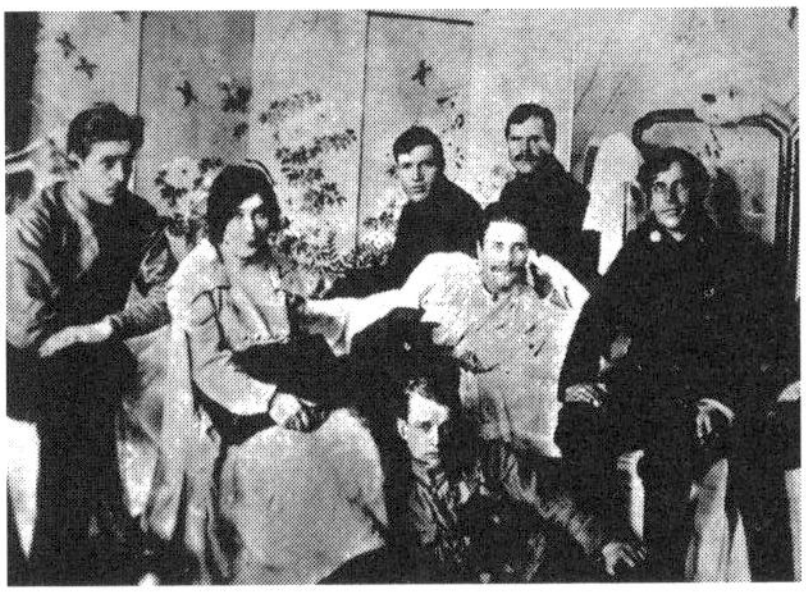

尼港事件を引き起こした赤軍パルチザンの指導者たち。中央で寝そべっている白衣の男が虐殺の首謀者トリアピーツィン（1920年4月）

英訳版の半分近くのページが三十三人に上る関係者の証言で構成されているが、その中にはエラの祖母も含まれている。一緒に住んでいた息子のアブラハム夫婦に加え、孫（エラのいとこたち）を世話していた日本人の乳母が、自宅を占拠したパルチザン幹部に殺される惨状を語っている。

一九二二年に日本軍がニコラエフスクを撤退する際には、父メイエルが日本政府から〝一日知事〟に任命され、共産政権への移管業務を仕切った。メイエルに対する日本政府の評価を表したものだ。「要注意露国人」としてルーリィ商会を監視していた外務省史料には、尼港事件を逃れて来日した関係者に触れたものも多い。

前文には、スケートやそり遊びなど幼いころの故郷の思い出や懐かしい風景も描かれている。エラに帰郷したい気持ちがあったことは確かだ。しかし、モスクワやハバロフスク、ヤルタなど旧ソ連を三度（一九五七、六四、七九年）訪れたものの、ニコラエフスクにはついに戻ることがなかった。

母親のライサは、一九三七年（昭和十二）に日本で亡くなるが、メイエルはロシア人に対する風当たりが強くなった日米開戦前に、子どもたちが住むアメリカに亡命。戦後は日本に戻り五四年に東京で亡くなった。その際、遺族は横浜の外国人墓地にあるルーリィ家の墓の近くに元町門と呼ばれる通用門を寄贈した。

エラの父メイエルを偲んで遺族が寄贈した横浜外国人墓地の元町門（筆者撮影）

この時代、ロシア人であるルーリィ一家は戦争に翻弄される運命をたどった。何不自由ない家庭環境に育ったはずのエラもまた、ロシア、日本、アメリカという三ヵ国を取り巻く国際環境の激変の中で、エンブリーに劣らず過酷な戦争の波に揉まれ続けた。そして戦後、今度は二つの母国アメリカとソ連の冷戦という対立に心を痛めることになる。
このように、日米開戦からエンブリーの事故死まで九年間の夫妻の軌跡は、戦争に関わる当局の職務がほとんどだったことが分かる。情報調整局（COI）を皮切りに、戦略事務局（OSS）、戦時転住局（WRA）、民政訓練学校（CATS）、戦時情報局（OWI）、ミクロネシア調査、さらに東南アジアの文化高官と、アメリカの戦争政策の中枢を休むことなく渡り歩いた。

ただ、求められたこととはいえ、そのポストを引き受けたのはエンブリー自身である。学問という仕事と政治の微妙な関係は、エンブリー夫妻の心情や思想と裏腹に、夫妻が政府や軍の要請を断らず、とりわけ重要な職務を命ぜられて従ったという点にある。

恐らく三つの選択肢があった。一つは、職務上あるいは形の上では戦争協力に違いない当局の要請を拒否すること。二つめは、学者としての自身の良心と信条は保ちながら要請された職務を遂行すること。もう一つは、ベネディクトやミードらがそれに近いと思われるが、積極的に国家目標に協力することである。エンブリー夫妻は、異端視されることを覚悟の上で、二番目の道を選んだと言えるだろう。

FBIによる監視

「なぜ自分が捜査の対象にならねばならないのか」。どれほど、悔しさと腹立たしさに駆られたことだろう。

エンブリーは、日米戦争中から事故死するまで、ずっとFBIによる監視を受けていた。大学の同僚や隣人に対する聴取は執拗で、そのファイルは百五十ページを超えるものだったという。

もちろんFBIの狙いは、アメリカ政府の戦争戦略の中で常に重要なポストに身を置いたエンブリーの業務に関するものだった。FBIが疑念を抱いた最大の理由は、エンブリーによる自国アメリカの「自民族中心主義」に対する批判的な言動にあったと思われる。対日戦争中そして戦後も、アメリカの政策に警鐘を鳴らし続けたその思想が、FBIの目に留まらないはずはなかった。

「マッカーシズムとFBIによる人類学活動家の監視」の副題が付いたデイヴィッド・プライスの『人類学の脅威』(二〇〇四年)は、「エンブリーは、公益のために人類学を使うことに熱心だったが、同時に、人類学が非道な政府や私的な利益のしもべになる危うさを激しく批判した」とエンブリーを擁護している。プライスは、人類学を社会的に応用する際の学者としてのエンブリーの良心が、「熱烈な人種差別主義者のフーヴァー長官」には利敵行為と映った可能性を示唆する。この本のサブタイトルの二つの含意が示すように、ＦＢＩが人類学者エンブリーを脅《おびやか》したのは、権力にとってエンブリーが脅威だったからだ。

同著によると、一九四八年十月一日付のＦＢＩ情報は、インドシナ戦争中の同年九月にニューヨークのホテルで行ったスピーチで、エンブリーがベトナムのフランス領からの独立を支持したことを伝えている。その中でエンブリーは、アメリカがフランスに対し政治経済的な援助を行わないよう訴え、援助を続けるアメリカ政府を批判し反植民地主義の姿勢を貫いたという。それは同時にベトナムの共産主義勢力の肩を持つことと受け止められた。四九年のある書評では、西欧の植民地主義や産業主義に関してマルクスを引用したものもある。

エンブリーはまた、日本が戦争を起こした原因として、マーガレット・ミードらによる「日本人の攻撃的な国民性」の議論に加わらず、当時の政治経済的な国際情勢を指摘した。後で触れるが、この点でも欧米の植民地主義に対するエンブリーの矛先が、ＦＢＩには左翼的に映ったことは間違いない。

さらに、『ファー・イースタン・サーベイ』への寄稿「日本の軍事占領」でエンブリーは以下のように述べている。

「占領軍の強制によって天皇の退位とか、日本軍の抑制をしようとしても、失敗する運命にある。このような根本的変革は国内の革命によってのみ実現しうるのであり、最終的な皮肉は、占領軍政がほとんど確実に伝統的な日本当局の側に与《くみ》して、人民に敵対し、真の革命を抑圧するであろうことにある」。

日本での「革命」を期待するかのような、過激とも受け取れる記述である。

プライスによると、エンブリーの死の直前には、エンブリーが反共的なマーシャル・プランの任務にふさわしいかどうか明らかにするために、ＦＢＩによる幅広い背景チェックが行われた。政治活動、生活様式、趣味そして性格に関する情報を集めるために、ＦＢＩの情報提供者だけでなく、何十人もの彼の同僚、隣人、上司を聴取したという。

「百五十七ページにわたり公開されたエンブリーに関するＦＢＩファイルの情報のほとんどは、エンブリーの教育と仕事に関する情報の収集物だが、これらの資料は、学問的世界を志願する者、あるいは過去から学ぶことに興味を抱く者に関する情報のために、ＦＢＩが、その学び舎《や》をいかに徹底的に捜査したかを容易に例証するものだ」（『人類学の脅威』）。

さらにプライスは、一九五〇年十月十三日付のＦＢＩのメモを引用している。それは、エンブリーが中国の共産主義政権に対するアメリカの穏健な政策的アプローチおよび新政権に対する早急な承認を求めたことを紹介する、ある新聞記事に関するものだった。その記事は、エンブリーが「アジア諸国の基本的問題は、共産主義ではない。政治経済的な西洋の影響に対する複雑な反発と、国内の経済改革のための差し迫った必要性である」と言ったとしている。

記事は続く。

「エンブリーは言う。アメリカの現実的な政策は、インドシナにおける植民地主義体制や、あるいはかつて革命的だった蒋介石が中国で指導したような反動的なグループの破綻した体制ではなく、このような（中国新政権を指すとみられる）リーダーシップと提携することだ、と」。

ＦＢＩが、これを共産主義寄りの見解と読んだとしてもおかしくはない。

くすぶるエンブリー暗殺説

「エンブリーは暗殺されたんじゃないかと、私は疑っているんですよ」。

エンブリーに詳しい研究者の中には、そんな疑念を捨てきれない人がいる。確たる証拠があるわけではないが、ＦＢＩの執拗な捜査や黒塗り（隠蔽）が目立つ捜査ファイルの存在は、エンブリーの死をただの交通事故死ではないと思わせる。

ＦＢＩの監視は、死の十ヵ月前の一九五〇年二月に始まったマッカーシズム（赤狩り、反共活動）のさなか、エンブリーが過去に所属したことがある情報調整局（ＣＯＩ）や戦略事務局（ＯＳＳ）が共産主義者や左翼も容認していたことにも関連する。ＣＯＩを作った初代長官のウィリアム・ドノヴァンは、「007」で知られるイワン・フレミングら作家やジョン・フォードら映画監督、学者、記者、経営者など各界の有力者を職員として集めた。左翼的な思想の持ち主も少なからずいたという。ドノヴァンと対立するエドガー・フーヴァーＦＢＩ長官は、ＣＯＩやＯＳＳの左翼的な出身者も監視のターゲットにしていた。政府寄りとみられていたマーガレット・ミードですら対象となり、日米開戦の一九四一年から七八年に死ぬまでの彼女の調査ファイルは九百九十二ページにも上るという。

「共産党員であるかどうかにかかわらず、ＦＢＩは経済的平等、人種的平等、あるいは社会的平等のために戦っている全ての活動家の活動を誰彼構わず監視し抑圧した。……第二次大戦に関係した数百人の人類学者が調査対象となった」（『人類学の脅威』）。要するにＦＢＩにとっては、アメリカに対する忠誠心がどれだけあるかが問題だった。

プライスは、断言してはいないものの、ＦＢＩの監視の背景として、幾つかの要因を示唆する。人種差別に反対するエンブリーの文化相対主義や中立的な反植民地主義の思想、ロシア（社会主義ソ連）人であるエラとの結婚、シカゴ大学の共産主義の友人たち、人種差別と対決し続けた父親エドウィンの仕事の影響——である。

ちなみに「シカゴ大学の共産主義の友人」とは、インカ帝国研究で知られるウクライナ生まれの人類学者ジョン・V・ムーラ（一九一六～二〇〇六）を指す。ムーラは、一九三四年にシカゴ大学に移り、ラドクリフ＝ブラウンの下でエンブリーと机を並べた。また、同大の民政訓練学校ではエンブリーとともに教官を務めた。FBIの報告書では、ムーラは黒人に対する人種差別反対に関連して検挙されたこともあり、シカゴ大の共産主義グループのリーダーとみなされていたという。三六年に始まったスペイン内戦では、左派の共和国側として参戦している。

1921年9月、北京医科大学で（左から4人目がエドゥイン・エンブリー、右から5人目がジョン・ロックフェラー・ジュニア）

エンブリーに対する父エドウィンの影響は先に紹介した通りだ。エドウィンは、ロックフェラー財団による北京協和医学院（中国協和医科大学の前身）の設立に尽力し、同財団事務局長として一九二一年に北京を訪問している。また同財団は、左翼的なメンバーも擁した太平洋問題調査会（IPR）に資金援助をしていた。

エドウィンがロックフェラー財団を退いて「人類の福祉のために」と設立したジュリアス・ローゼンフェルド基金からは、後に七人が共産主義者と認定されたという。エドウィンは、亡くなって二年後、マッカーシズムの最中に「共産主義賛同者」にリストアップされ、文化の多様性を訴えた著書『地球の人々』は発禁処分となった。黒人差別反対運動を通じて交流があった公民権運動家のウイリアム・デュボイスもまた、ＦＢＩに共産主義者の烙印を押されていた（デュボイスは実際、一九六一年共産党に入党する）。

日系アメリカ人に対するエドウィンの支援と共感については第四章で触れた。つまり左翼的で反体制的なエンブリーの思想は、家系によって育まれたのではないかという疑念をＦＢＩが抱いたというのがプライスの見方だ。

加えて、太平洋問題調査会の機関誌『パシフィック・アフェアーズ』にはエンブリー自身、幾つかの書評を、また同調査会アメリカ支部の機関誌『ファー・イースタン・サーベイ』には「日本の軍事占領」「ミクロネシア　海軍と民主主義」「インドシナのための国連委員会」などたびたび政府批判を滲ませた記事を寄稿していた。

太平洋問題調査会は、一九二五年にホノルルで設立された民間の国際研究団体。太平洋地域の政治、経済、社会問題を調査し、学術交流を通じて関係国民の相互理解と友好を図ることを目的とした。三六年からはソ連も加わり十二ヵ国が参加した。会議は一九五七年まで十三回開かれたが、マッカーシズムが渦巻くアメリカでは容共的な組織とみなされ、一九六〇年に解散。日本支部（日本ＩＰＲ）の役員には、「日本資本主義の父」と称された渋沢栄一や思想家の新渡戸《にとべ》稲造《いなぞう》らが名を連ねた。

またＦＢＩは、エンブリーが一九三一年から在籍したハワイ大学の学生時代にエッセーを寄稿した雑誌『太平洋の楽園』の発行元を共産主義者が潜入した出版社とみなしていた。三七年には助教授としてハワイ大学に戻るが、その時は共産主義の同僚とともに人類学を教えた、とされている。さらに国務省から東南アジアに派遣された際には、社会主義ベトナムへのアメリカの介入に異を唱え、ホー・チ・ミ

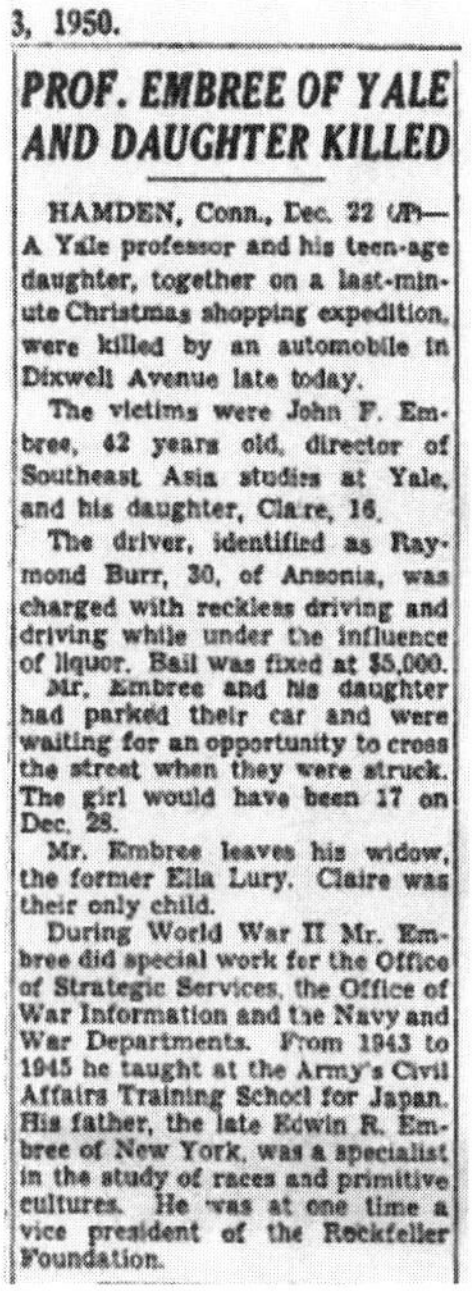

3, 1950.

PROF. EMBREE OF YALE AND DAUGHTER KILLED

HAMDEN, Conn., Dec. 22 (AP)—A Yale professor and his teen-age daughter, together on a last-minute Christmas shopping expedition, were killed by an automobile in Dixwell Avenue late today.

The victims were John F. Embree, 42 years old, director of Southeast Asia studies at Yale, and his daughter, Claire, 16.

The driver, identified as Raymond Burr, 30, of Ansonia, was charged with reckless driving and driving while under the influence of liquor. Bail was fixed at $5,000.

Mr. Embree and his daughter had parked their car and were waiting for an opportunity to cross the street when they were struck. The girl would have been 17 on Dec. 28.

Mr. Embree leaves his widow, the former Ella Lury. Claire was their only child.

During World War II Mr. Embree did special work for the Office of Strategic Services, the Office of War Information and the Navy and War Departments. From 1943 to 1945 he taught at the Army's Civil Affairs Training School for Japan. His father, the late Edwin R. Embree of New York, was a specialist in the study of races and primitive cultures. He was at one time a vice president of the Rockfeller Foundation.

『ニューヨーク・タイムズ』紙に掲載されたエンブリーの死亡記事

ン政権の関係者とも接触している。

このようにＦＢＩは、エンブリーを共産主義者あるいは共産主義に影響を受けた人物とみなし、籍を置いたシカゴ大、ハワイ大、エール大で徹底的にエンブリーの素行を調査した。しかし、ＦＢＩの厳しい監視を受ける中で、エンブリーは一九五〇年十二月二十二日に娘のクレアとともに事故死し、調査は全体像も結論も知られることなく中断された。

二人をはねたのはレイモンド・バーという三十歳の男で、飲酒運転だった。翌二十三日の『ニューヨーク・タイムズ』紙によると、エンブリーが車を駐車した後、通りを渡ろうと待っているところにバーの車が突っ込んだという。記事は、情報機関や民政訓練学校のエンブリーの仕事を「特別な任務」と報じている。翌年四月、コネティカット州の高等裁判所はバーに禁固一年の有罪判決を下した。この事故についてデイヴィッド・プライスは「事件性はないと思う」と暗殺説を否定するが、疑惑はなおくすぶったままだ。

エンブリーが亡くなった一九五〇年という年は、六月に始まった朝鮮戦争、八月の日本の警察予備隊創設、十二月のフランスへの援助開始によるアメリカのインドシナ介入と、アメリカが〝反共の防波堤〟政策を強め冷戦が深刻な状況に陥っていく曲がり角でもあった。

第九章　須恵村・国家・戦争

「火山的爆発の容易ならぬ危険」

前章までに述べたような戦中戦後の経緯をたどって、エンブリー夫妻は戦争と平和に対する思想を育んでいった。本章では夫妻の須恵村滞在時まで少し時間を遡り、強まる軍国主義の統制の中で須恵村の人々が情況にどう向き合っていたのか、夫妻は日本の戦争状態に対して何を感じたのか、『須恵村』と『須恵村の女たち』の記述を中心に紹介しておきたい。一年間の須恵村滞在によって知ったムラの暮らしが、日本という異文化や日本人を理解するだけでなく、特に自民族中心主義に抗するエンブリーの思想形成の土台となったと思われるからである。

まず、当時の日本の情勢分析としてエンブリーは、穏健な自由主義者として知られる思想家・胡適《こせき》北京大学教授（一八九一～一九六二）の『中国の復興』（一九三四年）を援用する。明治維新以来、近代化によって変わりつつある日本の状況を大きくとらえた胡適の分析は、エンブリーによる須恵村調査の歴史的前提であり、その日本観の基礎となった。胡適の見方はこうだ。

「近代化の七十年の間に日本に起こった事柄は『集中的統制』（筆者注：centralized control＝中央集権的文

エンブリーに影響を与えた中国の思想家・胡適

配）の型ともいえる特殊なものであった。この例外的な環境において初めて国家的変革の大業が順序よく効果ある進行を得られた。……この急激な大変革を早く企図した指導者は、先見の明ある人でも、西洋文明の外面的情勢を知るだけであった。他の多くの特長に気付かずまた、国家的遺産の保存と皇室の人民掌握の強化にかられて、新しい文明の浸透から日本の伝統的な要素を注意深く守った」（『須恵村』）。

日本人が気付かなかった「他の多くの特長」とは、後にエンブリーが『日本人』（一九四三年）で指摘したように、自由、平等、人権やヒューマニズム、個人主義、とりわけ民主主義を指すのだろう。日本が守った「伝統的な要素」の例として胡適は、「神道」と「軍人階級の超憲法的権力」を批判的に挙げた後、こう述べる。

「要するに日本における激烈な文化の変形は余りにも急速にまた早期に成されたので、新思想とその影響が旧来の制度に浸透し、より完全な文化的整理を成す十分な余裕がなかった。すべての過程は伝統的な日本の幹に外国文化を接木《つぎき》するという形で身につけられた。中世的伝統的な文化の多くは、軍国的な近代性の強い殻によって不自然に保護されている。保存されている多くのものは、美しいもの、永遠に価値あるものであるが、その少なからぬ部分は原始的であり、火山的爆発の容易ならぬ危険を妊んでいる」。

胡適は、コロンビア大学でプラグマティズムの提唱者ジョン・デューイ（一八五九～一九五二）の指導を受けた社会思想史の専門家である。一九三五年六月に卓抜な「日本切腹、中国介錯論」（王世傑・国民政府教育部長宛て書簡）を唱え、太平洋戦争の始終を見通したことで知られる。

『中国の復興』は、一九三三年七月にシカゴ大で行った連続講義の採録である。講義は三一年の満州侵略を経た三三年三月に日本が国際連盟を脱退した直後に開かれた。背景には近代化を経た日本の国力に対する中国の危機感があった。『中国の復興』の長い引用には、翌三四年にシカゴ大に進んだエンブリーに対する胡適の強い影響が感じられる。

ここで胡適は、西洋文明の吸収が性急だったため、民主主義を含む「新思想」が日本に根付かなかったことを示唆。日本の近代化が抱える問題の一端が凝縮されている。

この場合の「伝統的な日本の幹」が何を意味するのか、エンブリーに明確な説明はない。恐らくエンブリーは胡適を通して、主として精神面を含む伝統的な「日本的なるもの」を幹として、輸入した制度・システムあるいは衣食住を含めた西欧文化（文明）が「接木」された、と言いたかったのだろう。「幹」は、日本人の暮らし方、生き方そのものを指すのかもしれない。西欧文化は、その全体に「浸透」するまでには至らず、付け加えられたにすぎない、という見方だ。

同時に胡適は、当時「保存されている多くのもの」は、「美しいもの、永遠に価値あるもの」だったという。そして、エンブリー夫妻も須恵村で同じものを見ようとした。否定されるべきムラの封建的な面や軍国主義の足音より、「永遠に価値あるもの」を『須恵村』や『須恵村の女たち』の中に描こうとした。

もちろん、そのことの功罪はある。「保存されている多くのもの」が「永遠に価値あるもの」という見方自体、偏っているとも言える。多くの「旧来の制度」のうちには、ムラ社会の改善すべき弊害、封建的な因習に縛られた閉鎖性や排他性、拘束性、停滞性なども当然あるだろう。

だがそれでもなお命脈を保つ「美しいもの、永遠に価値あるもの」は、西欧から輸入されながら利己主義と混同された個人主義や排他的な競争、拝金主義とは異なるものであり、その価値の一つが、『須恵村』の最大のテーマである「協同」であることは言うまでもない。

エンブリーのそうした日本観が、封建的な社会や国家、あるいは当時の国家主義に対する批評力を減衰した面があることを否定はしない。しかし、だとしても、逆にそれが、『須恵村』と『須恵村の女たち』を魅力ある書物に仕立てることができた大きな要件だと私は思う。また、夫妻が政治学者や歴史家ではなく、人類学者の目で人々の暮らしやムラ社会の仕組みを全体として隅々まで見たこと、異邦人として謙虚に村民と接したことが後押ししたことは疑いない。そして異文化に対するこの姿勢は、生涯崩れなかった。

教室の「世界地図」をめぐって

大戦前の村の雰囲気を分かりやすく説明するのは、エラの『須恵村の女たち』の「外部の世界」の次のようなくだりだ。

「須恵村の女たちは国家的次元のことはほとんど知らず、自分の国が国際的出来事にまきこまれていることについては、まったく知らなかった」。

「小さな子供が『ここに戦争の写真が載っとる』といっても、母親はどこでも戦争などやっていないと否定した」。

その上で、共著者のロバート・スミスは「軍国主義の問題および切迫した衝突の兆しは、エンブリー一家の心に大きくのしかかっていた。村の学校でおこなわれた軍の観兵式のとき、やってきた陸軍の士官は、故意に彼女（エラ）にいやがらせをし、また彼女に自分の演説のあいだ、講堂から離れているように要求した」と、義憤を込めて当時の空気を描いている。

そうした体験を踏まえ、エラはこう感じた。

「これらの人びとの大部分は、どこにどの外国があるか知らないし、戦争が起こったとしても、なぜ戦争が起きたかを知らないであろう。しかし、もし明日戦争が起きれば、彼らは戦争にいき、人を殺すだろう。というのも、それこそ、彼らがそうしなければならないと教えられているものだからである。そして、彼らは、当局が流す新聞報道をすべて信じるだろう。とはいえ、彼らは、この世でもっとも平和的な人たちなのだ」。

アメリカには徴兵制がないとエラが言うと、「戦争が起きたらどうすっと」と心配してくれるし、アメリカと日本は統一するのがいい、という村人もいた。ただ、「官憲は、エンブリー一家とその活動について、少なからぬ興味を示していた」。

夫妻を温かく迎えてくれた平和的な村民と官憲の対応の違い。そのことを身をもって知った二人の経験は、エンブリーが日米戦争中の日本人と国家としての日本をどう見たかという点で、後々まで関わってくることになる。また、農村共同体が日本の軍国主義を支えたという見方に対して、暗に異を唱えているように思える要因でもある。むろんエンブリー夫妻は、多くの日本国民は軍部の暴走による戦争の被害者だとして責任がないかのような議論に肩入れするわけでは全くない。

この点に関連して『須恵村の女たち』序論の原注で言及されたエピソードが目を引く。『須恵村』の校正版に目を通した「ある若い農業経済学者」の講評をめぐるやり取りだ。この学者が誰か、名は記されていない。

その学者は、日本の国家主義について、「他国の植民地にならないためにも、急速に発展することが必要であった」ために、須恵村のような「古い遅れた村」に対して中央集権国家として農民を家父長的に指導している、と言う。それがエンブリーには「専制的に見える」原因だと釈明。そして『須恵村』の校正版の記述が「日本民族の生活について、ほとんど、あるいはまったく知らない人を不必要に興奮させることを恐れる」として、学者は「重大な懸念」を表明する。

その上で、「私は、あなた方が須恵村で観察して得た国家主義についての見解が、あなたのわが国にたいする善意——それをあなたは、わが農村の人びとにたいしてと同様にもっている、と私は確信しているのだが——によって和らげられることを希望している」と、修正を求めたという。

当時の国際状況の中で日本を弁護したい若い学者は、『須恵村』の中のそうした「エンブリーの記述」の例として、教室の地図に関するくだりに触れている。エンブリーの記述は次の通りだ。

「各教室にはアジアの主要諸国にくらべてきわめて狭い土地として、赤色に彩られた日本を示す世界地図やアジア地図があり、満州国は桃色に塗られてあるが、その面積さえたいして大きくない。完全な自然な方法で村民たちは地図のうえから支那の一隅を日本が如何に巧みに支配しているか気付くのである。また他国にくらべて、日本の軍事力の小さいことを強調する各国との比較の図表が掛けてあり、地図や図表から、日本が拡大されていくことが如何に本来的に必然なことであるかを、村民や児童に説明している」。

学者は、この記述を読んだ読者が、日本は「国土の狭さの故に戦争を正当化」している、つまり領土拡大のための侵略戦争と受け取ることを懸念した。しかし、学者の指摘にもかかわらず、エンブリーは校正版のこの部分を削除せず、そのまま『須恵村』に残した。

『須恵村』でエンブリーは、踏み込んだ軍国主義批判はしていない。満州事変についても、一九三三年に停戦が成立していたためか一行も触れていない。しかし学者の懸念通りエンブリーは、日本の軍国主義が明らかに植民地主義に彩られた侵略的なものであることを地図から読み取り、反植民地主義を滲ませている。

それは、日本の戦争の背景に列強の植民地主義や経済的原因があったとする、エンブリーの後の主張とはまた別の対応だ。この学者が言うように、たとえ「他国の植民地にならないため」という理由があったにせよ、日本の「国家主義」に対するエンブリーの批判的姿勢は明白だった。学者が望んだ「わが国」と「農村の人びと」に対する「善意」は、エンブリーにとっては同じではなかった。

一方、エラもまた『須恵村の女たち』の本文でこの地図に触れている。後々まで夫妻に強い印象を残したことは明らかだ。

「地図は人びとを悩ませている。小さな子に至るまで、日本の小ささを論じ、せめて隣接した領土を手に入れることができれば、どんなにすばらしいかを論じていた。教室には、ものすごく大きな、色つきの地図がかかっていて、子供たちは、ロシア、中国を読みあげ、それから満州国、朝鮮を探し、見つけるといつも喜んだ。地図の隣には、日本の国旗の絵がはられて、次のような文が書かれていた。『朝日は昇るにつれて明るくなる。日本はもっと強くならなければならない』」。

エラのこの観察は、エンブリーの『須恵村』より生の状況を言い当てている。

見方によっては、若い学者の懸念はエンブリー夫妻に対する圧力、検閲に等しい行為かもしれない。『須恵村の女たち』にはこの学者の意見に対する評価はなく、夫妻がどう受け止めたかは定かでない。だが、エンブリーは若い学者の意見に従わなかった。半面、非難することもなかった。

恐らく、この学者の言い分とプロパガンダとしての地図が、植民地主義と戦争の関係をどういう視点で理解したらいいか、歴史を踏まえた中立的かつ多角的な見方の重要性を夫妻に自覚させたに違いない。戦中戦後のエンブリーの文献を読むと、国家権力、民族、国境そして一人ひとりの国民（農民）の戦争との関わりという点で、このエピソードはエンブリーの後の史観、戦争観に見逃せない影響を与えたことが分かるだろう。後で触れるが、エンブリーが日米開戦の要因として、当時の「複雑な国際関係」を指摘したのもその一例だ。

『フォーチュン』誌記者の訪問

須恵村滞在時に、『フォーチュン』誌のアーチボルド・マクリーシュ記者が訪ねてきたことは、戦時色を強める日本をエンブリー夫妻にあらためて意識させる出来事だった。マクリーシュは保守系の詩人だったが、後にアメリカ議会図書館長を務め、戦時中は情報調整局（COI）の設立にも関わった。節々でエンブリーとの縁が続いた。

エラのフィールドノートによれば、マクリーシュ夫妻の訪問は一九三六年（昭和十一）四月上旬。須恵村民の奔放な酒宴の歓迎を受けたマクリーシュも、エンブリー同様、ムラの「協同」に強く心を動かされたようだ。半年後の九月に刊行された『フォーチュン』日本特集号で、「何もなしでやっていく農民」と題し、ピュリツァー賞詩人らしい感性で須恵村について詳細に書き留めている。

『フォーチュン』誌の記者アーチボルド・マクリーシュ

「村には西欧では失われてしまった相互扶助の精神が生きている。……欧米人にとってはノスタルジーとなり、忘れ去られてしまった村の記憶。親密に結ばれた、遠い昔の温かな人々の暮らし、取り戻すことのできない民族の過去が息づいている。村はあまりに牧歌的である」。

そしてすぐこう続ける。

「それが西洋人をあまりに深く感動させるので、その不愉快な面を見落とす。これらのあまり愉快でない面が二つある。第一に、日本の農民のこの社会的に魅力的で温かい暮らしは、ひどい貧しさと信じられない倹約にもかかわらず魅力的で温かい。第二に、倹約と欲求のそうした裏面を持つ牧歌的で魅力的な暮らしは、工業化した西洋の生活水準への最大唯一の脅威である。われわれはまずこの脅威に向き合うべきだ」。

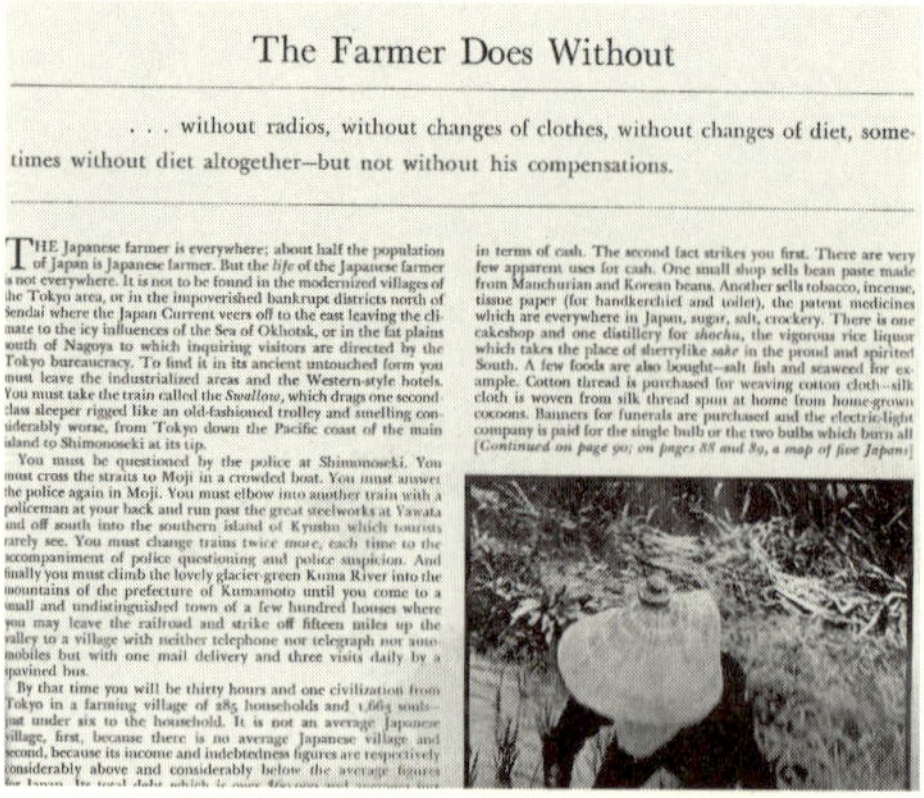

The Farmer Does Without

. . . without radios, without changes of clothes, without changes of diet, sometimes without diet altogether—but not without his compensations.

THE Japanese farmer is everywhere; about half the population of Japan is Japanese farmer. But the *life* of the Japanese farmer is not everywhere. It is not to be found in the modernized villages of the Tokyo area, or in the impoverished bankrupt districts north of Sendai where the Japan Current veers off to the east leaving the climate to the icy influences of the Sea of Okhotsk, or in the fat plains south of Nagoya to which inquiring visitors are directed by the Tokyo bureaucracy. To find it in its ancient untouched form you must leave the industrialized areas and the Western-style hotels. You must take the train called the *Swallow*, which drags one second-class sleeper rigged like an old-fashioned trolley and smelling considerably worse, from Tokyo down the Pacific coast of the main island to Shimonoseki at its tip.

You must be questioned by the police at Shimonoseki. You must cross the straits to Moji in a crowded boat. You must answer the police again in Moji. You must elbow into another train with a policeman at your back and run past the great steelworks at Yawata and off south into the southern island of Kyushu which tourists rarely see. You must change trains twice more, each time to the accompaniment of police questioning and police suspicion. And finally you must climb the lovely glacier-green Kuma River into the mountains of the prefecture of Kumamoto until you come to a small and undistinguished town of a few hundred houses where you may leave the railroad and strike off fifteen miles up the valley to a village with neither telephone nor telegraph nor automobiles but with one mail delivery and three visits daily by a spavined bus.

By that time you will be thirty hours and one civilization from Tokyo in a farming village of 285 households and 1,663 souls—just under six to the household. It is not an average Japanese village, first, because there is no average Japanese village and second, because its income and indebtedness figures are respectively considerably above and considerably below the average figures

in terms of cash. The second fact strikes you first. There are very few apparent uses for cash. One small shop sells bean paste made from Manchurian and Korean beans. Another sells tobacco, incense, tissue paper (for handkerchief and toilet), the patent medicines which are everywhere in Japan, sugar, salt, crockery. There is one cakeshop and one distillery for *shochu*, the vigorous rice liquor which takes the place of sherrylike *sake* in the proud and spirited South. A few foods are also bought—salt fish and seaweed for example. Cotton thread is purchased for weaving cotton cloth—silk cloth is woven from silk thread spun at home from home-grown cocoons. Banners for funerals are purchased and the electric-light company is paid for the single bulb or the two bulbs which burn all
[*Continued on page 90; on pages 88 and 89, a map of five Japans*]

須恵村に関する『フォーチュン』誌の記事

だから、マクリーシュの記事のタイトル「何もなしでやっていく農民」は、「ひどく貧しい上に倹約する農民」の意味だ。イギリスの詩人T・S・エリオットの影響を受けたマクリーシュは、伝統を重んじる愛国的な詩人と目され、政治にも関心が深かった。

また『フォーチュン』誌では、日本脅威論を強調した巻頭の記事「日本の日の出」で、「日本の低賃金は、現代資本主義による労働搾取の結果生じたものではなく、むしろそれは、日本人の倹約の習慣と伝統的な社会システムによってもたらされた」と、より明確に断定している。

マクリーシュの記事に四枚の写真の撮影者として名が記載されたエンブリーは、当然これらの文章を読んでいた。しかし『須恵村』では、「貧しい」「牧歌的な」暮らしは描いても、それが西洋の「脅威」となるというニュアンスはどこにも感じられない。日本特集を組んだ『フォーチュン』の狙いや、その意図に沿って取材したマクリーシュとは異なるエンブリーの政治的なスタンスがうかがわれる例でもある。

一方、同号でマクリーシュが日本の田舎の風景を描いた詩「狭い国土に多くの人々」が『須恵村』に引用されており、前項の小学校の世界地図との連想が働いたことも考えられる。マクリーシュの須恵訪問がエンブリー夫妻に刺激を与えたことは確かだ。

『須恵村』ではまた、「左傾するなかれ」と題する『フォーチュン』の評論を「優れた論文」と評価し、日本政府を次のように批判する。

「西洋思想は政府の是認する限度内で国民に与えられた。しかし政府の認可しない限りでは、国民はほとんど西洋思想を耳にすることはできなかった」。

さらに同誌巻頭記事の「日本の日の出」には、ペリー来航以後の日本人の振る舞いについて、「日本人が自分たちの文化には目もくれなくなり世界の現実に適応しようと奮闘する姿は、なんとも滑稽だった。それはギルバートとサリバンの喜劇を思い出させた」というくだりもある。

「ギルバートとサリバン」とは、ヴィクトリア朝時代イギリスのオペラ台本作者ウイリアム・ギルバートと作曲家のアーサー・サリバンを指す。二人は日本を舞台にした「ミカド」という風刺喜劇オペラを作っており、日本ブームに沸く当時のイギリス人に風変わりでオリエンタルな日本というイメージを植え付けた。

これに関連してエンブリーの『日本人』（一九四三年）の冒頭には、「アメリカ人は、日本人を……風変わりなギルバートとサリバンの民族と思っていた。われわれはこの態度の誤りを苦い経験（筆者注：真珠湾攻撃を指す）によって知っている」とある。エンブリーが『フォーチュン』の日本観を批判的に取り上げていることが分かる。エンブリーはこうした紋切り型の日本観、固定観念には最初から与《くみ》しなかった。

しかし、日米関係に暗雲が漂う中、同誌は、天皇を扱った「誰が帝国を動かしているのか」という記事が不敬罪に当たるとして、日本では発禁処分の憂《う》き目に遭う。

「愛国」の実相

『須恵村』では、軍に関わる村の団体として、「在郷軍人会」「愛国婦人会」が取り上げられている。

エンブリーは村の団体を、講《こう》や趣味のクラブなど、協同に関係する「根付いた団体」と、村外から導入された青年団や消防組など国家的機関の支部である「政府や学校が後援する団体」に分けている。「在郷軍人会」「愛国婦人会」はもちろん後者だ。

とはいえ、男が実権を握っているムラ社会のこと、愛国婦人会でさえ、「村の婦人たちを団結させて、共同体の行事にイニシアティヴと高邁《こうまい》な精神を示すような活動的な団体とするということはとても望み得ない」状況だった。なお、『須恵村』も『須恵村の女たち』も、「愛国婦人会」と「国防婦人会」の混同が見られ、やや実情に疎い夫妻の取り違いと思われる。

エラの『須恵村の女たち』には、エンブリーより具体的な戦時体制下の雰囲気が臨場感あふれるタッチで散りばめられている。例えば、白いエプロン（筆者注：かっぽう着）がシンボルの「国防婦人会」の活動に関して七ページが費やされている。そこに描かれる須恵村の女性たちは、自由で冷静だ。

「われわれは、中央のもたらす、ほとんど意味のない制約に出会う。要するに、女たちはみな、愛国心を示すために、エプロンを身につけなければならないということなのだ。こうして、家に一人きりでいるとか、世話をする幼児がいるとかで出席できないということで、なんとかそれを免れることのできる女たちを除いて、すべてのものがエプロンを着用しなければならない。大体において、女たちはそれを、馬鹿げたことだと思っている」。

青年団とかっぽう着を着た国防婦人会の点呼（1936年8月6日、エンブリー撮影）

「すべての女たちが、エプロンについて話し合っていた。……谷本さんは、エプロンは若い女性にはよいが、年寄りが白いエプロンではおかしく見えるという意見を表明していた。エプロンは暑いので、彼女はとにかく嫌いなのだ」。

『須恵村の女たち』からは、須恵の女性たちが、新しくできた国防婦人会の会費納入の要請を疎ましく思っている様子がありのままに見て取れる。戦時中といえども、国からの押し付けに対し自由闊達にものを言い、振る舞っていたのだ。

『須恵村』で四ページにわたって詳述されているのが「徴兵検査」の様子である。

「須恵村では例年十五人から二十人ぐらいが受ける。昭和十一年には適齢期の約半数が労働者、下男となって出稼ぎしていたが、検査にはみな帰村した」。

　軍隊に入ることは家の名誉とされるが、日々の暮らしに追われる村民の本心は別のところにある。「その裏面では有為な青年が

除隊して帰還した村長の息子を迎える人たち。仮装した人の姿も見える（1936年１月、エンブリー撮影）

急に農村から奪われるので農業生産力は減退し、ときに息子の代わりに雇い人を入れるが、やはり農民は歎いている」のが実態だった。「合格しなかった家では名誉を失った気にはなるが、実際のところ息子を家に置いておけるので内心では喜んでいるわけである」。

「青年は軍隊から帰った時にはもはや田舎の農夫ではなく、むしろ極端な愛国主義者（ショーヴィニスト）になっており、刺激のないおきまりの農業労働と地方の慣習に再び自らを合わせることの困難を知り、更に東京に入営したり、満州に行ってきた者は一層強く倦怠を感ずる」という一節は、村と国家、平穏な農村生活と極限状態の戦争との落差を感じさせる。もっとも、「それも数ヵ月後には村の型に落ち込んで行く。それから程なく両親が選んでくれた娘と結婚する」ことになり、村に戦争の緊迫感は、まだ薄い。

「軍国教育は自然に消滅するであろう」

「教育と学校」の説明では、小学校の軍国教育に多くが割かれている。原書では十ページに及ぶが、邦訳版ではなぜか三分の一に短縮されている。概して、論評抜きに短く淡々と述べられているだけである。『須恵村』で省略が最も多い箇所であり、訳者である植村元覚に何らかの意図があったのかどうか。

「四月の新学期に満六歳に達すると、子どもは父とか母につき添われて、村社の諏訪神社に詣でて先生や上級生と一緒に神主から道徳や日本の国の強さ、天皇の偉さ、神の尊さを聞かされ、文部省発行の一年生の修身教科書が手渡される」「校庭には奉安殿（筆者注：天皇、皇后の写真と教育勅語を納めた建物）があって皆礼拝して校舎に入っていく」。

児童の何げない行動の一こまだが、エンブリーは当然見逃さない。

「上級になれば地理、歴史や一般の学課目がカリキュラムに入ってくるが、初級でも上級になっても、子どもたちは批判的に考えるための試みは何一つ教えられない。教育の内容は智的なものよりも道徳性のことに傾き、校長や教師の教育方針は、東京の教授要項そのままに則っている」。

帰還兵を出迎える家の門
（1936年１月、エンブリー撮影）

須恵村には当時ラジオが五台あり、うち一台は小学校にあった。それは主としてラジオ体操に使われ、「朝は全員まず運動場に整列してラジオ体操をしてから、ぞろぞろ教室に入って授業にかかる」とある。邦訳版にはないが、原書では「七時五十分から八時まで、全国の若者がラジオ体操に参加する」などとやや詳細だ。

さらにエラの八月五日のノートには、ラジオ体操をいぶかしく思う記述がある。

「ラジオ体操は健康的だ。毎朝六時にラジオのスイッチが入れられ、三歳以上の全ての生徒が参加するように要求される。なぜ、田舎で活動的な生活をしている子どもたちがラジオ体操をするために夏休み中も学校に呼び出されるのだろうか」。

小学校のラジオ体操（1936年９月、エンブリー撮影）

これを読んで、エンブリー夫妻の撮った写真に児童のラジオ体操が意外に多いことの合点がいった。夫妻には不思議な光景に映ったのだろう。

ラジオ体操は、一九二八年（昭和三）十一月に政府が昭和天皇の即位を祝う大礼記念事業として制定した国民保健体操を普及するため、ＮＨＫラジオが東京で放送したのが始まり。翌二九年二月十一日の紀元節を期して全国放送になり地方へ広がった。三二年からはラジオ体操第二も制定され放送開始。エンブリーの記述は第二、エラのノートは第一の放送時間と思われる。

提唱者とされる田辺隆二・逓信省簡易保険局長は、ラジオ体操の効果として「一斉運動による集団精神の涵養《かんよう》」を強調していたという（『逓信通話　上』）。放送は戦後、ＧＨＱによって中止されるが、一九五一年（昭和二十六）に復活する。

エンブリーの『日本人』には、「登校日は、教師が生徒たちに校庭でラジオ体操をさせることから始まる。毎朝十分間、日本中の若者は、みんな同じように、同じ政府の放送局の甲高い指示に同じ毎日の体操を繰り返す」というくだりもある。「同じ」という言葉が三回も繰り返されているところに、エンブリーが感じたラジオ体操の当時の印象が浮き彫りになっている。

『須恵村の女たち』には、戦争状態の日本に対する数少ない批判的論評として次のように綴《つづ》られている。

「すべての子供を軍国主義者にすべく訓練し、平和主義への余地をまったく残さない教育制度、自由な思想のあらゆる表現を抑圧し、科学と歴史のもっとも初歩的な教育によってさえ、神の子孫であることが疑われる天皇についての盲目的な崇拝を期待している政府……」。

軍国主義に対する夫妻の苦々しい思いが伝わってくる。

しかし、政府のそうした政策をよそに、村の子どもたちの本当の関心は、どうやらそこにはなかったようだ。

「生徒たちは他の行事の方をいっそう喜び、例えば年一回の運動会には数週間も前から練習に余念がない」。

同年会や村祭りには「一層心を引かれ」、奉安殿に奉られた天皇のご真影という遠い〝神〟ではない、山の神や田の神などいろんな神を身近に感じていた。軍国主義教育が日米開戦前の田舎の子どもたちにどれほどに浸透したのか、そして戦中の日本兵の果敢な戦い方と戦後の民主主義への瞬く間の転向が物語るものは何か。

その問いへの答えの一端をうかがわせる記述が『須恵村』にある。日本の軍国主義や軍の厳しい階級制度の源泉を、農村共同体の紐帯《ちゅうたい》や古い封建的体質に求める議論もあるが、エンブリーは少し違った見方をしていたようだ。国防婦人会や青年団、消防組さらには産業組合、小学校などの「国家的機関の支部」の役割と活動の効果について、こう述べる。

「国家主義は、かれらの唯一の共通的基盤であり、ここにそれら団体の存在の鍵があり、国家的統一推進の手段として、国家の政策の一環を形成している。それでももし政府や学校が奨励をやめることになれば、自然に消滅するであろう」。

例えば消防組は、「機関は結合して国家的となり、皇族が名誉総裁となっている。消防のこの公共組織は新しいものである」。これに対して、「山の部落——たとえば平山部落——はいまでもこの組織（消防組）はない。火事の場合は、みなが共同で消火につとめるのである」。

「国家の政策」に基づく「自然に消滅する」団体と、部落に根付いた自治的な「共同（協同）」。ここには、中央集権的な国民国家としての政治・行政構造と、土に根差す日本農村の協同的な自治の仕組みとの違いが表現されている。長い歴史が育んできたムラの社会構造と異なり、付け焼刃の押し付け国家主義の一面を言い表してもいる。この「団体（アソシエーション）」の二つの形態に関するエンブリーの指摘は、民主主義を考える上で貴重な教訓を含んでいるように思える。

須恵村の朝鮮人、中国人

須恵村には、朝鮮人が住み、中国人との接触もあった。『須恵村』では、隣町にある多良木《たらぎ》署の私服の警察官が「外国人を監視」していたが、その対象は「ほとんど中国人」だった。日中全面戦争前夜の中国との関係を物語っている。

エラは『須恵村の女たち』で、朝鮮人に対して「もっともひどい侮蔑が与えられた」と記している。「『発狂、狂気』——が、たくさんの奇妙な行為にたいする口実として使われる。年長の子供が年下の子供のがさつな行動やだらしなさを叱るとき、彼女は『しんけ』（気違い）とか、『服をみんなたれさげとって、朝鮮人みたいじゃなかかね』という」。

この一節は、エンブリーが批判する自民族中心主義を思い起こさせる。自民族や自国の文化が正しいと思い込んだとき、異質な他の文化は「狂気」に思えてしまう。しかも、当時は日本が韓国を併合し満州事変の後である。これを聞いた夫妻の苦々しい気持ちは推《お》して知るべしだが、別の声もあった。

「ここでは、すべての人が、朝鮮人はまったく汚いと思っている。だが、兵隊として朝鮮にいったことのある若者は、日本人は朝鮮人が汚いとおもっているが、それはただ服地は日本にこないからだけだ、と私に語ってくれた。彼らは本当は、とてもきれいですよ、と彼はいった」。

また、廃品回収の男は「典型的な朝鮮アクセントで、上手に日本語をしゃべる、親しみやすい人で、子供たちがそのアクセントを真似している」し、子豚を売りに来る中国人は「中国語のまじった日本語を話したが、村の人たちはその日本語を面白がっていた」という。偏見や誤解ばかりでもなかった。

朝鮮人について『須恵村』では、山間の平山部落に関する記述の中で「山仕事に従事するのはどこかほかの地方から移住してきたもので生活状態は貧困であり、この中には二、三の朝鮮人家族もいる」とごく短く触れているだけだ。村の戸籍には入らず、子どもたちは学校に通わない。また、「今年も平山の朝鮮人労働者が妻を撲殺するおそれがあったので逮捕にきた」と、その厳しい境遇を示唆している。一九一〇年（明治四十三）の韓国併合以降、朝鮮人の日本への移民が急増し、一九三〇年（昭和五）には約三十万人が在留していたとされる。

この点について、在日朝鮮人として育ったジョンズ・ホプキンス大学の人類学者ソニア・リャン（一九六〇～）が「日本は無数の農民を満洲に送ったが、（エンブリーは）須恵村周辺の中国人や韓国人にはわずかしか言及していない」（『日本と国民の人類学』二〇〇四年）と批判している。だが、エンブリーに関心がなかったわけではない。『須恵村』の趣旨はそこにはない、と言うほかかない。

官憲による再三の職務質問

エンブリー夫妻の記録には、出兵や兵役を終えて帰郷した軍人を迎える場面の記述や写真も多い。駅での歓送迎、祝宴などは、村民にもエンブリー夫妻にも戦争を最も身近に感じる出来事だったようだ。須恵村から戦地へ出征した者は百五十五人、うち六十五人が亡くなったという。

戦時色が次第に強くなっていたことは確かだが、ただ夫妻は、須恵村では調査を妨害されるほどの「不当な疑惑」は受けなかった。

エラは、『須恵村の女たち』のプロローグで「三十年代半ばから、日本と合衆国のあいだの緊張が強まったにもかかわらず、村人たちは私たちをつねに友人として扱ってくれたし、なんらの疑惑ももたなかった」としている。むろん疑惑が皆無だったわけはない。しかし、「ただ一度、非常に国粋主義的な考えをもっていた――須恵村の生まれではない――学校の先生と、満州での兵役を終えてちょうど帰ってきた彼と同じ地域の友人に扇動された不愉快な事件があった。このもめごとは、酒の席で、私たちに村に住みついた動機を聞くことに始まったものだが、そのときでさえ、他の人たちは私たちに味方してくれたし、後に謝ってくれた人も多くいた」と、「ただ一度」と断って紹介しているだけだ。

「住みついた動機」とは、夫妻のことをスパイと疑った質問だと思われる。実際には、日本に滞在中、スパイ疑惑も含めて、監視の目は常に付いて回っていたようだ。だがエンブリーによれば、九州に入り、須恵村を調査地に決める際にも、「たびたび私の真の意図を疑う官憲に対し（木村修三・九大教授が）研究の目的を説明して下さった」という。

また、エンブリーは須恵村滞在開始直後の一九三五年（昭和十）十一月十三日のノートに、エラが初めて上京した際に熊本市まで同行した帰り、警官の職務質問を再三受けたことを記している。親しくなった熊本県庁の小島利太郎技官と須恵村に戻る列車で平服の警官に質問を受けたという。その警官が八代《やつしろ》で下車すると、別の警官が乗り込んできて再び質問。さらに人吉《ひとよし》では二人の男が話し掛けてきたが、彼らが口を開く前に警官だと分かったという。さらに翌十四日のノートによると、東京から戻ったエラが初めて警察に呼び出された。

夫妻のノートには、こうした職務質問をたびたび受けたことが記されており、官憲が不審な外国人に目を光らせていた様子がうかがわれる。それだけに、二人が二十二ヵ所もの調査の候補地を訪ね歩いたにもかかわらず、政府に報告を上げた県が三重と鹿児島の二県しかないというのも不思議な話だ。しかも、訪問する先々で地方の役人らから〝芸者遊び〟の歓迎を受けている。外国人に対する接し方には、官憲と一般の地方役人とで温度差があったのかもしれない。

エラは、須恵村では決してロシア生まれという生い立ちを明かさず、アメリカ人であるエンブリーの妻として通した。日露戦争を経て、一九一七年のロシア革命後に社会主義ソ連となり、共産中国とも戦火を交える当時の日本人が、アメリカ人よりロシア人を嫌っていたことを知っていたからだ。アメリカ人のエンブリーでさえスパイの疑いを掛けられる時代、ロシア人であることが知れたら、調査どころではない……。事実、エラの両親らルーリィ一家は、日本政府から「要注意露国人」として扱われていた。

強まる統制、貨幣と機械化による変容

二人が須恵村に滞在して四ヵ月後に二・二六事件が起こる。しかし、情報不足だったのか、『須恵村』では原注に短く触れられているだけである。

「須恵村での研究の進行中に、一九三六年二・二六事件の暗殺が起こった。たかだか数人の役場の吏員と学校の先生が、この事件を大いに論じていたが、村の多くの人にはさまで関心がないようなふりであった」。

雪だるまを作って遊ぶ須恵村の少年。全国的な寒波に見舞われたこの1ヵ月後、2・26事件が起こる（1936年1月、エンブリー撮影）

村民もエンブリー夫妻も関心の外、という印象でしかない。五・一五事件と同様に窮乏する農村事情を反映した二・二六事件だが、球磨《くま》盆地の豊かさがそうさせたのか。

例えば、『須恵村』には、地主――小作の記述や資料はあるが、戦後の農地改革につながる地主制度を批判する記述は見当たらない。同書が村の政治にほとんど触れていないことから想像すると、政治そのものに対してエンブリーが強い関心を持たなかったのか、あるいは政治的な出来事に対しても相対主義を貫いたのか、何らかの理由から二・二六事件にも意図的に深入りしなかったのではないだろうか。日本を揺るがした事件だけに、エンブリーの記述の薄さはやや不可解だ。

いずれにしろ、須恵村では日米開戦前夜の緊張感はまだそれほどなく、エンブリー夫妻にも深刻な戦時体験はなかった。軍国主義国家の秩序と、それとは違うムラ社会の秩序の〝二重基準〟を感じ取る余裕もあった。エラはノートに「須恵村では軍国主義は縁がなかった」と書いている。だが、もちろん「縁がない」わけはない。そのことは承知しながら、いつもと変わらぬ村の穏やかな暮らしや村人の気持ちを強調したかったのだ。

それにもかかわらず、これまで紹介してきたように、本格的な日中戦争前夜の須恵村の空気は『須恵村』でも『須恵村の女たち』でも、学校教育や徴兵、国防婦人会など随所で伝わってくる。このため、戦前の日本の農村の実態を描いた貴重な記録として、結果的に戦中戦後のアメリカの対日戦略に活用されることになる。

『須恵村』の最終章でエンブリーは、そうした軍国主義的な中央集権による「政府の統制」と、「貨幣の浸透と機械化」に代表される産業資本主義という二重の〝外圧〟による農村社会の変容を総括している。主な変化は、学校、国家的団体、産業組合などの村への進出に伴い、「組」や「ぬしどり」、「かったり（共同労働）」や「祭り」など部落の協同のシステムが「崩壊しようとしている」ことだった。

「機械化」について、エンブリーには特別の苦い思い出があった。一つは、夫妻が須恵村で最も世話になった愛甲慶寿家《けいすけ》が、一九三七年（昭和十二）十一月十三日、オート三輪を運転中に踏切で列車にはねられて死亡した事件だ。

もう一つは、エンブリーが十一歳の時に自転車ごとトラックにはねられて骨折した事故。エンブリーは後に、「あなたが守りたい暮らしの文化的な一面を維持するために、命の犠牲を払うことがあるかもしれない」として、こう述べている。

「私たちの社会では交通事故で毎年数万人の人を殺す。それは、私たちが人の命に関心がないことを意味しているわけではないが、全体として見ると、事故死の犠牲を払ってでも自動車を含む産業的生活を選んでいることを意味する」（一九五〇年、ハリス財団主催の講演）。

機械や技術そのものを否定するわけではない。しかし、人間はそれを導入するスピードや規模、限度を考える必要がある、と言いたいのだろう。機械だけでなく、医療、教育、福祉、情報など「産業的生活」の将来を見通した発言に聞こえる。

三つ目は、最後の、そして最も残念な「機械化」の悲劇。この講演の一年半後にエンブリー自身の命

「機械時代のために死んだ」とエンブリーが哀悼した愛甲慶寿家（1935年12月、エンブリー撮影）

を奪った自動車事故だ。

「地方で成功した新文明の導入」

ところで、『須恵村』に関する比較的長い書評が、私が知る限り日米に一点ずつある。一点は、農村社会学者・鈴木榮太郎の「社会人類学上の研究としてのエンブリー氏の『スエ村』と日本農村社会学」（『民族学研究』第六巻第三号）。もう一点は、一九一九年まで戦前の二十一年間日本に滞在した宣教師ゲーレン・フィッシャーによる十ページの書評（『パシフィック・アフェアーズ』一九四〇年十二月号）だ。ともに『須恵村』刊行一年後の一九四〇年に発表された。

フィッシャーがどこで『須恵村』を知ったのか、定かではない。ただ、フィッシャーは一九三四年まで十二年間、エンブリーの父エドウィンが要職を務めていたロックフェラー財団の研究所で宗教研究をしていたことがあり、その縁故が影響したことも考えられる。また、前に触れたように日系アメリカ人強制収容に対する強い抗議運動と日系人支援で知られる人物でもある。

フィッシャーの書評は、日本の農村と自身が滞在した地方都市・愛媛県松山市を比較しながら、エンブリーが感じた当時の日本の空気を的確にとらえている。「ある日本の村に関する人を魅了する研究によって、近代日本の変化を鋭く浮き彫りにした」と『須恵村』を高く評価した上で次のように述べる。

「政治的な中央集権化と愛国的な国家主義の求心的な引力が、今はもう村にも都市にも強力に作用している。部落が自治的な協同の働きを失うだけでなく、村役場に吸収される傾向がある。そして今度は、村が郡や県庁に、さらに県庁が中央政府によって吸収される。こうした傾向の一つの結果をエンブリー博士は『封建的統制に代わる中央政府の統制の切り換えは、国家主義の強調を結果した。はじめは百姓は米を作るだけで、農民も政府も愛国心のような難問題に悩むことはなかったが、現在では社会統制の有力な道具として国家主義は教育や徴兵に、また学校の講演に、国防婦人会のような団体の奨励に、強調されている』と適切に表現している。……日本はまだ、他の幾つかの全体主義国家よりも言論や社会運動、新しい事業に対する自由度が大きいが、この三年の間に別の方向に動きだした」。

エンブリーが「適切に」とらえた須恵村の暮らしが、徐々に国家主義の色合いを濃くしていく様子が描かれている。

しかし、エンブリーは『須恵村』で、明治以降の日本の近代化について「加速度の理論」という言葉を使いながら、むしろ肯定的な総括を下している。

「日本は新文明を、注意深い政府の統制の下で、引き入れる道を熟慮しながら選んだ。全般的にいって、そして貨幣や機械のような統制されない要素にもかかわらず、日本はとくに須恵村で論証されたように、この政策が地方で成功したのである」。

厳しい国家統制の一方で、平穏な日常の暮らしを求めるムラがある。本音では軍隊に入ることを嘆き、国防婦人会や天皇すら笑い飛ばし、国家神道より巷の神々を身近に感じる人々がいる。そして、協同（はじあい）というつながりを大事に思う「この世でもっとも平和的な人たち」（エラ）。それが、エンブリー夫妻が見知った須恵村の原風景だったのだ。

ジョン・エンブリーが撮影した 1935〜36年の須恵村（2）

第十章　自民族中心主義に抗して

自文化を絶対視し、他の集団を見下す

須恵村調査を嚆矢《こうし》に研究に邁《まい》進しながらも、戦中戦後のエンブリー夫妻は当局への協力を余儀なくされた。ＦＢＩから共産主義者とまで疑われたエンブリーは、その思想をどう紡いでいったのだろうか。足跡をたどる中で折に触れ言及してきたが、ここではエンブリーによる「自民族中心主義」批判に焦点を絞って見ていきたい。

「自民族中心主義（エスノセントリズム）」とは何か。『日本民俗大辞典』（吉川弘文館）の説明はこうだ。「自文化中心主義ともいう。自分が属する集団の文化や価値観、生活様式などを絶対視し、それを基準にして他集団を劣ったものと見下すような偏見・態度のことで……自民族中心主義の傾向は、古今東西を問わずほとんどの人間集団に存在するものといえる。この種の態度や偏見は、異民族、異質な集団に対する諸個人の違和感や恐怖心から集団同士で生じる敵対関係まで、社会生活のさまざまな場面で姿を現し、ときには国家統治のあり方や移住・侵略・戦争などと結びついて暴力的な攻撃、迫害や排斥を引き起こすこともある。人種主義・民族差別思想とまったく意味が同じではないが、そこに密接不可分な

関係があることはまちがいないだろう」。

ここで民族という場合、文化に絞らず、生物学的な人種も含めて考えねばならない。エンブリーは、人種主義に対しても強く批判した。文化にしろ人種にしろ、自分たちだけが正しいと信じて疑わない、一言で言えば、「暴力的な攻撃、迫害や排斥を引き起こすこともある」自民族中心主義が「ほとんどの人間集団に存在する」のは、ある意味で自然なこと、とも言える。

例えば、北海道の「アイヌ」や北アメリカの「イヌイット」、アマゾンの「ヤノマミ」、台湾の「タイヤル」など「人」「人間」を意味する言葉がそのまま民族名となった例は多い。自分や自民族の自尊、誇りである限りは、自然なことかもしれない。だが、自らを「人間」と考えることは、裏返せば他の人間は人ではないとの解釈もできる。ヤノマミはヤノマミ以外の人間を「ナプ」と呼んで蔑視しているという。それらを未開人の心性と突き放すことはたやすいが、ナチスもまたユダヤを非人間として扱った。他者を「非人」として蔑《さげす》むシステムは、同じ民族内でもよく見られる。

国家主義や民族主義と訳される、いわゆるナショナリズムも自民族中心主義と紙一重だが、オリンピックで自国を応援する郷土意識とも、もちろん違う。内に向かうナショナリズムや郷土意識が、外に対する偏見、蔑視に転化したとき、それを自民族中心主義という。

「日本人に神秘的でオリエンタルなものは何もない」

『須恵村』出版から三年三ヵ月、日米開戦から一年後、戦中の日本理解のために書かれた『日本人』(一九四三年一月)は、エンブリー三十四歳、この間の最もまとまった日本論である。スミソニアン協会の〈戦争背景シリーズ〉第七巻として刊行された、写真入り四十三ページの簡潔な冊子だ。陸海軍で広く使用された。

「自民族中心主義」という言葉はまだ使われていないものの、エンブリーの思想の方向性は、この中ですでに明確に示されている。だが、当時戦時転住局（WRA）に身を置き、スミソニアン協会という国の研究機関から求められて書いた揺れる気持ちも行間に垣間見られる。そのため、後の評者から「戦争協力者」として批判されることにもなった、いわくつきの書でもある。

序論の書き出しは、こうだ。

「日本人は、ある国（アメリカ）に突然脅かされることになったが、アメリカの市民はほとんどあるいはまったく日本を知らなかった。あるいはアメリカ人は、日本人をどうやって飛行機を飛ばすか本当に知らない、着物を着た風変わりなギルバートとサリバンの民族と思っていた。われわれはこの態度の誤りを苦い経験によって知っている。以下のページで、日本国家の起源と現在の社会構造に関して簡単な報告をする。日本人については、神秘的でオリエンタル（東洋的）なものは何もない。日本人の思考と行動は、他の人間と同じように、早い時期の訓練と文化的環境によって決定される。そのことがより認識されればされるほど、日本人の振る舞いは理解できるし予測できるだろう」。

「ギルバートとサリバン」は、前章で触れたように、イギリスのオペラ台本作者ウイリアム・ギルバートと作曲家のアーサー・サリバンを指す。日本を舞台にしたオペラ「ミカド」によって「オリエンタルな日本」を印象付けた。

「苦い経験」が真珠湾攻撃を指すことは明らかだ。エンブリーは結びでも、日本人に対する無理解が「十二月七日の攻撃」を招いたと繰り返しており、その教訓を生かし二度と戦争を引き起こさないためにこの文書を作成した意図を示唆している。日本人を異質と見る「風変わりな（quaint）」という言葉もまた、冒頭だけでなく結びでは三度も繰り返して、そうした見方を強く批判している。

　エンブリーがこの中で「オリエンタルなものは何もない」と言い切っていることが、まず目を引く。「オリエンタル」と聞いて思い浮かぶのは、パレスチナ人でアメリカの批評家エドワード・サイードの『オリエンタリズム』（一九七八年）だろう。サイードは、西洋世界が「オリエント」という言葉でアラブを中心としたアジア世界を神秘化し、異質で理解不能な他者の世界として疎外することを批判。西欧が言う「オリエント」は「錯覚」だとした。それは、劣った民族の開発や生活向上を口実にした植民地主義、帝国主義の正当化に対する厳しい糾弾だった。むろんオリエントはアラブ世界にとどまらず、日本人には「東洋」をイメージする方が自然かもしれない。

　エンブリーは、サイードに先駆けて「オリエント」の概念が含む観念的な差別性、植民地主義への鋭い批判を展開した。日本人も西洋人のような「他の人間」と同じように、たとえ認めたり肯定したりすることはできなくても、少なくとも「理解できるし予測できる」人々だと主張した。国を挙げて日本に対する敵国キャンペーンが繰り広げられる中、開戦当初からこうした姿勢を鮮明にしていたことを、まず記憶しておきたい。

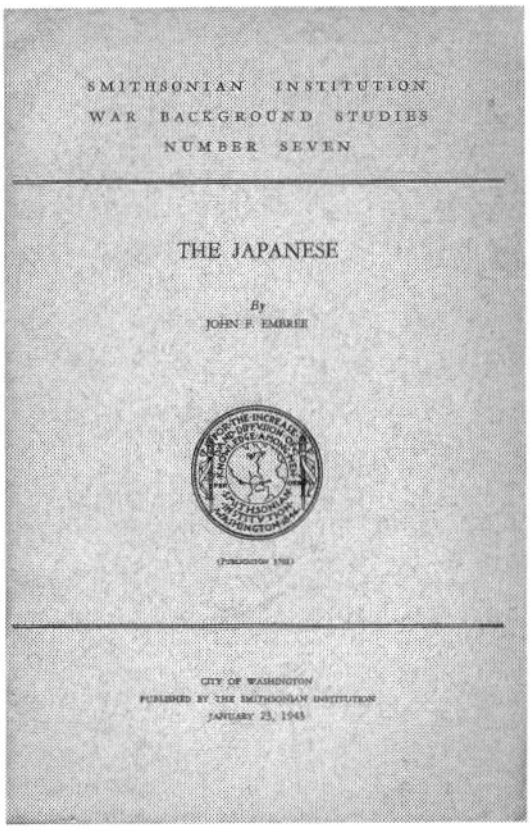

スミソニアン協会から刊行された『日本人』の表紙

　『日本人』は、日本の起源や神話、封建時代の歴史の紹介に続き、天皇制など一九四三年（昭和十八）当時の日本の社会構造や政治、経済の仕組み、さらには家族制度や結婚、女性の地位、子育てや教育、宗教など、多角的に日本と日本人を分析。そして最終章は「日本人に関する一般に流布している誤解」と題されている。七年後に、より明快に書かれる論文「標準化された誤解と日本人の性格」に直結する言葉だ。

この終章でエンブリーは、「私たちは日本人に対してあまり注意を向けたことがないので、日本人に関する多くの精神的なステレオタイプ（固定観念）をでっち上げ、受け入れる傾向があった。その固定観念とは、私たちが現在交戦している民族の特質に関して私たちを誤解させるような危険なものなのだ」と述べ、その「誤解」の例を列挙する。

まず、日本人は「風変わり」とされるが決してそうではない。なぜなら真珠湾攻撃は最先端の軍事技術と作戦能力を証明している、という。また、日本人は模倣するだけ、というが、アメリカを含めたどんな文化や技術も借り物であり、日本人に限ったことではない。日本人を過小評価してはならない——。

さらにエンブリーはこう続ける。

「日本人は、その基礎的な精神的心理的な能力および成長過程は、アメリカ人やドイツ人あるいは中国人と生来同じだと理解されるべきなのに、根本的に異なった子どもの訓練方法と文化的価値観のせいで、日本で生まれ育った成人の人格をアメリカ人（多くの日系アメリカ人を含む）が理解することは多くの場合難しい。しかし日本人は、不可解なオリエンタルな心を持っていると大げさに言われたり、現代世界には重要でない不合理な子どもみたいだと片付けられたりするどんな理由もない」。

日本人は理解不能な民族なのか、簡単に理解はできないが理解可能な民族なのか。

エンブリーはここで、日本文化の特質や日本人理解の困難性を認めつつ、理解は不可能だという主張に抗議する。異質性よりむしろアメリカ人、ドイツ人、中国人との類似に触れながら、「理解不能で」「不可解でオリエンタル（東洋的）な」「不合理な」「子どもみたいな」などの日本人評の固定観念を、明確に「理由がない」と一蹴。序論の「オリエンタルなものは何もない」という主張を補強して締めくくっている。エンブリーが伝えたかったのは、違いを当然としつつ、たとえ理解できなくても理解する努力を続けることの大切さだったのではないだろうか。

「文化の型では戦争を説明できない」

エンブリーが『日本人』を下敷きにして、二年半後の一九四五年七月に刊行したのが『日本国家　社会的概説』である。ニューヨークの出版社から出された同著は、全三百六ページの中に歴史、政治、経済、教育、宗教、文化まで幅広く日本の概況を網羅。「好戦性」が日本人の国民性だとする心理分析を批判するエンブリーの民族文化論、歴史観が端的にまとめられている。

原題は『The Japanese Nation』。『日本民族』あるいは『日本国民』という訳も可能だが、民族性や国民の性格構造の決め付けに疑問を投げ掛けるエンブリーの思想的立場を考慮すれば、「Nation」は「国民（あるいは民族）」より「国家（あるいは国）」がふさわしいと思える。「ネーション」「ステート（state）」は複雑な概念だが、同著に「social organization of a nation（国家の社会組織）」との表現があることからも、ここでは『日本国家』とした。

タイトルを『The Japanese（日本人）』あるいは『Japan（日本）』にしなかった理由を推測すれば、アメリカと戦う「民族としての日本人」という視点にエンブリー自身が違和感を抱いたためではないだろうか。『日本国家』でエンブリーは、アメリカの優位性を確認する戦時の宣伝材料である「日本人の性格構造」を明確に否定しているが、『日本人』には、どこかまだとらわれている印象が残る。戦っている相手は、民族としての日本人ではなく、ファシズム国家としての日本国家なのではないか——。『日本国家』のタイトルは、そのことをエンブリーが自覚し、『日本人』に見られた曖昧《あいまい》さを払拭《ふっしょく》した結果だと思われる。この二つの日本論には大きな隔たりがあるとみていい。

「序論」でエンブリーは、『日本国家』を書いた理由をこう述べている。

「日本は、アメリカとヨーロッパについて学ぶことを重視してきた。しかし、平均的なアメリカ人は、幾らかの貿易と宣教師の利益以上には日本と日本人に注意を払うことはほとんどなかった。遅ればせながら、われわれはまず、苦しい戦争において勝利を成し遂げる手段として、日本の特質の何がしかを学ぼうとすることにした。そして、大事なことは、他のアジアの文化と同様に日本社会の特質をよりよく知ることを通じて、将来の真珠湾攻撃が避けられるかもしれないと望むことだ」。

『日本人』と同じく、二度と戦争を起こさないこと、それが同書の狙いだ。しかも、『日本国家』が日本の概論であるにもかかわらず、エンブリーが視野に置いていたのは日本だけではなく、アジアだということが分かる。真珠湾攻撃は単にアメリカとの戦争ではなく、アジア太平洋を巻き込んだ「太平洋戦争」だということの再確認である。

シカゴ大学の学生時代に当時の中国を代表する思想家である胡適《こせき》の影響を受け、エラから帝政ロシアやロシア革命の状況を聞いていたエンブリーは、欧州列強の植民地主義に対抗し、中国、ロシアという大国を含むアジアの平和を実現するためには、「日本社会を貿易と宣教師の利益以上に」理解することこそ肝要だと主張しているように聞こえる。

ここでエンブリーが言う「日本社会の特質」は、ベネディクトが提起した「文化の型（patterns of culture）」あるいは国民性とほぼ同じ意味と理解できる。実際、『日本国家』には「文化の型（Culture Patterns）」という一節も設けられている。そこで取り上げられている日本人の「伝統的な行動パターン」は、「集団行動と集団責任」「仲介者」「集団の結束と忠誠」「贈答」「自殺（切腹）」などである。

だが、この時点でエンブリーは、問題は、相手を深く知るために「文化の型」や国民性を分析すること自体にあるのではない、と考えていた。「日本は多くの国民的特質を有するけれども、それぞれの地域はそれ自身の慣習を持っている」のであり、真の問題は、国民性という概念に盲従し偏見を抱くこと、目的のために自分に都合の良い解釈を施すことにあったのである。

エンブリーは、「日本人の行動の特徴に関するこの簡単な要約は、一定の状況の下で特定の日本人がどのように行動するかを予測するのに幾らか意味があるとしても、日本人の勇猛な戦い方について、他の国々における国家的な行動の特徴に関する同様の例示以上に魔法のような説明を提供することはない」として、メキシコを攻撃したアメリカ、大英帝国を領するイギリス、ナポレオンがヨーロッパを制圧したフランスを例示した上で、こう述べる。

「徳川時代の日本人は二世紀以上にわたって国内的かつ対外的平和を維持していたが、日本文化の中の子育てとか、集団行動とか、家族制度といった側面は、日本の歴史の中の平和な局面でも、また侵略的な局面でも、多かれ少なかれ一定であった。近代の戦争の複雑な現象を説明するには、工業化とか、ヨーロッパによるアジアの植民地化といったさまざまな社会経済的原因に注目する必要がある。行動のパターン化は、特定の文化の下にある個人が個別の社会的文脈において取るであろう行動を予測する上では助けになるが、それは、民族が戦争に突入したり、平和を維持したりする原因となったり、その理由を『説明』できるものではない」。

エンブリーは、「子育てとか、集団行動とか、家族制度」などの文化、そしてそこから導き出される「行動パターン」や「性格構造」が日本による戦争の原因と考えることの誤りを重ねて指摘。国際社会を取り巻く「社会経済的原因」に目を向けるように促しているのだ。

アメリカの歴史をたどるだけでも、メキシコだけでなく、先住民族や黒人に取った仕打ちを思い浮かべれば、「攻撃性」や「好戦性」という性格が日本人特有のものではないと直ちに了解できるはずだ。

日本の拡張主義と「社会的経済的原因」

エンブリーが言う「ヨーロッパによるアジアの植民地化といったさまざまな社会経済的原因」とは何を指すのか。既にエンブリーは一九四三年、『日本人』の中で次のように分析していた。先に挙げた『日本国家』の一節は、その延長と言える。

「日本社会における別の緊張は、新しい工場へ供給される羊毛や綿などの工業製品の市場と原料への容易なアクセスが、日本にはますます必要だったということである。自由貿易の世界では、この問題が重大でないだろうが、二十世紀の高関税の世界では、特に、日本の領土が狭く、また海外植民地の拡大ができないなら、新しい産業国は厳しい不利益を被る。この状況は、一九三二年に満州に侵入し、三七年に中国を攻撃、四二年にマレーシアを侵略することによって問題を解決しようとした日本の試みを部分的に説明する。……日本が領土拡張を試みた時はいつも西側諸国から強い肘鉄砲を食らい、これらの進攻はさらに拍車を掛けられた。中でも最も激しい打撃は、劣った人種という含みを持つ一九二四年のアメリカの移民排除法だった」。

移民排除法は特に日本だけを対象としたものではなかったが、日本側では「排日移民法」と呼ばれた。その理由は、アジア出身者の移民を全面的に禁止する条項が設けられたためである。アジアからの移民の大半を占めていた日本人は特に排除の対象となった。その結果、移民排除法は日本側の反米感情に拍車を掛け、日米戦争へと突き進む遠因となったとされる。

また『須恵村』では歴史学者で貴族院議員だった竹越與三郎《たけこしよさぶろう》の「南進論」を引き合いに、海外渡航禁止（一六三三年）を含めた江戸時代の鎖国政策に触れ、「マニラ、ジャワ、シャムに……成長し拡大しつつあった日本の前衛は、すべて徳川幕府の鎖国政策が実行された後は次第に消滅した」と、明治維新前までの日本がむしろ拡大政策を抑制していたことに言及し、日欧を比較した「植民地帝国」の研究を促している。

現在ではエンブリーの主張は珍しいものではないかもしれない。しかし当時、日本の振る舞いを政治経済的、歴史的に判断する人類学者がほとんどいなかったアメリカでは数少ない議論だった。

ただこうした歴史認識は、戦前の日本の侵略性を認めない戦争肯定的な史観や、いわゆる〝ＡＢＣＤ包囲網〟論（Ａはアメリカ、Ｂはイギリス、Ｃは中国、Ｄはオランダを指し、貿易制限を非難する日本側の呼び方）と混同されやすい。しかし、エンブリーは日本を擁護しているように見せて、その実、帝国主義アメリカ自身を戒めていることを見逃してはならない。エンブリーにとって自民族中心主義はどこの国が陥っていようと批判されるべき態度だった。

日本は、欧米の不当な帝国主義からアジアが身を守る防衛のための戦争という理屈に従って侵略戦争を展開した。エンブリーは、そんな日本を正当化してはいない。敵対する相手に、互いに「残虐」「攻撃的」というレッテルを貼って宣伝することが、アジア、アメリカ、日本の数千万の命を奪い合う大戦に力を貸したと訴えたいのだ。

「国民の性格構造」論の危険性

このように『日本国家』では自民族中心主義批判が濃厚に打ち出されてはいるが、「自民族中心主義」の言葉そのものはまだ登場しない。その立場がいっそう明確になったのが、三ヵ月後の一九四五年秋に

『アメリカの人類学者』誌に寄稿した「応用人類学およびその人類学との関係」だ。

終戦直後のエンブリーのこの寄稿は、タイトルの通り人類学をはじめとする科学がどう社会に貢献できるか、逆に政府や軍部とどう距離を保てるか、をテーマとしている。

「政府の仕事と大学の間で繰り広げられている最近の奇妙な事態は、特に敵国に対する『国民の性格構造』に夢中になっていることである」。

エンブリーのGHQ不参加に関して第六章で引用したこの言葉の手厳しさには、当局の職務から解放されハワイ大学に戻った人類学者としての良心と自負が強く滲む。

「国民の性格構造」とは、後に紹介するジェフリー・ゴーラー、マーガレット・ミードやルース・ベネディクトら「文化とパーソナリティ学派」の主張を明らかに意識したものだ。ここには研究者でさえ無意識のうちに人種差別をしかねない西洋倫理の陥穽《かんせい》に対する痛烈な批判が込められている。

エンブリーは続けてこう述べる。

「ちょうど医師が病気を治し命を救うことを基本信条として持っているように、応用人類学者は、社会的な関係の摩擦と暴力を防ぎ、管理されたグループの権利と義務を保護し、命を救うという基本信条に基づいて行動する」。

人類学者の倫理も、人種や民族の違いにかかわらず人々の命と平和を守るという意味で、命を預かる医者と同じだと主張するのだ。

さらに、エンブリーはこの論評で「特に応用人類学の仕事をしている何人かの人類学者の自民族中心主義的傾向」を述べたくだりで「自民族中心主義」いう言葉を初めて使い、人類学が戦争や独善的な政治の道具に利用されることを戒めている。「国民の性格構造」の分析が、対象となる国民の蔑視へと、そしてその裏返しとしての自民族中心主義に結び付く危険性が問題視される。それは、日本人と身近に接したエンブリーの、アメリカ人としての自戒でもあったろう。

重ねて確認しておくが、エンブリーは、「国民の性格構造」や「文化の型」を分析すること自体を否定しているわけではない。ただ、「個々人の行動を国民的な行動の分析に置き替えること」に懐疑的だったのだ。師であるラドクリフ＝ブラウンは『須恵村』巻頭の「紹介」で、ある文化を理解するにはフィールドワークによる「一般民衆の日常生活の観察」によるしかない、と述べた。それ以外に国民性を一般化する方法はないというのがエンブリーの一貫した姿勢だった。

夫妻は、須恵村のユニークな性や信仰、酒席での赤裸々な振る舞い、旧弊に驚き、ショックを受けた。例えば、離婚や再婚の多さ、卑猥《ひわい》な歌や踊り、甘い子育て、娘を売る父親、厳しい女性の労働、軍国主義的な教育……。須恵の人々を通して日本人に対する批判的な見方も示しはしたが、村民を蔑視することはもちろん、自らの考えを押し付けることもなかった。少なくとも、「自分たちとは異なる民族の家庭生活、教育、民間信仰に、必要ならば暴力的に立ち入」るような場面は『須恵村』にも『須恵村の女たち』にも、二人の日誌にも見当たらない。むしろエラは、二歳の娘を生活環境の違いから東京の両親の元に戻したことに対して、後に「気にしすぎたのかもしれない」と、人類学の調査者として村の文化にいま一歩入り込めなかったことを自省しているほどだ。

第十一章　「国民性」論争

日本の家は「危険なところ」か

亡くなる直前の一九五〇年に雑誌に発表されたエンブリーの二本の論考は、自民族中心主義批判がいっそう明確な主題となっている。「標準化された誤解と日本人の性格　政治的解釈に関する注釈」（『世界政治』第三号、一九五〇年四月）と「人類学の自民族中心主義に関する注釈」（『アメリカの人類学者』第五十二巻、同年七～九月号）だ。そこに込められた人類学者としての覚悟と廉恥《れんち》は、戦後の数年間、こうした論考を書くことがエンブリーには生きることそのものだったと思えるほどだ。

まず「標準化された誤解と日本人の性格」は、タイトルの通り、戦争中に日本人の国民性を決め付ける論議に対する異議申し立てである。

「標準化された誤解」という言葉は、カナダの探検家で民族学者ヴィルジャルマー・ステファンソン（一八七九～一九六二）の著書『誤解の標準化』（一九二七年）から借用された。エンブリーは、科学でさえ思い込みに流される危険性をこう指摘する。

「この評論でステファンソンは、社会的な必要を満たす誤解が標準化されることをまず示した上で、事実によって誤解を解こうとすることが反社会的だとみなされるかもしれないことを示唆する。最後には、観察による知識よりも確信による知識の方が優位にあることになる」。

　エンブリーは、標準化という言葉を一般化あるいは普遍化に近い意味でとらえ、これに対して事実の観察の重要性を説く。そうした態度こそ相対主義と言いたいのだ。

　その上でエンブリーは、子どものころの強制的な厳しい教育（しつけ）が日本人の民族的な攻撃性を誘引しているという考えを「見当違い」と否定。ルース・ベネディクトと、ワシントンのイギリス大使館に勤務していたジェフリー・ゴーラー（一九〇五～八五）が全く同じように、「日本の家は危険な場所」と誤解している事例を取り上げる。エンブリーが引用する二人の誤解とはこうだ。

　まずゴーラーの「日本文化におけるいくつかのテーマ」（一九四三年）では以下のように述べられている。

「日本の家屋は子どもにとって危険なところなのです。そしてまた実際以上に、危険であると考えられています。赤ん坊は障子を破ったり、覆いのない炭火の火鉢でやけどをしたりすることもあります。赤ん坊の体重さえも家を支えている根太《ねだ》（床下の横木）に対して重過ぎるのだと信じられています。根太は畳の形状に沿っており、赤ん坊が歩き始めるやいなや、畳の境目は踏まないようにすることを学ばねばなりません。子どもが犯すもっとも大きな罪は、敷居を踏むことです。というのは、踏みつけることで、家全体がゆがんでしまうといわれているからです。もし四～五歳の子どもがそのようなことをすると、もぐさでお灸をすえられるという非常に厳しい罰を受けることになります。……過ちを犯すところんだり、やけどをしたりするという痛みを味わう可能性があるばかりでなく、親からの厳しい罰も受けることになります」（福井七子訳）。

次いで、ベネディクトの『菊と刀』からの引用部分。ゴーラーの文章との類似が失笑を誘う。「日本人は家の危険性を大げさに言う。敷居の上を踏むことは『あぶない』ことであって、絶対に禁止されている。日本の家屋は、むろん地下室を持たず、根太で地面から持ち上げられている。たとえそれが子供であっても、敷居の上を踏むと家全体がゆがむ、と本気で考えている。それだけでなく、さらに子供は畳の合わせ目のところを踏んだり、そこに坐ったりしないようにすることを覚えなければならない。……厚い柔らかな畳のみが安全を保ってくれるのであって、畳の合わせ目のところの隙間は危険である。母親が幼児をたしなめる時に始終用いる『あぶない』という言葉と、『いけない』という言葉の中には、このような感情が織り込まれているのである」（長谷川松治訳）。

『菊と刀』の出版はゴーラー報告の三年後である。ベネディクトがゴーラーを真似たのかもしれない。敷居や畳の合わせ目を踏まないという日本の作法・しきたりから「家の危険性」を結論づけた誤解。エンブリーもまた揚げ足取りの引用をしたものだと思えなくもない。しかし、エンブリーが二人の誤解に反論する次のくだりを読むと、この誤解がエンブリーには見逃せなかったのだろうと納得させられる。

「普通の日本の家は安らぎの場所、安全な場所であり、人が守られ、与えられる場所である。……そこにはまた、仏壇や神棚、台所の恵比寿や大黒のような超自然的な保護者もいる。家は、大人がいなくても、これらの精神的な存在のおかげで、安らげるとても安全な場所なのだ。……小さな子どもの安全のほとんどは家の環境、例えば祖母の歌やお話、母の味、兄弟や同じ年頃の友達との遊びから生じている」。

須恵村での生活体験を基にしたエンブリーの実感が滲む。ゴーラー、ベネディクトと比べ、家や子どもに対する眼差しの違いは明らかである。

エンブリーはさらに、こうした誤解を基に日本人の性格構造をあげつらうのは、科学的に見せ掛けた戦争期間中の「自民族中心主義」と批判する。

「一国民の振る舞いの特徴の要約（それが正確な場合でさえ）は、その社会のメンバーの個々の振る舞いを予測する上で何か価値があるとしても、それがイギリスであろうと日本、アメリカ、ロシアであろうと、国家の侵略戦争を弁護する魔法のような説明を提供しはしない」（『日本国家』）。

エンブリーの立場は「個人の行動あるいはそれどころか文化的なパターンによって戦争の原因を説明することは、国際紛争につながる社会経済情勢全体の複雑さを無視することだ」（「応用人類学とその人類学との関係」）というものだった。

一般に日本人は集団主義的だと言われる。だから、集団を守るために排外的になりやすい、と。だが、それならば自民族中心主義もまた集団主義の産物ではないのか、と私は思う。日本人に限らずどんな民族も集団も、場合によっては十分に集団的になることは言うまでもない。社会的と言っても同じだ。

一方、西洋人は個人主義的だと言われる。だが、日本人も集団を離れれば、いや集団の中でも個人主義的であることは、西洋人と同じように昔も今も変らないと思う。集団主義的とみなされるムラの「協同」の中では、個々人に課された明確な役割には、より個人主義的な側面があるのではないか。

トイレット・トレーニングをめぐる論争

次に取り上げる「人類学の自民族中心主義に関する注釈」では、タイトルに「自民族中心主義」を掲げて、テーマ性をさらに鮮明にしている。ここでエンブリーは、ジェフリー・ゴーラーの有名な「トイレット・トレーニング（排泄訓練）」が日本人の攻撃性を生んだという主張をやり玉にあげる。

ゴーラーはロンドン生まれの文化人類学、社会学者で、一九三五年十二月に初めて会ったマーガレッ

排泄訓練論を提唱したジェフリー・ゴーラー（1905〜85）

ト・ミードとルース・ベネディクトから人類学の知識を授けられた。戦前のアメリカ人類学をリードしたこれらの人脈が、対日戦争に関して、エンブリーも含め同時代人として深く影響し合っていたということも興味深い。ゴーラーは日米開戦後に日本研究に着手。その最初の成果が『日本人の性格構造とプロパガンダ』（一九四二年＝以下、福井七子訳）だ。

排泄訓練は、ゴーラーのこの主著で唱えられている。この中で、日本を訪問したことがないゴーラーは、『須恵村』に目を通し、三歳年下のエンブリーとの長時間の論議を通じて多くの情報を得たことを明らかにしている。エンブリーが『日本人』を発表する前の一九四一年のことだ。

エンブリーからの引用が頻繁に登場するために、あたかもその解釈もエンブリーに負っている印象を与えるが、そうではない。エンブリーの影響は確かにあっただろう。しかし、ゴーラーは「日本人の児童期におけるしつけに関する資料を提供してくれた人たちは、データの多くを都会暮らしのなかで得たものである。とりわけ、東京と横浜からである」として、情報の場が須恵村など日本の田舎ではないことを明かしている。

『日本人の性格構造とプロパガンダ』でゴーラーは、「日本人を侵略戦争に駆り立てた理由」として、「軍事的経済的理由以外の考察」と断った上で五点挙げる。①世界をコントロールしたいという衝動、②自分のグループからも外部の目から見ても自らの地位を確立したいという衝動、③日本社会の規制から物理的に逃げたいという衝動、④戦場や外国で攻撃性を発散できる可能性、⑤名誉を達成する可能性——である。そして、四番目の「攻撃性」の原因として、特に「排泄訓練」を取り上げる。

「日本の子ども時代の特徴は清潔に対する訓練、括約筋《かつやくきん》をコントロールする訓練である。生後約四ヵ月間、子どもは厚いおむつを当てられる。四ヵ月を過ぎると、泣いたときや排泄するかもしれないときには、子どもは頻繁に縁側や路上に連れ出される。おもらしによって清潔でなくなることは、厳しく叱責され罰せられることである。揺すられたり、他の体罰で罰せられる。そのときの母親の声には、恐れと嫌気が現れ、だんだん恐怖に近いような質に変わってくる。この訓練は、子どもが縁側にはい上がるようになるまでに終わる」。

そして、ここからが問題なのだが、ゴーラーによれば、「こうした罰を通して、赤ん坊には外には発散できない非常に多くの攻撃性が生み出される。こうした早期の厳しいトイレット・トレーニングは、日本の成人の性格形成に唯一そして、もっとも重要な影響を与えるものであるというのがこの論文の主張でもある」。

このゴーラーの主張は、ベネディクトの『菊と刀』にも引き継がれ、流布され、権威化される。ベネディクトはこう書く。「嬰児《えい》がこのような容赦ないしつけを通じて学ぶ事柄が、やがて成人してから、日本文化のもっとも複雑微妙な強制に従う素地を作るのである」。

排泄訓練が日本人の攻撃性を生み、強制に従う素地つまり戦争で上官の命令に服従する性格を作るという。

「西洋の子どもの攻撃性は完全に無視された」

これに対してエンブリーは反論する。

「何人かの人類学者は、日本の特異な文化が、日本人を個人としては好戦的で攻撃的であり、国家とし

「ひどく甘やかされている」須恵村の子どもたち（1936年10月、エンブリー撮影）

ては拡張主義者にしたことを論証しようとした。それは、排泄訓練に関する巧妙な理論、天皇崇拝、そして食の習慣によって成された」。

その上で、「個々人の心理的反応から、子どもに対する訓練の習慣（排泄訓練）へと飛躍したり、他の事柄の中でも特に、二ヵ国あるいはそれ以上の国家連合間の関係、経済開発の問題そして歴史的発展・接触を含む国際関係の諸現象へと飛躍したりすることを、方法論的に問題があると考えた学者はほとんどいないように思えた」と嘆く。加えて、「西洋社会の子どもの攻撃的な行動の原因は、完全に無視された」とゴーラーを批判。「日本の特異な文化」を、西洋にとっての他者であるからといって排斥的に見る偏見を厳しく戒めた。

何よりエンブリーは『須恵村』で、子育ては「容赦ないしつけ」どころか、一般的に「ひどく甘やかされている」し、子どもは社会的な生き方を「罰ではなく、見本と母親の辛抱強くて際限のない教育を通じて学ぶ」と、ゴーラーやベネディクトと正反対の議論を展開しているのだ（ただ、なぜかこの部分は『須恵村』の邦訳から脱落している）。

日本人の中にも好戦的で攻撃的な人間はいるかもしれない。しかしその原因を、幼児の排泄訓練に帰し、さらには日本が戦争を引き起こした理由と結び付けるのは「飛躍」以外の何物でもない――。エンブリーは、「標準化された誤解と日本人の性格」や『日本国家』で展開した持論をここでも繰り返している。攻撃的なのは、当時の国際環境の中で西洋の帝国主義を後追いする日本という国家なのであり、子ども時代に厳しくしつけられた攻撃的な日本人ではない、という主張だ。

ゴーラーは、先に触れたように分析のモデルを「都会に住む比較的裕福な一般的な男性」としたことを明かしつつ、『須恵村』にも言及している。「田舎は非常に保守的で、農民は土地に縛られている」ため、都会とは異なる。その結果、「極端で攻撃的な要素は、都会に住む人たちに代表される。その人たちが攻撃的な政策のもとになっているとみなされたのではないか」として、自ら「ゆがんだサンプル」に基づく排泄訓練論の限界を認めている。

このことは、日本軍の兵士の多くが地方農村出身だったことを考え合わせると、その「攻撃性」を日本人の国民性として一般化することの誤りを示唆している。また、「都会に住む人たち」の多くもまた、地方出身だったことを忘れてはならない。ただゴーラーが言うように、「時の経過につれてだんだん田舎の人たちも嫌々か積極的かはわからないが、都会の人たちの形成した流れに従う」側面があることも否定できない。明治維新以降、中央政府の国家統制が地方農村に侵入する経緯は、エンブリーが『須恵村』で描いた通りだ。

「夫妻は、寛大なる子育てにたえず心奪われていた」

『須恵村の女たち』にも「用便のしつけ」（「トイレット・トレーニング」）という一節がある。ゴーラー説と比較して興味深い点があるので詳しく見てみよう。エラの観察は、当然エンブリーにも共有されていたはずだ。

「用便のしつけはきわめて厳格だとはいえないが、それは確かに非常に早い時期に始められていた」。日

子守りをする須恵村の少女たち
（1936年6月、エンブリー撮影）

本人の排泄訓練は、ゴーラーによれば生後四ヵ月からということだが、須恵村では、二ヵ月たったくらいの早い時期に、赤ん坊はおしっこのしつけをさせられる。当時は今よりずっと早くからおしめを取るしつけが行われていたことは事実だ。

ところが実際は、「赤ん坊はしょっちゅうおしめを濡らしている」という。母親の対応は厳格というより、むしろ寛容に見える。その上、「赤ん坊は、歩き始めるまでは、実際にはしつけられない。一歳から二歳になったときでさえ、彼らを見守るものがいなければ、おもらしをする」。それなら、当時の須恵村の現実はゴーラーの理論と異なり、現代とあまり変わらないということになる。

また、「(赤ん坊を)預かっているものが注意するのをすっかり忘れてしまうと、子供たちは、お堂の床を濡らしてしまうが、そのことについてはあまり大騒ぎされない」。ただ、それを見ていた周りの子たちが、お堂の床を雑巾でふきながら「汚《きたな》か子」とはやし立てはするが、それもほほ笑ましい風景にすぎない。別の赤ん坊が粗《そ》相《そう》をして「出ちゃった」と叫んで笑いだしたときには、「赤ん坊も、母親も、兄弟たちも、すべてその笑いに加わった」。ゴーラーの「日本人は……赤ん坊の汚物に対して大騒ぎする」という理解と、いかに懸け離れていることか。

さらには、「赤ん坊は昼夜、何回もつかまえられ、排尿、排便のために外に連れていかれる。そして、母親は、ぶうぶうとか、しいしいといって、それを助ける。これらすべては何気なくおこなわれ、赤ん坊がそれを嫌がったり、失敗したときには、ただ、もう一度おこなわれるだけである」という。須恵村の実態は「厳しい排泄訓練」からはほど遠かった。

『須恵村の女たち』にはまた、「しつけ」という一節もある。

「子供に対する肉体的処罰は、少数の例外がめだつほど、きわめて稀《まれ》である」。代わりに、「買収、甘言、まったくの嘘といった手段に訴える」という。「後でお金をあげる」という約束で買収することもある。しかし、子どもたちはそれが嘘だということを知っている。「子供は従うように教えられていないだけである」。

そのため村人には、娘のクレアに対するエラの厳しい扱いは「異例」に見え、理解できなかった。「貴女は子供たちばからかったり、子供たちに嘘ばついたりせん。そればよいことと思っとるのか。子供たちばからかったり、子供たちに嘘ばいうとは土人の（彼は原始的という意味で使っていた）子育てのやり方だろか」とエラを問いただす父親もいた。

ゴーラーやベネディクトが耳学問で鵜《う》のみにした「厳しいしつけ」とは逆に、エンブリー夫妻は、「女性およびほとんどの男性が子供を寛大に扱っているのに、たえず心を奪われていた」。古来、日本を訪れた数多くの外国人がそう述懐しているように、である。

一部の文化の断面を切り取って文化全体を色眼鏡で見る怖さ。人類学、社会学、心理学、精神医学の学際的な方法を動員した「文化とパーソナリティ学派」の国民性研究は、とりわけ日本に対するプロパガンダに威力を発揮した。だがエンブリーの嘆息は、戦時のアメリカで日本に対する固定観念が蔓延《まんえん》する中、少数意見にすぎなかった。国民性研究の実情を詳細に検証した歴史学者のジョン・ダワーは『容赦なき戦争』（一九八六年）で、異議を申し立てたエンブリーやジャーナリストのヘレン・ミアーズさえその同調者に分類してしまった。ダワーの誤解は、戦時のアメリカもまたそうした風潮一色だったことを物語っている。

開戦とともに失速した「文化相対主義」

エンブリーは、最も重要な論考の一つ「人類学の自民族中心主義に関する注釈」の冒頭で、自民族中心主義に対抗して「文化相対主義」の立場を取ることを明確にしている。

「私たち人類学者は、文化に関する客観性を誇りに思う。ちょうど物理学者が自分の研究する原子に賛成したり反対したりする倫理的立場を取らないように、私たちは文化相対主義の立場に立つ」。

文化研究の客観性、中立性、そして人類学者の科学性に対するエンブリーの矜持《きょうじ》が伝わってくる。ただ、全ての人にとって「客観的」で「中立」なことなどあり得ない。例えば、原子力の科学的中立性と平和利用が原子力発電を擁護する論理に使われるように。

文化相対主義とは、「どの文化もそれぞれ所与の環境への最適の適応方法として歴史的に形成されたものであり、すべての文化がそれなりの価値を内在しているという捉え方」（『文化人類学事典』弘文堂）を指す。

それは、欧米文化を最も進んだ優れた文化とし、発展段階によって文化に優劣を付ける進歩主義や社会進化論に対抗する。アメリカ文化人類学の父と言われるフランツ・ボアズ（一八五八〜一九四二）が提唱し、後継者のルース・ベネディクト、マーガレット・ミードらによって確立されたとされる。文化の中には、民族や宗教、イデオロギー、性別など種々の要素が含まれるだろう。文化相対主義については多くの議論があり〝神学論争〟に陥る恐れもあるが、エンブリーによれば、第二次大戦前までは人類学者の間では「自明の理」だった。厳密に「客観性を誇りに思う」こと、「倫理的立場を取らない」ことが可能かは疑問だが、エンブリーにとってはそう努めることが文化相対主義の条件だった。だが日本の真珠湾攻撃によって太平洋戦争が始まると、人類学者は突然客観性を失ったという。自分たちは「進歩的」であるのに対して日本は「異常」で、よく言っても「子どもっぽい」有害な文化だと決め付けた。エンブリーには、それが適者生存・優勝劣敗の進歩主義に基づく帝国主義の理屈に思えた。

エンブリーは、日本に対するこれらのレッテル貼りの表現が一九四四年十二月にニューヨークで開かれた太平洋問題調査会の会議で使われ、マーガレット・ミードによって正当化され権威付けされたと指摘している（「人類学の自民族中心主義に関する注釈」）。この会議は、日本の降伏を視野に置いた対日戦略や戦後の日本占領政策をめぐって「日本人の性格構造（国民性）」を分析するため、臨時に開かれた。ほかにベネディクトやゴーラー、アレキサンダー・レイトン、ダグラス・ハーリング、ヘレン・ミアーズら各分野の専門家が参加し、「日本たたき」に見える議論には異論も出たが、大勢にかき消されたという。

一九五〇年に「人類学の自民族中心主義に関する注釈」が発表されると、人類学関係の雑誌などで「国民性」をめぐる賛否の論議が広がった。デイヴィッド・プライスの『冷戦の人類学』（二〇一六年）によると、ミクロネシアを調査したジョン・フィッシャーら、エンブリーに賛同する人類学者もいたが、ダグラス・ハーリングは「先住民族が文明化の道を採用する権利と、倫理的な人間なら誰でもそれを奨励する権利を支持する」と反論した（「自民族中心主義の人類学者」一九五一年。本書エピローグ参照）。また「フィッシャーはエンブリーが空けた穴を少し深く掘っただけ」（『冷戦の人類学』）で、エンブリーはこれらの論評に応えることなく亡くなったため、その主張が主流になることはなかった。

〝想像〟に基づいたミードの日本人批判

ミードの国民性理論とそれに基づく日本批判が端的に表されているのが、夫グレゴリー・ベイトソンとの共著『バリ島人の性格』（一九四二年十二月）の結びの一節だ。

「日本人によってバリ島が侵略された時、住民はどのように振る舞ったか、私たちはまだ知らない。……日本人は無力な人々に対する悪名高い搾取者であり、バリ島住民のあの頑固だが無抵抗な非協力の傾向が、日本の侵略者に必要以上の残忍さを呼び起こすかもしれない。長い年月の日本における文化交流の歴史は満足がいくものではなかったし、自分の文化に敬意を欠いた日本人は、自分の必然的な劣等感に気付いており、他の文化の自尊心に出会うと侮辱されたと感じるのだ」（外山昇訳）。

日本軍がインドネシアのバリ島に進出したのは一九四二年（昭和十七）二月である。三六～三九年に行われたミード夫妻の調査終了後であり、『バリ島人の性格』出版前だ。だから、描かれた日本人像はミードの想像でしかないが、日本人を快く思っていなかったことは隠しようもない。しかも、ミード夫妻のバリ島調査には、オランダ領東インド会社が「数多くの便宜をはかるとともに、実質的な援助を惜しまなかった」（『バリ島人の性格』）というから、輪を掛けたオランダ擁護、日本批判になった面もあるかもしれない。

『バリ島人の性格』刊行直後に出されたエンブリーの『日本人』には、海外戦地の住民の抵抗が「日本兵の自制心の欠如（残虐性）」を引き起こす、という一節がある。それをミードと読み合わせると、「残忍さ」「残虐性」という「日本人の性格」のレッテルが、状況や

「文化とパーソナリティ学派」の一人、マーガレット・ミード（1901～78）

文脈の違いに関係なく常に貼り付けられるということを証明している。後で詳しく触れるが、『日本人』の微妙なこの一節は、ミードの文章を参考にしたのではないかとさえ思わせる。エンブリーは後にこうした見方を明確に批判し続けた。

日本が委任統治していたミクロネシア調査の報告で、エンブリーは日本に取って代わったアメリカをミードと同じような図式で批判したが、ミードと違ってその背景を「アメリカ人の性格」に帰することは全くなかった。

余談だが、ミードが三十四歳のときに始めたバリ島調査は、三人目の夫となるベイトソンとの実質的な新婚旅行を兼ねていたという。互いに補い合うその共同作業は、エンブリー夫妻の須恵村調査を思い起こさせる。どちらも一九三六年のことで、時期も重なる。

実はエンブリーの妻エラは、シカゴ大学でミードの講義を受けている。エラの『須恵村の女たち』によれば、「シカゴ大学では、私はラドクリフ=ブラウン、マリノフスキー、レッドフィールドの講義を聴講した。マーガレット・ミードが、彼女の調査に関する最初のすばらしい報告をおこなったのも、そこだった。それは私を励ますものとなり、私の野外調査にとっての指針となった」という。気鋭の人類学者ミードとの出会いだ。ミードのバリ島調査直前のことで、一九二六年に植民地だったサモアで九ヵ月間のフィールドワークを行い、二年後に主著『サモアの思春期』(一九二八年)を出版していた。

ミードは同書で、規制が緩やかなサモアの若者の性の文化と厳しいアメリカの性倫理を対比し、サモアの人々の教育や暮らし方、安定した精神状態などに好意的な視線を送っている。その上で、「サモア文化とアメリカ文化の以上のような比較のうちで、われわれ自身への解決への道を明らかにするものが数多く存在するだけでなく、変革への示唆となりうるものもある」という。

エンブリー夫妻も須恵村でミードと同じような経験をしている。『須恵村の女たち』によると、須恵村の女性たちに見られる「身体を他人の目にさらすことにたいする明らかな無頓着さ」や「性に関する冗談や戯れの多いこと」は、夫妻を「楽しませ、またびっくりもさせ怒らせもした」。教師ら村の女性の中には、そんな農家の女性を「未開の人」と軽蔑したり「しとやかさの標準」から逸脱していると思う人もいた。

しかし、夫妻は西洋的な性倫理を胸に仕舞い込んで、同時にミードのような教訓を垂れることもなく、須恵村のおおらかな性風土に努めて客観的な態度で接した。夫妻が欧米の性倫理から須恵村の性を見たのは当然だが、欧米の見方を当然とする性の「標準化」に陥らないよう努めた。そんな偏らない描写に『須恵村の女たち』の秀逸さがある。

エンブリーはまた、「日本人は、アメリカ人が所構わずキスすることから性的な抑制がないと思うかもしれないが、そうではなくアメリカ人にも強い抑制がある。片や、武士の伝統では感情的な抑制が日本人の特徴とされるが、男性の芸者遊びは、むしろ抑制の無さを表している」(『日本人』)と書いている。

この点に関して、柳田國男に次のような見方がある。柳田は「裸であるのと、肌を隠すのとでは、開化とか進化とかとは、全然別と考えていゝらしい」とした上でこう述べる。

「日本では、裸かどうかといふ点だけに文化のスタンダードを置いて考へる傾《かたむき》がないではない。裸身の多い日本人の一種のひがみかもしれない。……日本人は上半身を蔽《おお》はず、乳をむき出しにしても股の方は隠すが、欧米人は胸の方は必ず隠しても、股の方は割に平気で人眼に曝《さら》す傾がある」(「裸体と文明」)。

「スタンダード」とは、エンブリーが絶えず警戒した「標準化」と同じことだ。もっとも、『須恵村の女たち』で描かれた日本人は、「股の方」でも欧米人に引けを取っていない。裸の文化は相対的なものであり、優劣や是非の問題ではない。

『サモアの思春期』あるいはミード自身に対する学問的評価はともかく、ミードの思想が欧米の自民族中心主義に対する批判に通じることは言うまでもない。エラがミードから学んだことの一つに文化相対主義もあったに違いない。エラは、須恵村の民謡を聞いて、日誌にこう書き留めている。

「西洋人の耳には、彼らは音痴で、最初は彼らの高い音程の声はおかしく聞こえるが、ひとたび喉を締め付ける声に慣れれば、その歌は魅力的になる。きっとこの土地の音楽の形式は、私たちの音楽では理解しにくいので調子はずれに聞こえるのだろう」。

思考や行動だけでなく、ある文化や民族に共通の美意識も相対的なものなのだ。

文化相対主義のジレンマ

奇妙に思えるかもしれないが、『菊と刀』の日本人論が自民族中心主義的と批判されるベネディクトも、そしてミードも、元はと言えば師ボアズにならって文化相対主義者だった。

それぞれの文化の特徴やユニークさを認識し受け入れるという文化相対主義の姿勢が、戦争のような極限状態の中では、相手に対する「偏見」「蔑視」へと気付かないまま変質する恐れを抱えている。他国に劣らず自国をどう相対化して省みるか、というボアズが説いた姿勢を見失う。文化相対主義と自民族中心主義の関係の難しさ。エンブリーが批判した太平洋問題調査会のニューヨークでの議論は、人種偏見にとらわれずに「日本人の性格構造」を正確に把握しようという目的で開かれたにもかかわらず、ミードもベネディクトもその陥穽《かんせい》にはまったように見える。

異なる文化があることは当然である。相手の文化の「特異性」「特徴」「ユニークさ」を取り上げることも、それ自体は批判されるべきことではないだろう。それが相手の文化を理解する道につながることもある。問題は、同じような特異性、ユニークさが自文化や自民族にもあるということを忘れて相手を非難し告発する姿勢だ。

もう一つ、文化相対主義にはさらに悩ましい問題がある。異なる善悪の価値観に対して「倫理的な立場を取らない」態度に従えば、ファシズムや言論の自由の侵害、女性迫害などの人権侵害さえも許容されかねないというジレンマが生じるからだ。

私が、アマゾンのヤノマミ族の子殺しの慣習を知ったのは、三十年以上前のことだ。命の尊厳を人権の問題とし普遍的価値とする文明観からどう見るかという難しい問いへと誘われたことを思いだす。生まれてきた子どもは精霊であり、人として育てるか精霊のまま天に還すか、母親が決める。天へ還す場合は子どもを死なせ白アリの巣に放り込む。その後、巣を焼いて精霊になったことを神に報告する。育てる場合は臍《へそ》の緒《お》と胎盤を森に吊るし白アリに食べさせる――。堕胎とも違うヤノマミ族のこの習俗を、人の命の尊厳をないがしろにする野蛮、人権侵害と見るか、そこにおいては合理的な産児制限策、許される文化と見るか。

もしそれを野蛮と感じるなら、それは欧米的な文明に慣らされた単なる一つの価値観なのか、それとも普遍的な人権問題なのか。命という視点で言うなら、文明国とされる地域での中絶とどう違うのか。

第二次大戦のアメリカで言えば、ヒットラーの戦争を傍観していいのか、という問題があった。エンブリーも含め戦前には、そんな文化相対主義のジレンマについては深く議論されなかったようだ。エンブリー自身、積極的に相対主義を主張したと言うより、むしろ自民族中心主義に対する反駁《ばく》として相対主義を打ち出したように見える。どんな民族も文化も、もともと自民族中心主義的なところがあるからこそ、「地上で最も金持ちで影響力があるアメリカは、他の世界の民族や文化を破壊しないためには自制を学ばねばならない」(「人類学の自民族中心主義に関する注釈」)と、それを自覚する態度の大切さを訴え続けた。

「日本の国家構造は今後十年で根本的変化を経験するだろう」

一方エンブリーは、「文化の変化(変容)」についてどう考えていたのだろうか。

進歩主義に反発する文化相対主義だが、ベネディクトら「文化とパーソナリティ」学派が唱える「文化の型」は固定的な印象を与えかねない。もちろんエンブリーは、「文化の変化」を当然と見る。村の文化や暮らし方は、それが「美しいもの、永遠に価値あるもの」(『須恵村』)であっても、変化を免れるわけではない。否定しようが拒絶しようが、変化はいやおうなくやって来る。それは、同時代の異なった地域や民族の文化の優劣だけでなく、現代から見れば古びて見える過去の文化をどう考えるか、逆に「古き良き時代」に比べ殺伐とした現代社会や文化はどうなのか、といった時間的な視点を私たちに求める。

『須恵村』の基になった博士論文のタイトルはまさに「須恵村　変化する経済秩序」だった。その参考文献である胡適《こせき》の『中国の再生』や新渡戸《にとべ》稲造《いなぞう》編集の『近代日本における西洋の影響』などは、いずれも欧米の進出によるアジア文化の変容をテーマとしたものだ。

エンブリーが須恵村を去る際に親しい村民に贈った書(写真参照)には、こう書かれている。

「ゆっくり変わるこの世界において、恒松一家がさらに幸せになりますように」。

二度使われている「change」がエンブリーの気持ちを表している。

エンブリーが須恵村を去る際に親しい村民に贈った書（恒松倉基さん所蔵）

『須恵村』でエンブリーは、明治維新以降の政府による集権的統制と、産業資本主義による貨幣の浸透および機械化という近代化圧力による変化に言及している。それは、かったり（共同労働）や祭り、講、贈与贈答、葬儀、酒席などムラの暮らしを様変わりさせた。エンブリーは、それらが遠からず衰退すると予想し、危惧した。ただ、その変化の速度については、政府の統制による「激烈な変化よりは、むしろ加速度の理論」という表現を使った。

『日本人』でも同じ見方を示し、「日本の社会構造と家族組織に対して、産業主義は非常にわずかな変化しか発生させていない」と述べる。「社会構造」という言葉からは、「文化の型」にも似て変化を拒む社会という受け止め方をされがちだが、そうではない。須恵村で言えば、「加速度の理論」で変化してきた社会構造は、封建的な家父長制だけでなく、例えば、八十年前のムラの協同や紐帯《ちゅうたい》、家を重んじ祖先の霊を祭ること、あるいは頻繁に持たれる酒宴や開放的な男女の性、さらには一見変化のない日々の暮らし、などである。そこに、商店主やナシ園経営者など貨幣経済に基づく資本主義が新しい価値観を持ち込み、変化を「促進」させた。

そのことをエンブリーは、ハリス財団主催の講演（一九五〇年）でより明確に論じている。

「一つの社会構造や文化が、他者との接触の結果あるいはさまざまな内発的な力の結果として急速な変化にさらされた場合、古い構造はおそらく新しい条件には適応できず、新たな社会的ニーズに合う社会の再編、再統合が必ず起こる」。

『日本国家』では、「日本はその歴史上多くの内乱を経験してきた。最近では七十年ほど前に起こっている（筆者注：西南戦争を指す）。革命があろうとなかろうと、日本の国家構造は今後十年で多くの根本的変化を経験すると想定するのが無難である。これらの変化の中には女性や軍隊の新しい社会的役割ばかりでなく、天皇の新しい政治的役割も含まれるだろう」と述べ、「変化を嫌う日本」「変化できない日本」という当時のアメリカに多かった固定観念に異論を唱えている。「今後十年の根本的変化」とは終戦後の占領政策による変化を意味し、エンブリーは日本がそれに耐えられると判断している。

固定観念の典型は、ジェフリー・ゴーラーだ。彼は、日本社会の変化を止めた例として江戸時代の鎖国政策を挙げ、さらに、「日本人がごく普通に使っている『お変わりありませんか』の文字通りの意味は、最後にお会いしてから、『何の変化もないことを信じます』というものです。変化とは不快な変わりを意味するのです」（『日本人の性格構造とプロパガンダ』）という。

人々が今ある無事の永続を願い、暮らしを破壊する有事を避けるという意味で変化のない世を望むことは自然なことだろう。「不快な変わり」はない方がいい。一方で、社会に変化があるのもまた当然だ。江戸時代に熟成した日本文化は、ムラでも町でも、急激な変化のない平和状態の中で培われた。熟成もまた変化だということが、明治維新の急激な西洋化の中で、ゴーラーには見えなくなったのかもしれない。

亡くなる間際《まぎわ》のユネスコの仕事に至るまで、エンブリーが追い続けたテーマこそ、異文化との交流、特に欧米文化との接触による、アジアなど途上地域の文化変容だった。

第十二章　『菊と刀』への批判

ベネディクトの「文化の型」論

文化相対主義と自民族中心主義に関する葛藤については、ルース・ベネディクトの『菊と刀　日本文化の型』（一九四六年）に触れないわけにはいかない。エンブリーには、先に紹介した「標準化された誤解と日本人の性格」「人類学の自民族中心主義に関する注釈」を含め、ベネディクトを批判的に論評した書評やノートが多数ある。

ベネディクトは一八八七年、ニューヨークで生まれた。一九一九年にコロンビア大学でフランツ・ボアズ教授の指導を受けて人類学を学び始める。未開宗教や神話、伝説を研究テーマとし、一九三四年に刊行した著書『文化の型』で名を成した。十二年後の『菊と刀』は、「文化の型」論を日本に適用したもので、外国人が書いた最も有名な日本論の一つである。

一九四三年、ベネディクトはジェフリー・ゴーラーの後任としてワシントンの戦時情報局（ＯＷＩ）の文化基礎分析の責任者に着任。その作業の中で、「一九四四年六月に日本研究の仕事を委嘱された」（『菊と刀』）。八月にできた海外戦意分析課（ＦＭＡＤ）でも、軍が収集した日本関係の情報を分析することが仕事となる。ベネディクトに『菊と刀』を書くよう勧めたのは、海外戦意分析課を率いるアレキサンダー・レイトンだったという。

終戦直前に執筆された「日本人の行動パターン」が一九四五年九月にＯＷＩ報告として提出され、それを基に翌年秋、『菊と刀』が刊行された。それは、日本を一度も訪れずに、インタビューや文献、映画、さまざまな素材を基に作成されたが、戦時中という状況を考えればやむを得ないことだった。実際にフィールドワークを行った文献として、エンブリーの『須恵村』と『日本人』からの引用も多く、明確に「エンブリー参照」と分かる箇所だけで「日本人の行動パターン」では数ヵ所、『菊と刀』では十数ヵ所に及び、特に重要な参考文献となっている。

ちなみに、『須恵村』が出版十六年後の一九五五年に邦訳されたのに対し、『菊と刀』は出版二年後の四八年、ＧＨＱの指示の下に早々《はやばや》と邦訳されている。

『菊と刀』の評価は賛否あるが、大戦中のアメリカによる対日心理戦に詳しい早稲田大学の土屋礼子教授の理解が分かりやすい。

「……いまだにこの書が読まれ続け、有効性を持ち続けているのは、おそらく米国人の目に映った日本人像が日本人を含む人々にとって興味深いからであり、またそれがどんなに誤解に満ちた『理解』であろうと、その米国人の理解に基づいて行われた占領が現在に至る戦後日本の出発点だったからである。この本には、戦争直後における日米関係の政治的な枠組みを規定した米国側の日本理解が結晶化しており、それは

『菊と刀』の著者ルース・ベネディクト（1887～1948）

また米国が中心となった連合国による対日心理戦の最大の果実でもある」（「心理戦における日本認識　『菊と刀』の背景」二〇〇八年）。

『菊と刀』の分析と詩的な表現の巧みさは、エンブリーには悪いが『須恵村』の比ではない。『須恵村』が主として農村の社会構造と機能の人類学的な記述にとどまっているのに比べ、『菊と刀』はその記述の上に、西洋文化と比較しながら、武家社会を含めた詳細な日本文化の分析を試みている。類のない日本論として一読に値する魅力的な書物だ。エンブリー三十一歳、ベネディクト五十九歳という執筆時の経歴の差も明らかだ。

あるいはそれ以上に、書かれた状況、目的の違いがあった。

「日本の村落に関する唯一の人類学者の実地研究である、ジョン・エンブリーの『須恵村』は非常に重要な文献であったが、この研究が書かれた当時は、一九四四年にわれわれが直面していた日本に関する問題の多くは、まだ問題になっていなかった」（『菊と刀』＝以下、長谷川松治訳）。

開戦前に書かれた『須恵村』に比べ、戦争中に取り組み戦後出された『菊と刀』は、対日戦争や戦後の日本占領に役立てるという大きな目的があったことがその性格を決定付けた。「私は日本人が戦争においていかに一歩一歩、自己の道を現してゆくかを見るために、戦争の細部の点を調べなければならなかった」。

また、ベネディクトは文化相対主義の立場から、人種戦争の色合いを帯びた第二次大戦で連合国側が「白人の戦争」と叫んでは勝ち目はないと主張するなど、もともと自民族中心主義に対して批判的な姿勢だった。『菊と刀』でも「今日アメリカ人の中には日本人に自尊心を与えるためには、どうしてもアメリカ流の平等主義の原則を採用せしめなければならないと叫ぶ人びとがいるが、それは民族的自己中心主義の誤謬《ごびゅう》を犯すものである」と明確に批判している。

ベネディクトに批判的なエンブリーでさえ、『菊と刀』の刊行当初には賛辞を送り、二本の書評でその価値を認めている。

「『菊と刀』は、日本人がこれこれの『文化の型』を持っている、だから彼らは侵略戦争に邁《まい》進する、と論じるのにあまりに安易な方法を取らなかった点で特別な賞賛に値する。ベネディクトは逆に、経済的な機会が与えられるなら繁栄した平和な未来を築くのに役立つかもしれない多くの強さが日本文化にはある、と指摘する」(「菊と刀　書評」一九四七年一月)。

ベネディクトは自著『文化の型』で「文化行動はまた統一されてゆく性質をそなえているのである。ちょうど一人の個人のように、ひとつの個別文化はいわば思想と行動のともかくも一貫したパターンなのである」として「文化の型」を提唱した。「文化の型」に価値の優劣はないとする同著もまた、文化相対主義や個人と社会の相補性など、洞察に満ちた思索が盛り込まれた名著だと思う。

エンブリーは、「文化の型」を決め付ける方法には疑問を投げながらも、「文化の型」理論そのものには異論を呈していない。『菊と刀』におけるベネディクトの視点には、全体としては比較的中立という印象さえ持ったようだ。事実、ベネディクトの予想通り、戦後日本は見事に復興を果たし、ともかくも「繁栄した平和な未来」を築いた。

エンブリーはまた、日本人に特有の「義務」の観念を初めて取り上げた英語による分析としても『菊と刀』を評価する。さらに、やや皮肉を込めて、「われわれアメリカ人が、戦争前に、この矛盾の多い国民について嫌みを言う代わりに、もしベネディクト博士のように日本文化の分析をいとわなかったら、真珠湾攻撃は避けられたかもしれないのは明らかだ」(「ハワイの日本人　菊と刀」一九四七年四月)とまで評している。

だが、この書評を寄せた一九四七年には、エンブリーはすでに自民族中心主義に対する批判を強めていた。なぜベネディクトを擁護したのか、人類学の大先輩に対する敬意だったのか分からないが、以後、評価は一変する。

「日本人は最も気心の知れない敵」

『菊と刀』の書き出しはこうだ。

「日本人はアメリカがこれまでに国をあげて戦った敵の中で、最も気心の知れない敵であった。大国を敵とする戦いで、これほどはなはだしく異なった行動と思想の習慣を考慮に置く必要に迫られたことは、今までにないことであった」。

エンブリーの『日本人』が「神秘的で東洋的なものは何もない」という言葉で書き出されていることとの落差に、いきなりぶつかってしまう。しばしば顔を出す日本に対するベネディクトの先入観が、エンブリーならずとも気にならざるを得ない。

つまりベネディクトは、「研究課題」である日本ないし日本人は、西洋の文化的伝統とは全く異なる「最も気心の知れない敵」であるという前提から出発している、と読める。そんな日本人をどう「分析」し対処するか、占領下でどう民主化していくかが『菊と刀』の狙いなのだ。そうした立場で日本や日本人の「特異性」「異質性」を、「恩」と「義理」に裏打ちされた「恥の文化」に代表される観念を追いながら、この本は書き進められる。タイトルの「菊の優美と刀の殺伐」に象徴される日本人が持つ二面性を、フィールドワークを行えなかった人類学者としてどこまで理解し追求できるのか。ベネディクト自身の挑戦でもあった。

「気心の知れない（alien）」に近い言葉として、エンブリーが『日本人』の中で使った言葉は、否定的な表現として先に紹介した「風変わりな（quaint）」と、もう一つが「ユニーク（unique）」だった。エンブリーは次のような文脈で「ユニーク」という表現を使っている。

「西洋の産業主義を採用する際に、日本は西側諸国との文化的な違い（例えば、神道のアニミズム、表意文字の使用、床の上に座り眠る）を非常に気にするようになった。日本と日本人は他の国と異なっている、むしろ、日本のナショナリストが言うように、日本人は『世界の人々や文化の中でもユニークである』と」。

誤解のないように断っておくと、エンブリー自身が日本人は「ユニーク」と言っているのではなく、西洋を気にする日本人あるいはナショナリストがそう言っているのだ。ベネディクトが使う「特異（singular）」という言葉に蔑視が混じっている印象を受けるのに対し、『日本人』の場合の「ユニーク」は逆に自慢のニュアンスを含む。この文脈を取り違って、エンブリーもベネディクトと同じ「日本人異質論」を唱えたとする論者（例えば後で触れるジョン・ダワーがそうだ）がいることは確かだ。だがエンブリーが、ベネディクトとも自意識過剰な国家主義者とも違う日本人論を展開していたことは、これまで繰り返した通りだ。

「気心の知れない」あるいは「ユニーク」と分析すること自体に問題があるわけではない。人類学に限らず、異なる社会を比較分析し理解する場合に、異質性や差異に着目することは避けられないし、むしろ当然だ。その異質性を異端視せず尊重することこそが、他者を認めるということでもある。

「日本人だから」あるいは「西欧人は違う」という意識が、自民族中心主義の偏見に陥りさえしなければまだ良い。ベネディクトらの言う「幼児性」「攻撃性」「恥」「罪」などの分析は、人が多かれ少なかれ抱えている二面性として、十分に自覚できるものだと思えるからだ。異質性の分析を、どういう立場で何の目的で行うかによって、その意味は百八十度異なってくる。

ベネディクトは、『菊と刀』の第二章で戦争の原因に触れ、「アメリカは枢軸国の侵略行為が戦争の原因であることとした」のに対し、日本は「別の見方をしていた」とする。日本の見方とは、「日本は階層的秩序（ヒエラルキー）を確立するために戦わねばならない」、それはアジアから欧米を駆逐し指導者としての日本がアジアで「自らの所を得」なければならないと考えていたことを指す。ベネディクトには、日本の「階層制度に対する信仰と信頼」は容易に解消されない文化であり、最も重要な「生来の態度」と思えた。このベネディクト独特の論理は第三章「各々其ノ所ヲ得《おのおのそ》」で日本人の代表的な「文化の型」として具体的に展開される。

第七章「義理ほどつらいものはない」では、「特に日本的なもの」としての「義理」について詳述し、第八章「汚名をすすぐ」では、「名に対する『義理』とは、自分の名声を汚さないようにする義務である」として、名誉を重んじる日本人を論じている。「汚名をすすぐ」とは、侮辱を晴らすという意味である。

ここでベネディクトは、「義理」と「恥」の観念をこと細かく分析しているが、その際、武家の世界と並んで引用し、日本の農村生活の紹介に関して多くを負っているのが『須恵村』だ。

例えば、エンブリーが「協同」の代表例とした「かったり」さえ「共同労働という〝義理〟が、農村地域にはある。おなじ量の労働をすでにしてもらった以上、この務めは果たさなければならない。彼らがこの〝恩〟を返すのは『義理に報いるため』である」（『日本人の行動パターン』）とされる。

ほかにも、葬式やその贈答、小学校の児童たちの競争の回避、直接的な取引を避けるための「仲介者」

の制度、客を待たせて衣服を着替える礼法、相手に拒絶されても恥をかかないで済むように頬かむりして忍び込む夜這《よば》いなどだ。だが、エンブリーがそれらを村人の「協同」の慣習と関連づけて描いたことの意味は、『菊と刀』では一顧《いっこ》だにされていない。

ベネディクトは、こうした慣習を全て「義理」「恥」に結び付けて解釈する。贈与交換も「相互義務」や「相互交換」という表現を取りながら、あくまで「義理の交換」として描かれている。これらの事例をベネディクトは、「直接的競争を最小限にとどめる努力」と正当に評しながらも、逆に戦争を引き起こす日本人の国民性に分類してしまう。義理や恥が脅かされた場合、それは「アメリカ人のように、自分の主義主張や自由が脅かされた時でなくて、侮辱、もしくは誹謗《ひぼう》されたと認めた時」なのだが、日本人は復讐に駆られたり、攻撃を自殺という形で自分に向けたりする傾向があるという。しかし、一九三〇年代に「彼らは国家主義的目標を抱き、攻撃を自分自身の胸（筆者注：自殺）から転じて再び外（同：アメリカなど敵国）へ向けた」というのである。

結婚披露宴の出番を待つ仲人夫婦。エンブリーは仲人のような「仲介者」の役割を重視した（1936年4月、エンブリー撮影）

エンブリーが競争の回避や仲介者を取り上げたのは、ベネディクトが言うように「直接的競争を最小限にとどめる努力」としてだった。だが戦争は、「直接的競争を最大限に広げる」行為だ。ベネディクトは自らの論理の飛躍に気付いていただろうか。

ついでに言えば、ここでベネディクトは、こうした義理は「真の尊厳」ではないが、占領下で「アメリカ流の平等主義」を押し付けることを戒めている。それは「民族的自己中心主義の誤謬を犯す」ことになるからだという。「日本はわれわれの基礎の上にではなく、日本自身の基礎の上にその自尊心を再建せねばならないだろう」。ここだけ拾えば、エンブリーの一九四七年の書評のように、文化相対主義者としてのベネディクトに拍手を送りたくなる言葉かもしれない。

しかし逆に、アメリカの「すぐれた」尊厳を一段高みに置いて「そこまで達しない」日本の自尊心を見下す姿勢、ベネディクトが自分で気付かない「自民族中心主義」が顔をのぞかせたと見ることもできる。加えて、ファシズムから民主主義への戦後日本の「百八十度の転向」を「われわれにはとうていできないこと」と驚いて見せながら、そうさせたのは、義理と名誉を重んじ戦後も世界から名声を博したいという日本人の心理構造だったと、あくまでその異質性を強調するのである。

「ベネディクトらの奇妙な学説は、以前の人種主義を思い出させ嫌な気持ちにさせる」

『菊と刀』と読み比べるべきエンブリーの著作は、『須恵村』ではなく、恐らく『日本国家』だと思う。前に述べたように、『日本国家』ですでに自民族中心主義を批判しているが、『菊と刀』はまだ世に出ていない。

エンブリーは、先に紹介した一九四七年一月の『菊と刀』の書評で、日本人に特有な義務感の表れとしてベネディクトが使った「各々其ノ所ヲ得」や「汚名をすすぐ」というキーワードなどを紹介した後、その見方をやんわりと批判する。

「ベネディクト博士の総合的な分析に対する一つの批判は、日本は歴史の古い文化でありアメリカは新しい文化だという事実を無視しているということ、そして二つの国家の幾つかの文化的な相違は、この事実に負っているかもしれないということだろう。来る日も来る日も同じ隣人——過去の言葉、過去の振る舞い、過去の親切そして過去の軽蔑に耳を傾ける遠い記憶を持った隣人——と顔を合わせねばならない村に縛られた農民よりも、開拓者と放浪者は利己的なほら吹きかもしれない。開拓者や匿名の大都市住民よりも、日本人のような古い農民文化で暮らす人は、礼儀と互いの義務感により細かい気配りをするだろう」。

文中の「古い文化」「新しい文化」という比較の表現には優劣の評価は含まれていない。エンブリーが「新しい文化」を否定しているわけでもない。だが、「歴史の古い文化」には、封建制や王政など、乗り越えてきた歴史が含まれる。最初から「新しい」文化とは、そもそもあり得るのかどうか。歴史を知っている文化と知らない文化のどちらがより相対的な視点を持ち得るか、少し考えれば分かる。

そして、後半の描写のひと言ひと言に、須恵村の人々と一年間接したエンブリーの思いを知る。隣人（他者）とのそんな関係の中に生き、受け身に見えながらもそれを引き受け、「細かい気配り」をする。ベネディクトが言う観念的な「義理」に縛られるだけではない。そんな農民にできる限り身を寄せようとするエンブリーの愛情を感じる。少なくともベネディクトのような上からの視線は感じられない。

とは言え、ベネディクトは「古い文化」を無視しているわけではない。「日本人の使用する語句や観念の多くは最初は不可解に思われたが、やがてそれらは重要な含蓄をもっており、何百年もの歳月を経た感情のこもったものであることがわかってきた」（『菊と刀』）という。その上でベネディクトが定義した「文化の型」が「全く独特の日本的な徳と不徳の体系」であり、日本人の心理の特徴である「義理」や「恥」「攻撃性」だった。

「文化の型」を認めるにしても、むしろ、エンブリーが描きベネディクトが引用した『須恵村』の農民の振る舞いやムラの文化の方が、よほど日本の「文化の型」に近いのではないかと思える。両者の違いは、『菊と刀』と『須恵村』の行間に滲む手触りの違いと言ってもいい。ベネディクトが、日本を訪れその暮らしに入り込み、直接日本人と接することがなかったことは、彼女の日本人観を形作る上で、最も大事なことを見損なった決定的な要因ではなかろうか。

だが、『菊と刀』の自民族中心主義的な主張は最後まで続く。最終章の「降伏後の日本人」で、「文化によって形づくられた日本人の特異な性格」が、アメリカの占領政策を受け入れた理由だとした上で、ベネディクトはこう述べる。

「アメリカにおいてわれわれは、講和条件を厳格にすべきか、寛大にすべきか、ということについてはてしない議論を繰り返してきた。真の問題は、厳格か、寛大か、にあるのではない。問題は、多すぎもせず、少なすぎもせず、古い危険な侵略的性質の型を打破し、新しい目標を立てるのにちょうど適した量の、厳格さを用いることである。どういう手段を選ぶかということは、その国民の性格により、またその国の伝統的社会秩序によって定まる」。

「日本人の特異な性格」である「古い危険な侵略的性質の型」。ベネディクトは終始、日本を侵略戦争に導いた原因である「文化の型」としての「伝統的攻撃性」という見方から抜け出ることができなかった。それがベネディクトの日本理解であり、その限界だった。だからこそエンブリーは、ベネディクトらのこうした自民族中心主義的な分析を厳しく批判し続けたのだ。その核心的な主張を繰り返しておこう。

「政府の仕事と大学の間で繰り広げられている最近の奇妙な事態は、特に敵国に対する『国民の性格構造』に夢中になっていることである。例えば、このグループによって出された日本に関する幾つかの発表は、ずっと以前の人種主義を思い出させ嫌な気持ちにさせる。そこには、自分たちの敵の忌《い》むべき性格構造と、反面の自分たち自身の立派な美徳を根拠に、自分たちとは異なる民族の家庭生活、教育、民間信仰に、必要ならば暴力的に立ち入り、改革する道徳的権利を持っている、という強い思惑がある。フランツ・ボアズの後継者たちの奇妙な学説だ」（「応用人類学およびその人類学との関係」、一九四五年）。

この一節は、人類学が為政者のスパイとなることを強く戒め、戦争や軍事目的のプロパガンダに利用されることに異議を唱え続けたボアズの教えに反する道を進んだベネディクトらの、〝変節〟と見える言動への強い抗議でもある。他者の視点から、他者だけでなく自分自身まで見直すことを求める文化相対主義という観点に限って言えば、エンブリーこそボアズの真の「後継者」だったと言えよう。

運動会の後、軍事教練を受ける青年団。それでもエンブリー夫妻には、運動会を楽しむ須恵村民は「平和な人たち」に思えた（1936年10月、エンブリー撮影）

こうした日本人の「国民性」論に与《くみ》しないエンブリーの立場の起点となったのは、やはり須恵村での体験だったのではないだろうか。夫妻が接した村の人々は国や世界の出来事に対しては無関心で、「明日戦争が起きれば、彼らは戦争に行き、人を殺すだろう。というのも、それこそ、彼らがそうしなければならないと教えられているからである」。しかし夫妻には、須恵村の人々は「この世でもっとも平和的な人たち」（『須恵村の女たち』）に思えた。

ベネディクトにとって日本は敵国だったが、エンブリー夫妻には敵味方を超えて、ただ親しみを感じる異邦だったのだ。

柳田國男のベネディクト批判

『菊と刀』に対する異論は日本でも少なくない。柳田國男の批判に耳を傾けておこう。

以下に紹介するベネディクト論の三ヵ月前に柳田は、「日本はなぜ戦争に負けたか」を考えることの重要性を強調しつつ、「恥の文化」の先見性を高く評価。その上で、「小さな部落で必要である常識をおし拡めて国の政治をやってきたのが、私らが目撃した前代未聞の党争であり……小部落の統一というものが非常に必要だった時代の印象が深く、環境に応ずる改造が十分行き届いてなかった」(「民俗学から民族学へ」一九五〇年二月)などと、時代に対応できなかった日本民俗学の視野の限界を自省している。

それを踏まえた上で柳田は、「尋常人の人生観」(一九五〇年五月)など幾つかの論考で、武士階級の思想に依拠して国民全体の思想傾向を類推するベネディクトの方法に異を唱えた。『菊と刀』を読み込んだ上での見方だ。

「……我々の読む書物、耳に聴くところの理論は、僅か十パーセントにも足りない武士という一つの階級に偏して居た。そうして是《これ》によって教育せられた者の中からばかり、外国人との接触をするような人が出て行ったのである。其《その》結果がたまたま『菊と刀』のような生真面目な著作の上に現はれた」(「尋常人の人生観」)。

『菊と刀』は、新渡戸《にとべ》稲造《いなぞう》の『武士道』を『須恵村』以上に重要な参考文献としている。民衆の生活史を描く柳田には、たとえそれが「支配的な思想」であったとしても「武士道は武士だけの生きる道」であり、十%足らずの階級の限られた思想に過ぎないという指摘は当然のことだろう。

柳田はまた、ベネディクトの「文化の型」理論に対しても、「この型は国又は種族に永く付いてまはるもので、環境の変化や時の力だけでは、改めようもないもの〻如く、認められて居るらしい。是が一つのポイントであるやうに私には感じられる」と、「文化の変容」を説くエンブリーと同じ視点で批判。「文化の型の分類を試みることが、概括してまだ少しく早過ぎる」と警告する。ただし柳田は「国民性といふものを十分に知得すること」（「九州南部地方の民風」）の重要性自体は、エンブリー同様に否定してはいない。

その上で、「恥の文化」「義理」「恩」といった日本人を規定したキーワードの一つ一つに対し、ベネディクトが使った資料の偏りや通訳者の言葉に対する妄信などを挙げて反論する。

欧米の「罪の文化」と日本の「恥の文化」についてベネディクトは、「真の罪の文化が内面的な罪の自覚にもとづいて善行を行うのに対して、真の恥の文化は外面的強制力にもとづいて善行を行う」として、倫理観の違いを強調する。これに対して柳田は、「私ほど年取った者の普通の見聞でも、日本人の大多数の者ほど『罪』という言葉を朝夕口にして居た民族は、西洋の基督《キリスト》教国にも少なかったろう」、「日本女性の理想は、明かに罪を犯さぬことを理想とした生活であった」（「尋常人の人生観」）として、「日本人は罪の重大さより恥の重大さに重きを置いている」と言うベネディクトに異論を唱えた。

エンブリーは日本滞在中少なくとも二度、柳田に会っている。還暦を迎えた柳田は、若いエンブリーにさほど関心を示さなかったのかもしれないが、農民を通じて日本を見る目に似通った視点を感じる。日本に対して熱心な眼差しを注ぎ、『菊と刀』でエンブリーの『須恵村』を多数引用しながら、しかしベネディクトは、真の日本理解には至らなかったように見える。

第十三章　ジョン・ダワーのエンブリー批判

エンブリーの『日本人』を歪曲《わいきょく》

実は、エンブリー自身も「自民族中心主義」の危うい淵に立たされていた節《ふし》がある。先に触れたスミソニアン協会の戦争背景研究書である『日本人』（一九四三年）には、後にエンブリーが明確に否定した日本人の国民性への言及が所々に顔を出している。

日本研究家として知られるアメリカの歴史学者ジョン・W・ダワー（一九三八〜）は、太平洋戦争における両国の人種主義を描いた『容赦なき戦争』（一九八六年。以下、引用は斎藤元一訳）で、当時のアメリカの人類学者の言動を次のように強く批判している。

「……仕事のうえで日本とかかわるようになった人々は、彼らの対象の『ユニークさ』と前代未聞の『理性のなさ』と『非論理性』という傾向を、ただならぬ熱意をこめて主張するのが常であった」。

これは、エンブリーの「政府の仕事と大学の間で繰り広げられている最近の奇妙な事態は、特に敵国に対する『国民の性格構造』に夢中になっていることである」（「応用人類学とその人類学との関係」、一九四五年）という指摘と軌を一にするはずである。しかしダワーは、そうした当時の日本通の外国人の代表としてエンブリーを取り上げ、三ページにわたって批判を繰り広げているのだ。

ダワーのエンブリー批判に対して先に私の結論を述べるならば、当たっている箇所が一部にはあるものの、エンブリーの主張を全体として見ておらず、その意味では全くお門違《かど》いだということだ。原因は、ダワーが自論を展開するのに都合の良い『日本人』を唯一の参照文献としたために抱いた偏見にある。「木を見て森を見ず」の典型的な例である。以下、少し詳しく検証してみよう。

ダワーは、『日本人』にあるエンブリーの言葉を引用して、まずこう書く。

「ジョン・エンブリーは、『日本と日本人は他の国々と違っている。というより、日本のナショナリストたちが言うように、「世界の人々や文化の中でもユニーク」である』と述べた」。

ダワーは、エンブリーが使った「ユニーク」という言葉にまず反応している。しかし、ここの読解は、ベネディクトが言う「異質」との比較で先に触れたように、微妙な問題を含んでいる。エンブリーは、その前段で、日本は江戸時代の鎖国を経て、近代化の過程で西欧諸国との文化の違いに関して「非常に自意識が強くなった」と書いている。その上で、そんな自意識が強い「ナショナリストたちが言うように……〝ユニーク〟」だと、「ユニーク」の部分を〝　〟でくくってナショナリストの言葉として続けている。

つまり、エンブリー自身が「日本人はユニークだ」と述べたわけではなく、戦争を遂行する国家主義者らが自国日本の優秀性、独自性を誇示するために使ったと言っているだけなのである。ダワーの文章では、エンブリーもナショナリストの仲間のように読み取れてしまう。

先に触れたように、『日本人』の最終章「日本人に関する一般に流布している誤解」でエンブリーは、「不可解な東洋の心」とか「奇妙な子どものような人々」などの日本人異質論に対して、ダワーと同じ視

下駄ばきのエラ、クレアと愛甲慶寿家。クレアに対するエラのしつけを、須恵村の人々は厳しすぎると思っていた（1935年12月、エンブリー撮影）

点で「危険なステレオタイプ」と批判しているのだ。にもかかわらず、そうした記述を無視したダワーの解釈は、誤読を超えて作為的とも言える。

次いでダワーは、ジェフリー・ゴーラーによる日本の幼児の排泄訓練（トイレット・トレーニング）説が、「エンブリーの小冊子『日本人』によって補強された」と断定した上で、日本人の具体的な「ユニーク」さの原因を幼児期の教育に求め、次のように批判する。ダワーの指摘の中で最も重要なひと続きの文章だが、幾つかの論点が同時に盛り込まれているので、三点に分けて引用する。

まず第一点。排泄訓練に関するものだ。

「大方の注目を集めた（エンブリーの）研究は、やはり幼児期初めの厳しい用便のしつけの重要性を扱った部分であった。また、下の子供が生まれると、母親が不意に甘やかさなくなることも注目された。これが大人になっても持続する不安および憤怒の感情を日本人の子供に植え付け、幼少の頃には癇癪《かんしゃく》、成人してからは『偏執狂』に近い行動となって現れる、とエンブリーは感じた」。

ダワーはエンブリーがあたかも排泄訓練を論じているかのような書き方をしている。だが、『日本人』には「排泄訓練」という言葉はたった一回しか登場しない。さらに、エンブリーはダワーが言うような排泄訓練の「研究」など一切行っていない。ここは、ダワーの歪曲《わいきょく》に近い。

確かにエンブリーは、しつけと「大人になってからの性格」の関係に言及してはいる。しかしここでは「排泄訓練」という言葉を使ってはいるものの、二人目の子育ての難しさが大人になったときに心理的影響を及ぼすという、それほど珍しくないケースの一般的な説明にすぎない。むしろ、須恵村では寛大な子育てが普通だった。

第二点目。エンブリーが取り上げた「仲人《なこうど》」の解釈について。

「欧米人がたいそう奇妙に感じた社会的な慣例の多く、たとえば仲人を用いることや個人の責任より集団をあてにすることは、メンツを失ったり物笑いや除《の》け者の対象となることへの絶え間ない恐れを反映しており、幼児の深く傷ついた相反する体験のせいにすることができるかも知れなかった」。

エンブリーが「仲人」の役割を重視していることは間違いない。だが、仲人の習慣を幼児体験のせいにするのは、「かも知れなかった」と仮定するにしてもこじ付けが過ぎるだろう。もちろん、仲人が幼児体験に起因するなどという説明をエンブリーがしているわけでは全くない。ダワーが「集団をあてにする」という言い方で示唆する集団主義の例であるどころか、エンブリーは仲人を親族間の直接の紛争回避の方法として紹介しているのだから。

第三点目。ダワーの矛先は日本人の「暗殺」と「自殺」の原因に向けられる。

「エンブリーは、日本の政治シーンできわめて人目をひく暗殺が、『丁重さの欠如あるいは空想上の侮辱に起因する大人の癇癪発作の現われ』であるとまで論じた。一方、自殺はメンツを失うか、そうなる恐れを感じた大いなる恥辱の現われであり、人種的、文化的な誇りの熱烈な表現は、幼児期のトラウマにより誘発された不安によって、少なくとも部分的には説明がつくはずであった」。

ダワーは、暗殺や自殺も排泄訓練が原因と指摘している。ただ、この箇所はエンブリーの言葉通りではないものの、『日本人』の中で最も読者を困惑させる箇所だ。

ここだけ取れば、ダワーに対する反論の材料を見つけることは難しい。ただ、排泄訓練と同様に、暗殺や自殺を等しく心理学的な要因に頼る論法は、ベネディクトを批判するエンブリーの自説とどうしても噛み合わないように思える。

恣《し》意的なダワーの論法

この後もダワーの執拗なエンブリー批判が続くが、これ以上触れる必要はないだろう。『日本人』の文章が紛らわしいことは否定しないが、どれも一々反論する必要もないダワーの恣《し》意的なこじつけ、思い込みと言っていい。しかも、「とまで論じた」「即座に…のせいにした」「と断言した」「と断定した」というダワーの言葉遣いには、悪意さえ感じられる。

一方でダワーは、「エンブリーは、『国民性』の流行とはいかなる関係ももったことがなく、戦後の何年間か『敵を知る』ための試みの自民族中心の偏向に対していくつかの鋭い非難の矢を放った。しかし戦時中、彼の著作は、一般に国民性理論の品位を下げるいくつかの面を支持するものと解釈されていた」という。

ダワーは、「戦後の何年間か」と「戦時中」とを区別している。特に『日本人』を指す「戦時中の著作」への反省から、戦後はエンブリーが、ベネディクトのような「国民性分析」や「自民族中心の偏向」を批判する立場に変わっていったと言いたいのだろう。だが結局のところダワーにとっては、エンブリーもまた、ゴーラーやベネディクトと同じく「世間のステレオタイプを強化した」専門家の一人とみなすべき格好の標的だったわけだ。

これに対しては、先に紹介した「西洋社会の子どもの攻撃的な行動の原因は、完全に無視された」（「人類学の自民族中心主義に関する注釈」、一九五〇年）というベネディクトらに対するエンブリーの批判に加え、「エンブリーが戦時中に日本について書いたものは、戦争中の冷静さの見本のようなものである」というハーバード大学の人類学者ジョン・ペルゼルによるエンブリー追悼文の言葉を借りれば十分だろう。

こうしたダワーのレトリックは、ヘレン・ミアーズに対しても向けられる。大戦末期、一九四四年十二月にニューヨークで行われた太平洋問題調査会の会議に参加したミアーズの発言を取り上げ、ベネディクト、ミードらと同列に置いてこう批評するのだ。

「（ミアーズは）日本人が人種的な優越についての教化や神話的な迷信を受け入れやすいのは、『いわば呪文を唱えたり自己催眠にかかるようなたぐいで、劣等感――本物の強力な欧米列強と比べての経済的、軍事的な劣勢であり、西洋の科学的業績に直面しての心理的な引け目であり、欧米人が「有色人種」は劣等だと主張する屈辱――をはね返すテクニックであった』とした」

日本人の「劣等感」については、エンブリーもこの会議を総括したミードも同様の見方をしている。ダワーが、エンブリーに近い立場だったミアーズをベネディクトやミードと十把一絡《じゅっぱひとから》げに論じたのは、そのためかもしれない。しかし、武力的に優位な「本物の強力な欧米列強」の脅しの下で開国を迫られた日本が「劣等感」を抱くことは自然ではないだろうか。ダワーの手法は、持論を正当化するには適していても、他の研究者を評価する点においては明らかにボタンを掛け違っている。

とはいえ、エンブリーに関するまとまった論評が日本にないことを考えると、たとえ誤解が混じっていても、『日本人』に対するダワーの批判が貴重な素材であることは確かだ。

『日本人』の基《もと》になったCOI極秘文書

ジョン・ダワーがエンブリーを批判した火元は『日本人』にあった。そして、日本人の国民性研究に対する批判と並んで、ダワーに誤解されるような曖昧《あいまい》さが『日本人』自体に漂うことも事実だ。『日本人』を目にして以来、私がずっと引っ掛かっていたトゲでもあった。

実は、『日本人』の基となったマル秘文書がある。情報調整局（COI）心理部が一九四二年三月十九日付「報告No.17」として発行した、「日本の社会関係」と題される三十六ページの簡略な報告書である。文書には全てのページに「機密（restricted）」の印が捺《お》してある。

私は、先にエンブリーに対するFBIの調査に触れた箇所で引用したデイヴィッド・プライスの『人類学的知性』でその存在を知った。

プライスによると、情報機関のこうした文書は、筆者名が特定されることは極めてまれだが、「日本の社会関係」の一部はエンブリーが書いた可能性が強いという。なぜなら、「この報告のほぼ半分がエンブリーの『日本人』にそのまま引用されている」からだ。

私は「日本の社会関係」を手に入れようと、幾つかのアメリカの大学図書館や行政機関などにインターネットでアクセスしてみた。しかし、なかなか所在がつかめない。そこで、「デイヴィッド・プライス」を検索してみたら、ワシントン州にあるセント・マーティンズ大学で教える文化人類学教授だということが分かった。一九六〇年生まれであることなど、詳しい個人情報とともに、プライス個人のEメールアドレスも開示されている。アメリカでは、大学に限らず、公的機関で働く研究者らのメールアドレスが公開されている場合が多いようだ。

直ちに私はプライスにメールを送り、「日本の社会関係」が手元にあるかどうか尋ねた。すると、プライスから「探したが、その資料は見当たらない」と答えが返ってきた。二〇一五年（平成二十七）四月のことである。

しかし私はあきらめ切れず、一年以上経った二〇一六年六月、「もう一度探してほしい」とメールを送った。プライスから「日本の社会関係」を添付したメールが戻ってきたのは五日後だった。「あなたの粘り強さが功を奏した。私はエンブリーに関する私の全てのファイルに目を通し、十二年前から集めてきた戦略事務局（OSS＝COIの後身）文書を掘り返したら、そのコピーが見つかった」。メールに書かれたその言葉から、プライスの五日間の探索に費やした苦労と厚意が強く伝わってきた。

プライスが指摘した『日本人』との関連はどの程度あるのか。「日本の社会関係」を開くと、第一章「国家の社会構造から分かる社会関係」が、集団のルールと次々に交代する責任体制や政治的、経済的、そして宗教的枠組みについて触れ、第二章「社会統制の形態から分かる社会関係」では市民、軍、宗教、家族の統制について手短に解説、最後に「最近の動向」をまとめている。

読み比べてみると、「半分」どころか、「集団のルールと交代制の責任」「政治の枠組み」「最近の傾向」など各節のタイトルを含めほとんどが『日本人』に引き写されていることが分かった。『日本人』にないのは、軍隊に関する二ページほどにすぎない。しかし参考文献六点の中には、『須恵村』のほかイギリスの歴史学者マルコム・ケネディによる『日本の生活の軍事的側面』（一九二四年）も挙げてあり、軍関係部分は同書を参考にしたとも考えられる。むしろ、報告書全体をエンブリーが作成したと考える方が自然だろう。

とすれば、大統領直轄の情報機関であるCOIの、しかも敵国の心理分析を専門とする部署の報告「日本の社会関係」はもちろんのこと、それを十ヵ月後にほぼ丸ごと引き継いだ『日本人』に当局寄りの記述があることは不思議ではない。開戦直後、敵対感情が最も強かった時期のCOIの文書である「日本の社会関係」を、そして『日本人』をエンブリーが書くことを引き受けた、あるいは引き受けざるを得なかった時点で、それらの文書の狙いは明らかであり、内容の方向付けはほぼ決まっていたと言えよう。

一方、『日本人』には、「日本の社会関係」に存在しない記述が数ヵ所見られる。しかも、なぜか矛盾した主張と思われる記述が併存するのだ。

その一つが、ダワーが批判した「幼児期の排泄訓練」や、成人後の「暗殺」や「自殺」など、日本人の性格構造に関する言及である。「日本の社会関係」には、ゴーラーやベネディクトらが展開した国民性に関する議論はまったく登場せず、その影響はまだ見られない。しかし、一年後の『日本人』には明らかに影響が感じられる。例えば、日本兵の残虐性に関して「日本人男性の性格構造」に言及するなど、日本人男性の性格構造を規定するかのような表現が見受けられる。

ところが一方で、日本に関して「オリエンタルなものは何もない」「現代世界には重要でない不合理な子どもみたいだと片付けられたりするどんな理由もない」など、国民性研究や自民族中心主義に対する批判も随所に盛り込まれているのである。

特に最終章「日本人に関する一般に流布している誤解」は、COIと異なる自説を主張するために、特に付け加えたのではないだろうか。「日本人は、その基礎的な精神的心理的な能力および成長過程は、アメリカ人やドイツ人あるいは中国人と生来同じ」などの主張は、あたかも国民性理論を盛り込みつつ、同じ文脈でその危険性に気付くように、あえて〝ヒント〟を仕掛けた印象さえする。

「日本の社会関係」の痕跡を残しながらも、『日本人』には、エガンやペルゼル、プライスらが評価する「人類学者としての良心」が書き加えられたように見える。国民性研究に依拠した展開と、それに対する批判という全く相反する記述。私には奇妙な組み立ての文書と映るのだ。

「曖昧さ」の理由

この矛盾した構成は何に起因するのか。

プライスから「日本の社会関係」を受け取った私は、大急ぎで全文にざっと目を通し、メールで直接プライスにこの疑問をぶつけてみた。「エンブリーの『日本人』の記述が曖昧なのはなぜでしょうか?」。韜晦《とうかい》的な怪文書のナゾ解きをするような気分だった。すぐに返事が届いた。

「『日本人』には、紋切り型の記述に見られる幾らかの自民族中心主義が見られる。それは、この時期のほとんどの文化と個性研究の一般的な弱さに見える」。

プライスはダワーによるエンブリー批判を一部認めた上で、そう解説する。「文化と個性研究」とは、言うまでもなくアメリカ人類学をリードしていたベネディクトやミードらの国民性研究を意味し、プライスはその影響力と限界を指摘した。

さらにプライスは、エンブリーが政府機関という特殊な環境でリポートを書くように要請されたことを挙げながら、「私は、エンブリーがそうした背景を無視して自分自身の意思で書いたとは思えない」と、エンブリーの真意ではないことを示唆。「エンブリーの手の届かない誰かによる編集なのかどうか、理由は分からないが」と前置きしながらプライスは、「エンブリーは戦時中にアメリカで非常に広がっていた反日本人の人種差別と戦った。この本は日本人を理解し、かつアメリカ人とは異なるということを示すのに役立った」と『日本人』を評価する。

ゴーラーが『日本人の性格構造とプロパガンダ』（一九四二年）を発表するに当たって「排泄訓練」についてエンブリーの意見を聞いたのは日米開戦前のこととされる。その際の二人のやり取りが『日本人』に影響したことも考えられよう。海外戦意分析課（FMAD）には採用されなかったが、ゴーラーも戦時情報局（OWI）の他の部署に在籍していた。

また、オランダの日本研究者ルドルフ・V・A・ヤンセンスも、『日本の未来』（一九九五年）で『日本人』について「日本社会に関するエンブリーの唯一の心理学的手法」と、例外的な著作であることを指摘。その理由は「政府のために仕事をしていた他の人類学者との協同作業のためではないか」と推測している。

これらの推察は、エンブリーの追悼文を書いた先述のジョン・ペルゼルが、エンブリーのGHQ不参加に関して「エンブリーは、権力機関と彼の仕事仲間たちのどちらがやっていることも正しくないと思っていた。同僚たちは、陰に陽に表明されたエンブリーの分析や行動の結果とはしばしば合わなかった」と述べていることとも重なる。「仕事仲間」がベネディクトらを指すことは明らかだ。

いずれにしろ、プライスもヤンセンスも、そしてダワーも、『日本人』の問題点を指摘しながらも、その理由についてははっきりとした見解を示していない。エンブリーも、その後、多くの雑誌に「性格構造研究」批判の原稿を寄せながら、その辺の事情を明かした文章はない。

一方、『日本人』を下書きとして二年半後の一九四五年夏に刊行された『日本国家』では、「幼児教育」の項には「排泄訓練」という言葉は一度も登場しない。それどころか、風呂に毎日入ることや家に入るとき履物を脱ぐなど日本人の清潔さに言及してはいるものの、むしろ「西洋の中流家庭の子どもと比べても、日本の子どもは食事や睡眠の際により厳しく抑制されることはない」と、教育を通じた日本人異質論を退けている。『須恵村』の甘い子育ての記述を思い出せば、むしろ当然の主張だ。
日米開戦から終戦まで三年八ヵ月。この間のエンブリーの足跡をあらためて眺めてみよう。

一九四一年　日米開戦後の十二月下旬、情報調整局（COI）に招聘《へい》される。
四二年　三月、COI報告書「日本の社会関係」作成。八月、日系アメリカ人キャンプを統括する戦時転住局（WRA）へ。
四三年　一月、『日本人』刊行。八月からシカゴ大准教授として民政訓練学校（CATS）で日本の地域研究部門を指導。十二月から翌年にかけミワ・カイが『日本国家』の初稿清書。
四五年　ハワイに戻り戦時情報局（OWI）で太平洋地域の心理戦争プログラムを指導。七月に『日本国家』刊行。終戦後はハワイ大准教授。GHQに参加せず。

『日本人』から『日本国家』刊行まで、エンブリーは、収容された日系アメリカ人の転住政策に携わり、その後は、主に日本占領を前提としてシカゴ大の民政訓練学校で教えていた時期である。国民性を取り上げた『日本人』作成時のような状況は過ぎ、むしろ日本異質論を唱える自民族中心主義に対して批判を強めていた時期でもあった。この間の体験を経て、『日本人』に見られる矛盾やブレを解消する変化があったのではないだろうか。それは、不本意な部分を残した『日本人』に対する自責に促された結果かもしれない。

第十四章　「占領」と民主主義

「根本的改革は国内の革命によってのみ実現しうる」

「占領軍の強制によって天皇の退位とか、日本軍の抑制をしようとしても、失敗する運命にある」。

終戦のほぼ一年前の一九四四年九月、占領に携わる士官を相手に民政訓練学校（ＣＡＴＳ）で指導中の教官が書いたとは思えない言葉だ。エンブリーが太平洋問題調査会アメリカ支部の機関誌『ファー・イースタン・サーヴェイ』に寄稿した「日本の軍事占領」の末尾の一節である。アメリカによる占領に対するエンブリーの批判は続く。

「このような根本的変革は国内の革命によってのみ実現しうるのであり、最終的な皮肉は、占領軍政がほとんど確実に伝統的な日本当局の側に与《くみ》して、人民に敵対し、真の革命を抑圧するであろうことにある」。

革命による民主化さえ示唆しているように読めるこの文章を、今の日本に生きる私たちはどう受け止めればいいのだろう。しかも、「伝統的な日本当局の側に与して」という予測は、冷戦を機に見事に的中した。アメリカは、占領による徹底した民主化より、反共産主義の砦として日本の守旧派を利用する方向に舵を切る。マッカーサー司令官による一九四七年（昭和二十二）一月のゼネスト禁止令に始まる、いわゆる「逆コース」である。A級戦犯被疑者・岸信介らの訴追停止の傍ら赤狩り（レッドパージ）が強行され、五四年（昭和二十九）の自衛隊創設によって非武装政策は終止符を打つ。

第六章でエンブリーがGHQに加わらなかった原因について触れたが、エンブリーは、自民族中心主義に陥ったアメリカが占領政策で日本の未来を決めることにも疑いを抱いていた。戦争が終わる前のアメリカでは、日本の占領について賛否両論あったが、戦後日本の「真の民主化」を願うエンブリーの論調は、アメリカを中心とした日本占領批判に傾いていく。思うに、エンブリーには、「植民地の民族に自治と自由を施す」という植民地主義の欺瞞《ぎまん》が「日本に自治と自由を施す」という占領の欺瞞と重なったのではないだろうか。

あるいは、アメリカの白人政府による先住民支配や強制的な同化教育に対する教訓もあったかもしれない。同化政策は、エンブリーが須恵村に入る前年の一九三四年に「インディアン再編成法」ができ、先住民文化を尊重する政策に転換するまで続いた。ともかくも制圧後の支配という点では、植民地もアメリカ先住民も、そして占領下の日本もアメリカにとっては同類、とエンブリーには感じられたのだろう。エンブリーにとって自民族中心主義は、そのまま民主主義の問題でもあった。

事実、GHQによる日本占領は特異なものだった。一九〇七年に改定されたハーグ陸戦条約は「占領者は絶対的な支障がない限り、占領地の現行法律を尊重し、なるべく公共の秩序及び生活を回復確保するため、施せる一切の手段を尽くさなければならない」（第四十三条）などと、占領政策に一定の歯止めを掛けている。しかし、GHQは日本の政治、経済から教育に至るまで国のシステム、精神文化に立ち入る改革を断行した。その結果の評価は別として、「自分たちとは異なる民族の家庭生活、教育、民間信仰に、必要ならば暴力的に立ち入り、改革する道徳的権利を持っている、という強い思惑がある」（「応用人類学およびその人類学との関係」、一九四五年）というエンブリーの懸念は、ある意味で当たったと言わざるを得ない。

「占領軍が残る限り、日本の民主主義の問題は解決されないだろう」

エンブリーが連合国の占領による日本の民主化に対して最初に懸念を表明したのが、先に一部を引用した「日本の軍事占領」（一九四四年九月）だった。

その中でエンブリーは、「外国の征服者が、日本の行政スタッフに対する粗雑で横柄《おうへい》な行動によって占領の目的を達しようとすることは、そうされた人々の側に不愉快な思いを生み、代わりに少なくとも非協力という結果に至るか最悪の場合、自殺と暗殺を引き起こすのに役立つだけである」と士官の心構えを説きながら、占領に対する疑念を強く滲ませている。

続いてエンブリーは、同じ一九四四年十一月、『アメリカ社会学会報』に「戦後日本の民主主義」と題する論考を発表。「軍国主義者に支配された今の内閣（東條内閣）は戦後、一般民衆による決起によって倒されるかもしれない」と、民衆自身による下からの民主化に期待を寄せた上で、こう予想する。九月の寄稿に加えて占領に対する危惧が鮮明になっている。

「日本の民主主義へのこのような展開は、どんな軍事占領の結果よりも自国内部の良い変化という結果を生み出すことになるだろう。征服した外国の軍隊による占領の重要な結果は、古い従来の政治形態のための反動、そして占領軍によって提案された改革に対する抵抗を生み出すだろう。革命政党や集団が、たとえ占領の最初の数ヵ月より後まで生き残るとしても、占領軍は、第二次大戦後にライン地方で行い、ロシアで行おうとしたのと同じように、すなわち、左翼勢力からのすべての威嚇を抑えることに役立つだろう。言い換えれば、日本を占領するアメリカが公表した政策は、日本の民主主義のプロセスを促進するのではなく遅らせる結果になるだろう」。

「一般民衆の決起」「革命政党や集団」。エンブリーがここで何をイメージしていたか、革命なのか、穏健な政権交代なのかは分からない。ただ、このすぐ前段で「第一次世界大戦はロシアで共産革命をもたらし、独裁者の政権を転覆した。このような革命はドイツでも始まったが、占領連合軍が抑え込んだ」と、二つの革命の例を紹介しているくだりは目を引く。

当時執筆中だった『日本国家』の最終章では、帝政廃止、ワイマール共和国設立につながる一九一八年のドイツ革命について、日本の天皇制に関連付けて、さらにこう述べる。エンブリー自身の立ち位置を断定はしていないが、推量させるキーワードと思える一節である。

「ドイツは皇帝（カイザー）を替えるためになんとか新しいシンボルをつくることができた。そして、日本でも同じことが簡単に起こり得るだろう」。

ここから、エンブリーが訴える下からの民主化はドイツ革命を念頭に置いていたのではないかと想定することも可能だ。ただ、ドイツ革命の失敗はナチスの台頭を促し、ドイツ国民に民主主義のあり方を問う契機となったこともまた事実である。

同時にエンブリーは、占領が「左翼勢力からの威嚇を抑えることに役立つ」とも述べている。つまり、社会主義ソ連の介入を退けるためのアメリカの日本占領が、日本の民主主義のためというより、アメリカ流の資本主義のために行われるだろうと予想していたことが読み取れる。

同様に、終戦直後の四五年九月九日付で掲載された『ニューヨーク・タイムズ・マガジン』（『ニューヨーク・タイムズ』の日曜版）の記事「日本人をどう扱うか　一つの複雑な課題」でも、一年前の評論「日本

General MacArthur holds a news conference—The Supreme Commander, surrounded by American, Japanese and Allied correspondents, in Japan.

How to Treat the Japanese: A Complex Issue

If we remove the obstacles to democracy, says an observer, we can in time overcome feudalism.

By JOHN F. EMBREE

PEARL HARBOR (By Wireless).

HOW will the Japanese react to military occupation? That has been the question constantly uppermost in the minds of American military officers as they prepared for the occupation of Japan over the past two years. Some authorities have predicted a wave of suicides, others the development of wild roving bands which would harass our forces. There were also some who predicted that if Japan gave up before invasion we might be surprised to find a generally cooperative population.

It is this last view which seems to the writer most likely to be true. The Japanese have been defeated before. While Japan has not experienced an actual occupation in modern times, there are many examples from Japanese history of groups or factions, both military and civilian, who have found themselves on the losing side of a civil war. A notable example of this was after the Saigo rebellion of 1877.

Saigo Takamori came from the southern province of Satsuma (Kagoshima) and was a leading figure in the Meiji restoration Government of 1868. One of his early accomplishments for this new Government was the organization of a new imperial army. He also advocated the invasion of Korea but was overruled by other members of the Government on the grounds that Japan had many internal problems to settle before tackling exterior ones, especially such as might involve the new Government in a war.

SINCE Saigo could not reconcile himself to the views of the other government heads he resigned and went home to Satsuma, and it was not long before he was at the head of a Samurai army marching against the Central Government—but not against the Emperor.

The new conscript army which Saigo himself had helped to organize defeated the brave but inadequately equipped Samurai forces from Satsuma. Saigo himself either was killed or committed suicide but—and this is the significant fact—the major part of the defeated army and the people of Satsuma laid down their arms.

In a pre-Pearl Harbor Japanese historical film designed for the home front the story opens with scenes from the battle that led to Saigo's downfall, including a significant passage concerning his behavior after defeat. Soon after the final battle, according to the motion picture, a group of young men assembled in a room to commit ceremonial suicide as a sign of loyalty to their fallen leader, Saigo. At the last minute the widowed mother of the boy who had acted as leader in the suicide pact appears and delivers an impassioned speech which moves all present to tears. She exhorts the young men to put away their swords, to be loyal to the Emperor, not to waste their lives in a selfish manner. Instead they should swallow their pride and live in order to help strengthen Japan in her time of crisis.

THE moral of the scene is, of course, that after a crushing defeat it is better to cooperate with the new powers that be and serve the Emperor than vainly to take one's life. The Tokyo Government on its part took Satsuma back into the nation as a full-fledged province and the revolutionists officially were looked upon as sincere, if misled, patriots. There was no attempt to "reconstruct" Satsuma or to wreak vengeance on its people. And once defeated the Satsuma clan gave over all thought of revenge and bent every effort toward the common goal of rebuilding the nation.

This example from Japanese history—and others could be cited, such as the behavior of the Tokugawas after their overthrow in 1867—leads to two significant conclusions, conclusions of considerable importance to the American occupation forces.

THE first is that the Japanese, when a battle is over and lost, become docile and law-abiding individuals and may even cooperate with the victorious party. The second is that by Japanese tradition the victorious party on its part has an obligation not to take revenge on the mass of the defeated once their leaders have surrendered. The victors simply blame the leaders and assume that the followers are sincere if misled people.

The story of the behavior of the Japanese civilians of Saipan, Tinian and Okinawa leads to the same conclusions. At Saipan, for instance, once the battle was over and the Japanese army defeated, the civilians who had (Continued on Page 51)

『ニューヨーク・タイムズ・マガジン』紙に掲載されたエンブリーの記事

の軍事占領」と「戦後日本の民主主義」をほぼ踏襲した論調でこう述べる。

「われわれの占領軍がこの国に残る限り、日本の民主主義の問題は多分解決されないだろう。言うまでもなく、占領軍は権威主義的で、公布によって高飛車な命令を下す。こうした状況でどうしたら真の民主主義が発達できるか、想像することは難しい」。

すぐ思い出すのはGHQの指示で行われた赤狩り（レッドパージ）と厳しい検閲だ。このような批判が、憲法や戦後民主主義をGHQによる押し付けとする現在の日本の右派勢力とは真逆の立場から発せられていることに驚かされる。須恵村滞在時を振り返りつつ、ハワイの真珠湾から送った四ページにわたる同紙の長文の記事を、エンブリーはこう結ぶ。

「もしわれわれが、言論と思想の自由を本当に認めるなら、一九三〇年代に中断された、封建制から代議政治への大きな流れが、戦後また進展しない理由はない」。

広く知られたマッカーサーと天皇の会見の写真が日本の新聞に載ったのは、この記事の二十日後のことだ。掲載を許可したGHQには、言論の自由をアピールするという思惑があったとみられる。もちろんそれは見せ掛けにすぎず、検閲権限はあくまでGHQにあった。

自国アメリカによる日本占領を批判するエンブリーの文章に何度も登場する「真（本当）の民主主義（true democracy）」という言葉。エンブリーは、その意味や定義を明確にしてはいない。示唆しているのは、アメリカの民主主義とは異なる民主主義ということだ。

エンブリーが期待した「代議政治への大きな流れ」。つまり日本の戦後民主主義が「どの程度まで広がり、そしてどんな特性を有するのか」、エンブリーは見届けることができなかった。しかし、日本の民主主義に言及する言葉の端々《はしばし》に、日本の未来に対する不安と期待が滲み出ていると思うのは私だけではないだろう。同時に、戦時中に繰り返されたアメリカ批判とも受け取れるこうした踏み込んだ記述は、FBIの監視を受けるほどに、その筆致には危うさも感じられるのだ。

「日本にはローカルな民主主義がある」

エンブリーは『日本人』で「仲介人」や「贈与」の例を挙げ、「強い民主主義の原理」と評している。それらを「恥」や「義理」の表れと見るベネディクトとの違いは明確だ。また、部落の指導者や村長、議員の選び方など地方自治を論じ、「日本には、ローカルな課題のための明白なローカルな民主主義のシステムがある」と強調している。『須恵村』には「民主主義」という言葉はないが、「協同」は「民主的」だと記している。須恵村調査を通じて体得したこうした視点は、戦後の日本占領に対するエンブリーの姿勢の原点でもあった。

さらに、「戦後日本の民主主義」ではこんなことも書いている。

「われわれは、町および村レベルの地方自治体に、真に民主的な政府を見出す。日本の町や村は地域で選

球磨郡の村の農会長の会議。エンブリーは地方行政に日本の民主主義の一端を見た（1936年1月、エンブリー撮影）

ばれた議会によって運営される。また、これらの議会は自分の市長あるいは首長を任命する。そのような市長は市民から尊敬され、市民に責任があり、普通は地方の人である。……概して、最も高度の政治的な民主主義が見出せるのは、日本の村や町の行政だと言っても間違いではない」。

日本の地方行政に対するこうした見解はエンブリーの論文の随所にみられる。私には買い被りと思えなくもないが、「真に民主的な」という言葉に、須恵村に一年間滞在した体験に基づいたエンブリーのローカリズム、「下からの民主主義」観が見える。

それは、例えば共産主義大国が主導する共産（社会）主義革命を「下からの民主主義」と見ることとは異なる。国民という視点や議会制民主主義から見る民主主義とも異なる。出来合いの民主主義ではなく、そこに暮らす「民」が「主」となって積み上げ、作っていくのが「真の民主主義」とエンブリーは言いたいのだろう。

そんな地方政治の実態を、エンブリーは須恵村で学んだ。しかし『須恵村』では、身の回りの物事を決める段取りや、民主主義の基本である政治をほとんど取り上げていない。なぜテーマとしなかったのか定かではないが、それを補足したのが、地方自治に関する報告「日本の地方行政」（一九四四年）である。エンブリーはこの報告で、須恵村の「負債整理組合」設立にまつわる議論の民主的な側面を描いた。

負債整理組合は、農村恐慌が荒れ狂う一九三三年（昭和八）に公布された農村負債整理組合法に基づき、

「部落その他これに準ずる区域」に「隣保共助の精神に則《のっと》り」設立された組織。町村を国の低利融資の受け皿として国家統合を図る政策で、ムラに根付く協同を頼りに打ち出したものだ。須恵村では三六年から経済再建が始まった。当時の村の負債額は「講」の借りも含めて一戸当たり七百四十円六十銭（『須恵村』）。国平均では約九百円だった。

「日本の地方行政」は、一九三六年九月二十六日に須恵小学校で開かれた整理組合設置に関する準備会合の一部始終を、助手の佐野寿夫の英訳で書き留めた貴重な資料だ。各部落での説明会の前に整理組合に対する理解を深めるため、村長、区長、村議、農業指導員ら部落のリーダー格、そして会議を招集した国の官吏が出席。組合設置に理解を求める国と、反対する農家との質疑を記している。ここで議事内容に触れる紙幅はないが、エンブリーは、「村民の協力を必要とする新しい計画を実行するためには、人々が疑問や不安を行政に伝える機会が必要。日本の市民的な統治が何世紀も掛けた経験を通してこの教訓を学んできた」と、こうした会合の民主的な進め方を強調している。

エンブリーは国の政策である負債整理事業を、ムラの「協同」を固める方策としても見ており、「ほぼ成功」と評価している。こうしたムラの協同と民主主義は、後で触れる戦後の農地改革を進める際にも発揮された。

余談だが、会合は参加者の遅刻のため二時間も遅れて開会、エンブリーは「須恵村の公的な会議はいつもそうだ」と、あきれ気味に付記している。

遠のいた「真の民主主義」

こうしたエンブリーの民主主義観は、「排泄訓練」論で意見を交わしたジェフリー・ゴーラーに共有された。ゴーラーは、戦後の日本占領に関する提言『極端な事例　日本』（一九四三年、以下引用は福井七子訳）に「民主主義の基礎となる日本の村」という一節を設けている。注釈でエンブリーの『須恵村』を参考にしたことを断りながら、次のように述べている。

「日本が民主的で協力（筆者注：「協同」を指す）的な社会に発展することができるという期待の主たる根拠は、現代の村の組織に存する。現在の日本の村は、過去の伝統とともに、協力と民主主義のよい例である」。さらに、エンブリーが標榜《ひょうぼう》する「ローカルな民主主義」とは何か、次のように簡潔に整理している。「村の行事は各家庭の世帯人によって選ばれた長によって執《と》り行われる。村の会合では、あらゆる問題がみんなで話し合われる。村の公共的な仕事は、団結した単位としてその村によって遂行される。もっと小さい組織もこの民主的な構造と同じである。近隣の集団（組）があり、さまざまな職業的な仕事や建設にかかわるような任務は、お互いがローテーションを組んでなされ、共同の貸付制度（講《こう》）は、村人たちが不意の出費にもそれほど困ることなく、借りることができる。宗教的な儀式もまた村で協力して行われる。宗教上のスペシャリスト（僧侶）は、そのグループの人たち（檀家）によって支えられている。村の世話役（スポークスマン）は、選ばれた村長であり、村長は占領軍ともうまくやっていくことができるだろう」。

ここにはエンブリーが『須恵村』で詳細に描いた「組」や「講」が紹介されている。ゴーラーの方が、ベネディクトより『須恵村』を理解していると思わせる文章だ。このようにムラ共同体は、家父長的な強い規制や封建制の残滓《ざんし》を留めながらも、「協同と民主主義」という半面を併せ持っていた。

それを少しずつむしばんでいったのが、地方の自立的な民主主義を抑え込んだ明治以降の近代化による中央集権と都市化、そして国家主義だった。一九四〇年（昭和十五）、国民統制のために政府が設けた

「隣組」制度がそうだ。四三年には大政翼賛会の末端組織として法制化された。戦後はGHQの指導によって隣組は政令で廃止されるが、五二年（昭和二十七）の政令失効を受け、現在も『須恵村』と同じように「組」という自治的なシステムがムラの暮らしを支えている。一方でムラ共同体を、戦前の全体主義を支えた母体として丸ごと否定したのが戦後近代主義者だった。

ただ、ゴーラーは続けて、「権利と義務のよいバランスをもった民主的な政治パターンの見事な様式がもっと広く応用されなかったことは、日本にとって非常に残念なことである」としつつ、「村の民主主義」が存在すること、あるいは引用にある「村長は占領軍ともうまくやっていく」ことを挙げて、ベネディクトと同じく、占領による日本の民主化の成功に期待を寄せている。この点については、「占領が日本の民主主義を遅らせる」とするエンブリーとは明らかに見解を異にしている。

エンブリーは、連合国の占領に批判的見方を示しながらも、こうした「村の民主主義」に期待し、地方自治体の首長、閣僚、警察など日本の行政機関を仲介する「間接占領方式」の立場を取り（「日本の軍事占領」）、「直接統治」には否定的だった。

だが間接占領は、日本を統治してきた守旧派を必要とし、彼らを利する側面も併せ持っていた。上からの強制でも下からの民主化でもない統治方式は、同時に、GHQの政策を一手に具体化する官僚組織の裁量と地位を高め、中央集権を強めた。シカゴ大学で人類学を学びGHQ幹部だったハーバート・パッシンは、占領改革の中で「明らかに失敗だった」ものの一つに官僚制を挙げた（「占領がもたらしたもの」一九九〇年）。

一九四七年から五〇年に掛けて冷戦が激しくなるにつれ、結果的に、GHQ内の革新勢力は弱体化する。当初、民政局（GS）を中心として、社会民主主義的な思想を抱くニューディール派（アメリカの大規模な社会改革を目指すニューディール政策を推進した）は、ニューディール政策を日本に持ち込んで民主化を図った。しかし、冷戦という国際情勢を受けて、諜報活動や検閲を担当する反共的な参謀本部二部（G2）が民政局と対立。G2の勢力が強まると同時に日本の守旧派の勢いが盛り返し、エンブリーが望んだ日本の「真の民主主義」は遠のくことになる。

ゴーラーやベネディクトに従えば、占領政策や戦後民主主義は「日本の特異な文化」や「村の民主主義」を礎《いしずえ》に、表向き合格点ということになるだろう。一方エンブリーに従えば、「村の民主主義」はゴーラーが期待したようには戦後も「広く活用されず」、日本の民主主義は不徹底にとどまったことになる。どちらにしろ、冷戦によって転向を迫られたことで、アメリカの占領政策と占領に伴う日本の民主化は、不完全なまま幕を閉じ、現在に至っていると言わざるを得ない。

GHQの最初の須恵村訪問者

一九四七年（昭和二十二）三月、GHQ職員として初めて須恵村を訪れたのは、占領政策を主導した民政局（GS）の一員ジョン・ケネス・マクリーン（一九二一〜二〇〇五）だった。占領政策や民主主義に対するエンブリーの思いをよそに、来日したGHQスタッフの多くは『須恵村』に目を通していた。マクリーンも例外でなく、『須恵村』を携えた農地改革の調査団より二ヵ月早い訪問だった。

海兵隊で日本語を学んだマクリーンは、エンブリーに宛てた同年四月二十七日付の書簡で、「終戦以降、占領要員はまだ誰も須恵村を訪問していない」と告げている。当時、GHQに加わらなかったエンブリーに、戦後の須恵村の様子を知らせるために手紙を書いたという。エンブリーはバンコクの駐米大使館に勤務していた。

その中でマクリーンは、須恵村が空襲など戦争の直接の被害をまったく受けなかったことや、暮らしぶりは戦前と変わらず物資不足はあるものの食べ物には困っていないことなどを挙げ、「今の須恵村の人々は、少なくとも見掛けの上では幸福に過ごしています」と報告している。隣町の錦町木上《きのえ》（当時は木上村）にあった人吉《ひとよし》海軍航空隊基地は特攻隊の訓練に使われていたこともあってか、二度の空襲に遭い九人が死亡した。マクリーンは須恵村だけでなく周辺を訪問したことを明かしており、エンブリーに須恵村の無事を伝えて安心させたかったのだろう。

日本のリベラルな民主化政策の中心を担っていた民政局の政務課に所属するマクリーンが須恵村を訪問した目的は、「民主化の進展を調べるため」だった。手紙では、それまでGHQスタッフが指導したわけでもないのに、村民の民主主義に対する関心の強さに驚いたことを次のように書き送っている。

「(須恵村には) 民主主義と他の占領目的は、政府ルートと新聞、ラジオを通して伝えられるだけです。それなのに、われわれが達成しようとしていることに対する強い関心と、形だけでなく精神的にも民主主義の変化を実現しようとするとても誠実な協力がそこにあるのを知って、私は本当に驚きました。当然、まだ多くの政治的な未熟さが存在します。しかし、このことを最初に認めたのは須恵村の日本人自身でした。彼らは、アメリカの民主主義などについて私に山のような質問を浴びせました」。

マクリーンは、こうした村民の対応がエンブリー夫妻に負っていることを思い知らされる。

「私が訪れた平戸町や飯塚市や他の町よりも強い民主主義への関心は、村民がなお親密な記憶を抱いているあなたとあなたの奥様の影響によることは間違いありません。実際、彼らは、とてもあなたのことを褒《ほ》め、……あなたが住んでいた家を指し示したり、〝仮名《かな》〟で〝エンブリー〟と書かれた小学校の校舎の時計を私に見せてくれたりしました」。

エンブリーが懸念したGHQによる上からの民主主義であっても、須恵村には、それを受け入れる土壌がある、あるいはアメリカ的民主主義とは異なる草の根の民主主義があることをマクリーンは感じ取ったようにも見える。マクリーンが言う「政治的な未熟さ」は、あくまでアメリカの尺度で見たものだ。また、一週間の滞在の間、マクリーンを泊めた守永留吉元村長をはじめ村民が熱烈に歓待してくれたことも詳細に報告し、「まったく愉快に楽しく過ごしました」と述べている。守永もまた、マクリーンと親しく接した気持ちを句にしたためた短冊をエンブリーに渡すよう託している。守永は二十五歳と若いマクリーンの訪問をエンブリーと重ねたのかもしれない。短冊はエンブリーに宛てた手紙に同封されていた。マクリーンは後にCIAの日本政治アナリストになっている。

二ヵ月後に訪れた農地改革調査団の農業社会学者アーサー・F・レーパーも、エンブリー宛ての手紙で、村民がいかにエンブリーに親近感を抱いているかについてわざわざ触れている。須恵村を訪問したアメリカ人の多くが、戦後も滞在時と変わらないエンブリー夫妻に対する村民の情合《じょうあい》、互いに育んだ「はじあい」の関係を実感したようだ。

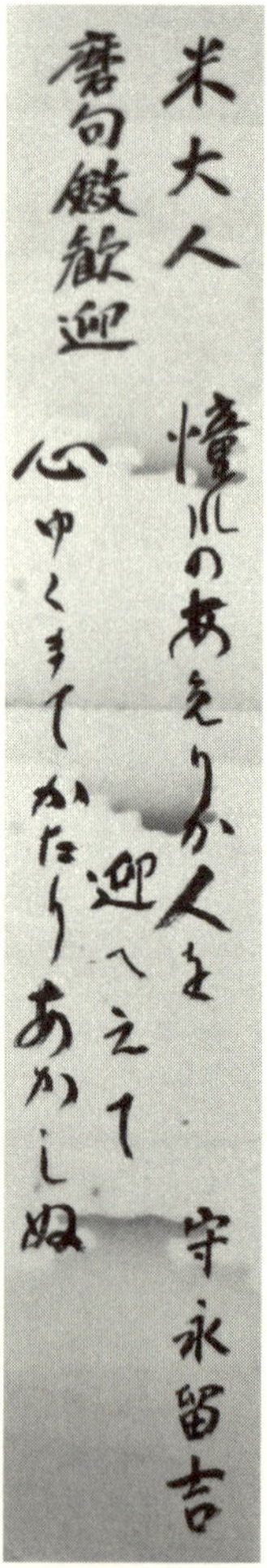

須恵村元村長の守永留吉がマクリーンに託した短冊（コーネル大学所蔵）

第十五章　象徴天皇制とエンブリー

戦前の博士論文に「天皇は国家の象徴」

「天皇は国家の象徴と見なされ、この宣伝には国民の父として現れた」。どこかで見たことがあるようなフレーズだ。そう、現行憲法第一条「天皇は、日本国の象徴であり日本国民統合の象徴」だ。

特に前段の「国家の象徴（原文は『the symbol of the nation』）」と「日本国の象徴（同『the symbol of the state』）」はほとんど同じだ。なお、「国民の父」の原文は「the father of his people」、「日本国民統合」の原文は「the unity of the people」である。「nation」と「state」の違いはあるが、「people」がともに使われている。英語の「people」は「国民」というより「人民」「民衆」のニュアンスが強い。

冒頭の一行は、実は『須恵村』（一九三九年）と、その基となった博士論文（三七年六月）の終盤に登場する。私は『須恵村』を十年以上前から紐解《ひもと》き、このくだりにも何度も目を通していたはずだが、気になることなく読み流していた。現憲法に慣らされた目には、「象徴」は珍しい言葉ではなかったからだ。

当時の明治憲法下において人々がただ信じるべき「現人神《あらひとがみ》」であった天皇を、エンブリーは「象徴」

と表現している。「父」という言葉をエンブリーがどこから引用したのか分からないが、国民の一体化を図る政府の「家族国家」教化政策を反映しているのは確かだろう。

一九三六年二月に須恵村からシカゴ大学に送った最初の報告では、「国は天皇のもの、国民は天皇のものであり、天皇のために死ぬことは名誉である」とあるが「象徴」の語はまだ使われていない。ちなみに、「シンボル」の翻訳語としての「象徴」は、中江兆民《ちょうみん》が訳書『維氏《ゆうし》美学』（一八八三年）でキリスト教に絡めて使ったのが最初とされる。

『須恵村』の一行に気付かせてくれたのは、歴史学者の中村政則（一九三五〜二〇一五）による『象徴天皇制への道』（一九八九年）だった。

エンブリーは『日本国家』をはじめとして、天皇制について幾つかの文献で言及している。エンブリーが問う「真の民主主義」を考える上で避けて通れないテーマである。天皇制についてエンブリーはどう考えていたのか。文献に当たっていると、中村の『象徴天皇制への道』に気になるくだりがあった。「象徴の起源」に言及した箇所で、中村はアメリカの公的文書における「象徴」の初出は「国務省極東課員マックス・ビショップによる四二年十二月付の覚書」だとしている。そこに「日本国民（あるいは国家）統合の象徴（a symbol of Japanese national unity）」と記されているという。

ということは、『須恵村』の「天皇は国家の象徴」という表現は、公的文書ではないものの、中村が指摘する国務省文書より五年半も早い。

ところがその後、政治学者・加藤哲朗（一九四七〜）の『象徴天皇制の起源』（二〇〇五年）の中に、中村説の先を行く記述があるのに気付いた。それは情報調整局（ＣＯＩ）が一九四二年四月十五日に作成した「対外情報部の日本へのプロパガンダのための基本計画」という文書である。「実際には日本民衆のシンボルである天皇（the Emperor who is actually the symbol of the Japanese people）」（筆者注：加藤は、現憲法で「国民」と訳されている「people」を「民衆」と訳している）と記載されているという。加藤説のほうが八ヵ月早い。可能な限り他の文献に当たったが、そもそも「象徴天皇の起源」を追究した研究はほとんどない。

中村と加藤に導かれて思い出したのが、エンブリーが作成したＣＯＩ報告「日本の社会関係」である。加藤が見出した対外情報部の「基本計画」と同じＣＯＩの文書だ。天皇制に関する記述に、確か「symbol」とあった覚えがある。読み直してみると、案の定、本文三ページ目にこう記されていた。

「国家的伝統の象徴（a symbol of the national tradition）そして国民の父としての天皇の機能は、日本の社会的団結を強めることである」。

『須恵村』の記述とほぼ同じとみていい。

「日本の社会関係」には、エンブリーがＣＯＩに在籍していた一九四二年三月十九日の日付が入っている。博士論文から五年後のことだ。また、まったく同じフレーズが『日本人』（一九四三年）でも繰り返されている。

ということは、言い回しはやや異なるが、加藤が取り上げたＣＯＩの「基本計画」より「日本の社会関係」のほうが一ヵ月早い。現時点では、エンブリーが使った「象徴」がアメリカの公的文書で初めてだったことになる。「象徴天皇」の論議に与えたエンブリーの影響は明らかでないが、以降、アメリカ政府で天皇制の存廃に関して「象徴」という言葉が定着していく。

戦後憲法の天皇制は、戦前の軍国主義下の天皇のあり方とは隔絶とも言える変化を潜《くぐ》っている。「象徴天皇制」という概念は、あくまで民主的な新憲法に伴う戦後の産物である。さらに、「象徴」という言葉が権威（カリスマ性）や権力をまとっているかどうか、その意味は戦後も曖昧《あいまい》なままだ。

とは言え、アメリカで戦前から使われていた「象徴」と、戦後装《よそお》いを新たにした「象徴」という言葉に連続性があるのは明らかだ。『須恵村』で「象徴」という言葉が使われていることは、エンブリーが天皇の「象徴性」に開戦前から気付いていた、ということを示す。エンブリーの天皇観の起点となる見方である。


さらにエンブリーは「戦後日本の民主主義」（一九四四年）で次のように述べる。

「天皇は国民統合の象徴（a symbol of national unity）であり、また日本の二千年の国の歴史の生き証人という役割を負う」、「最も教養のある日本人は、天皇が政治的に活動する支配者というより、国民統合の象徴だという事実に完全に気付いている」。より明確に「象徴天皇」を位置付けていることが分かる。

現憲法は、言うまでもなくGHQの下で制定されたが、少なからぬGHQ士官が『須恵村』を占領政策の参考に読んでいた。にもかかわらず、象徴天皇に関する重要な発信をしたエンブリーは天皇制研究から完全に抜け落ちている。『象徴天皇の起源』でも、加藤はエンブリーの名を日本研究者として紹介しているが、天皇制との関係には触れていない。

天皇機関説と『武士道』

では、「象徴」という言葉を、開戦前、日本語の文献にうといエンブリーはどこで知ったのだろうか。「象徴」に類する表現としてエンブリーにヒントを与えたかもしれないのが「天皇機関説」である。

天皇機関説は、大正デモクラシーを導いた法学者で貴族院議員の美濃部《みのべ》達吉（一八七三〜一九四八）が「国家を法人とし、天皇もその法人の機関」と位置付けた学説だ。しかし、これを不敬とする軍部の反発が強まる中、一九三五年（昭和十）十月には、政府がそれまで通説とされていた天皇機関説を禁止。さらに美濃部は翌年二月、右翼の銃撃を受け重傷を負う。

『須恵村』の原書には、巻末「付録」として、一九三六年九月二十七日に行われた諏訪神社の例大祭の「神主の講話」が掲載されている。「わが国は西洋文明、例えば美濃部の事例によってひどく汚された」。神主の講話は当時、須恵村でも天皇機関説が話題になっていたことを表している。エンブリーが関心を抱いたことは疑いない。

一方、『須恵村』でエンブリーが引用した一九三六年九月の『フォーチュン』日本特集号では、「誰が帝国を動かしているのか」というタイトルの記事で、天皇機関説を「リベラルな考え」として紹介。美濃部襲撃にも言及している。

同時に『フォーチュン』の記事には、「神話上の象徴」「象徴のより偉大な栄光」という言い回しが登場する。ここでは、天皇に関して政治的権力を持たない「操り人形」の意味を込めて使われている。エンブリーが「象徴」を初めて使った一九三七年六月の博士論文の参考文献の中で、『フォーチュン』以外に「象徴天皇」に言及したものはない。エンブリーが天皇機関説と関係付けて「象徴天皇」の表現を思い描いたと想定することは十分可能だ。

日本で知られている最も古い文献は、新渡戸稲造《にとべいなぞう》の『武士道』（一九〇〇年、アメリカで先に出版。邦訳は八年後）と思われる。新渡戸は、第二章でフランスの政治学者エミール・ブートニーがイギリスの王室を「権威のイメージであるだけでなく、国民統合の創造者であり象徴（同「the author and symbol of national unity」）」と述べていることを引き合いに、「このことは日本の皇室においては二倍、三倍に強調されてよい」と天皇の象徴性に言及し、その後の英文著作でも「象徴天皇」論を繰り返している。

中村政則によると、イギリス王室に対する「象徴」という表現に関しては、ウォルター・バジェットの『イギリス憲政論』（一八六七年）に「目に見える統合の象徴」と記しているのが最初とされる（『象徴天皇制への道』）。ブートニーはバジェットを参考にしたのだろうか。日米どちらで先に使われたかはともかく、いずれにしろ「象徴」の起源はイギリスにあるらしい。

明治天皇から健康問題を抱えた大正天皇へ、そして軍国主義時代の昭和天皇へと「象徴」の意味合いは微妙に変化するが、新渡戸の言い回しは次に紹介するエンブリーの『日本国家』とよく似ている。事実、『須恵村』と『日本国家』の参考文献には新渡戸編の『近代日本における西洋の影響』（一九三一年）が挙げられている。エンブリーが『武士道』の存在を知らなかったはずはない。

ただ、こうした文献に基づくことなく、神話や宗教儀礼の研究など人類学で慣用的に使われている「シンボル（象徴）」という用語を、エンブリー自身が天皇の位置付けとして違和感なく援用した可能性も捨て切れない。

その後エンブリーは、『日本国家』でも、随所で国家神道に基づく天皇の「基本的役割」などを分析、開戦直前から終戦までの六年の間に徐々に天皇観を整えていったように見える。文献それぞれの狙いが異なるので一概には言えないが、ここでは『日本国家』の天皇観を素描してみたい。

エンブリーは同書を日本軍の真珠湾攻撃から書き起こし、結びを天皇に関する記述で終えている。索引に挙げられた天皇に関する記述だけでも計二十ヵ所に上り、日本の民主主義にとっての天皇のありようを重視していたことが読み取れる。エンブリーの天皇論は『日本国家』に集約、分析されていると言っていい。

「神のように降臨した国（筆者注：原文は「nation」）の統治者として、天皇は国民統合の強力な象徴である」。

まず、『日本国家』の「天皇の役割」と題された一節に、そう記されている。その上で、エンブリーによる天皇の基本的な位置付けは次のようなものだ。

「日本の政府における天皇の機能は、日本の歴史のそれぞれの時代に大きく変化した。徳川時代は、天皇は主に儀礼的な存在だった。そして、すべての政治権力が将軍の手にあった。明治時代には、政権は天皇の手にあるだけでなくて、明治天皇は国家政策の決定において、天皇自身積極的だった。そして、今日、天皇が象徴的に政権の中心であり続けたとしても、実際の機能は帝国の助言者の手にある。天皇の神聖な家系と無謬《むびゅう》性が強調された国家神道のシステム全体は、徳川時代後の新しい展開である」。

エンブリーは、政治権力を持たない儀礼的な天皇とその権威を借りる幕府の二重構造だった江戸時代までと、天皇が形式的にせよ大日本帝国憲法によって「統治権（統帥《とうすい》権）」を有する明治時代、そして天皇が軍部と国家神道に担がれた戦争中と、その連続性と質的相違を指摘している。同じ「象徴」でも、「儀礼」と「権力」という異なった意味合いを見て取り、近代の国家神道と天皇の位置付けが伝統を装った新たな教義だというエンブリーの歴史的な見方は明確だ。女性天皇が禁止されたのも明治以降のことである。

さらに、「国家神道の廃止」を予告し、終戦後の天皇制の存続についてこう記す。

「現在の状況の皮肉は、アメリカ政府は日本政府の筋書き通りに天皇の役割を受け入れ、その権威を傷付けるような宣伝を許可しないということ、加えて日本占領の場合には、法と秩序の名の下に、アメリカの軍政府の士官は、天皇の地位に影響を及ぼしそうなどんな革命的な動きも間違いなく抑制するだろうということだ」。

アメリカ政府が天皇制の存続を認め、また天皇を糾弾することを許さない状況をエンブリーは「皮肉」と言う。批判的なニュアンスを込めながらも、ここまでのところでは、天皇制の存廃についてエンブリーは立場を鮮明にしていない。

先に引用した「日本の軍事占領」でエンブリーが「占領軍の強制によって天皇の退位とか、日本軍の抑制をしようとしても、失敗する運命にある」と予想したことを指して、エンブリーが天皇制存続に賛成だったと見るのは早計だろう。エンブリーは、占領政策による「強制（上からの民主主義）」によっては天皇の退位も成功せず、「革命的な動き」あるいは「真の民主主義」が抑圧される可能性に懸念を示したかったのだ。

エンブリーが共産党などによる当時の「革命的な動き」をどの程度理解していたか、「革命」をどんな意味で使ったのかは明確でないが、天皇のあり方は日本国民自身が決めることであり、革命にせよ他の方法にせよ、占領軍は介入すべきではない、という主張である。日本の民主化と天皇制を重ね合わせて考えていたと読み取れる。

占領による民主化に対するエンブリーの疑念の背景の一つとして、私は戦時転住局（WRA）でのエンブリーの経験があると思う。強制収容所で当局は、日系人にアメリカの民主主義を教え込むことによってアメリカ化しようとした。特に忠誠登録の二十八番目の質問には「天皇の拒否」が含まれていたが、日系人に強い反発を引き起こした。遠い故郷に戻ることもかなわぬ異国の抑留日本人にとって、郷愁が天皇への思いに重なる部分があったかもしれない。須恵村の村民とはまた違った反応を目の当たりにして、天皇制廃止を強制することによって真の民主主義は達成されないことをエンブリーは知ったのではないか。

天皇制存続へ動いた人類学者

ゴーラーやベネディクトら戦時情報局（ＯＷＩ）に属した人類学者による国民性研究が戦後の天皇制存続の是非に及ぼした影響も大きかった。天皇制存続が戦後日本の変革の妨げになるか、平和的な民主制移行へのバックアップになるか、アメリカでは開戦直後から重要なテーマとして検討されていた。

人類学者では、ゴーラーもベネディクトも、天皇制存続論者だった。「多くの日本人にとって、天皇抜きの憲法は考えられないことであり、そして外国人による力尽《づ》くの強制的な退位は、思い描いている目的とは全く反対の結果となる精神的な混乱と、戸惑いの状態を生じさせることになるだろう」（ゴーラー『極端な事例　日本』）というのが共通する理由だ。

ただしベネディクトは、天皇制廃止論に対抗して当局に提出したメモ「天皇をどう処すべきか」（一九四五年）の中で、「日本が望むのであれば」と前置きしつつ、「その慣習を損なわず、現天皇の代わりに後任者を据えることも認めなければならない」と、戦争責任論に基づく昭和天皇の処遇と天皇制存続を分けて考えていた。ＯＷＩに影響力を与え天皇制存続に大きな役割を演じた元駐日米大使のジョセフ・グルーも同じ考えだった。しかしアメリカは、検討された幾つかの選択肢――天皇制の廃止、昭和天皇の処刑あるいは退位、東京裁判への出廷など――を、いずれも退けた。

ジョン・ダワーによれば、アメリカによる天皇制存続支持は、人類学者らによる「文化的差異の尊重」に従って、「イデオロギーの教化、ファシストの組織化、それに日本を戦争に導いた軍国主義的超国家主義といった、あらゆることの肝心かなめのものを保持するよう主張しているのに等しかった」（『容赦なき戦争』）。

「文化的差異の尊重」は文化相対主義を意味するが、ダワーには「巧みな文化的操作」としか思えず、日本人の特異性を強調する人類学者の「お決まりの人種主義的な考え方」と同列にすぎなかった。暴力的で残忍な日本人を激しく非難していたアメリカが、その「肝心かなめ」の天皇制を許容したことは、ダワーにすれば「時代の趨勢《すう》から、並はずれて寛大なもの」であり「文化的な寛容」に見えた。

だが結局それも、日本の混乱を抑え共産主義の日本への影響を食い止めたいアメリカの思惑に従ったものであり、エンブリーの「真の民主主義」という点から議論の余地があろう。

フランスの人類学者クロード・レヴィ＝ストロース（一九〇八〜二〇〇九）は、天皇制存続が戦後日本の混乱を防いだとするベネディクトを「人類学的精神の功績」として、ダワーと同じ見方で、かつダワーよりも高く評価する（『現代世界と人類学』一九八八年）。そして昨今、それを疑う人もいないように見える。『人種と歴史』（一九五二年）で西欧中心主義を両断したレヴィ＝ストロースもまた、「文化相対主義の立場から」ベネディクトは日本の天皇制の歴史を重んじたと言う。「（天皇制という）たったひとつの要素を除くだけでも、（日本の内的均衡の）全体を解体させる危険がある」と。

天皇の戦争責任を裁いた場合、天皇信奉者によるGHQ攻撃と、共産主義者による革命的活動という相対立する二つの立場からの騒乱が懸念された。しかし、これもまた私には、先に触れた相対主義のジレンマの一つの例に思える。ベネディクトやレヴィ＝ストロースが抱いた危惧は、日本人の国民性に対する憶測と自民族中心主義がもたらした思い込み、という側面はなかったか。

レヴィ＝ストロースの言う「人類学的精神の功績」は、エンブリーの目にはむしろ、「人類学が世界の救済への唯一の真の道筋であり、だから、国家の政策決定者を導くためにだけ使われるべきであると主張すること」（「応用人類学およびその人類学との関係」）の誤り、つまり相対主義の仮面を被った自民族中心主義と映るのではないだろうか。

終戦直前の一九四五年（昭和二十）六月初旬に行われたアメリカの調査会社ギャラップによる世論調査では、「戦後、日本の天皇をどう処置すべきか」という問いに対し、「死刑」三十三％、「戦争犯罪の裁判を支持」十七％、「収監」十一％、「追放」九％と、アメリカ国民の七割が天皇に対する厳しい処罰を支持していた。この国民世論に逆行する天皇制存続に傾いたＯＷＩ所属の人類学者らは、原爆投下と同じように、日本人や日本軍の攻撃性をアメリカ国民に強く印象付けた対日プロパガンダの効果を複雑な気持ちで眺めたに違いない。

しかし東京裁判（極東国際軍事裁判、四八年十一月閉廷）では、連合国は天皇の戦争責任を裁かず、天皇も自ら責任を取って退位することはなかった。天皇制存続は、ＧＨＱにとって、日本のためというより、何よりも占領政策を穏便に進めることが狙いだったように思える。

「天皇が皇位にあるか否かを問わず」

象徴としての天皇の存続論が強まることに対し、エンブリーはどんな論陣を張ったのだろう。「日本の軍事占領」には、『日本国家』よりも天皇に関する革新的な姿勢が色濃く滲み、少なくともベネディクトらの天皇制存続論に与《くみ》してはいない。民衆による「根本的変革」が成されれば、それは天皇の退位も含むことを示唆してさえいる。ただ、それをまだ自らの政治信条として明言していないところが、ベネディクトらとの違いだ。また、エンブリーと思想的に近いとみられる三人、「天皇退位」を主張したカナダの歴史家ハーバート・ノーマンや「天皇制廃止」に言及した中国の思想家・胡適《こせき》との、そして逆に「天皇制存続」を唱えたジャーナリストのヘレン・ミアーズとの違いでもある。

例えば、大戦末期の一九四五年一月二十五日にホットスプリングスで開かれた太平洋問題調査会の会議では、第九章で紹介した中華民国の元駐米大使・胡適は「多くの中国人は天皇制廃止に賛成である。個人的見解だが、天皇はロンドンに転居すればいいと思う」と訴えた。また、カナダ外務省極東部員だったノーマンも「占領軍は天皇をひそかに葉山に移し、摂政または摂政委員会を設けたらいい」と述べたという（児島襄『天皇と戦争責任』）。

一方ミアーズは一九四三年十二月の論評「日本の天皇」で「国民統合の象徴」という表現を使って天皇制の必要性を提唱。戦後の『アメリカの鏡・日本』（一九四八年）でも「戦争がなければ、日本人にとって天皇は軍事的象徴ではなかった。……『天皇制』と『国家神道』は、私たちが民主的と呼ぶ世界のどの国でも、国の特性に応じてさまざまに現れる現象である。……私たちの民主主義同盟であるイギリスは王室をもっている」と平時における天皇制を擁護した。これらの対応に比べエンブリーの表現の〝曖昧さ〟は、日本人が考える天皇のあり方の何たるかに対する慎重さを表わしている。

エンブリーが『日本国家』で、天皇の扱いに対する見解を滲ませているのが、前章でも一部引用した次のくだりだ。「将来、日本社会の深刻な混乱を招かずに、イギリスの国王の役割まで天皇の力を弱められるだろう」と予測しつつこう述べる。

「天皇が皇位にあるか否かを問わず、将来、日本は状況次第で孤立主義者、国家主義者または国際主義者になるだろう。ドイツは皇帝（カイザー）を替えるためになんとか新しいシンボルをつくることができた。そして、日本でも同じことが簡単に起こり得るだろう」。

ここでのドイツの例は、一九一八年のドイツ革命を指す。「天皇が皇位にあるか否かを問わず」というくだりに、天皇の存在が日本の針路には根本的な影響を及ぼさないことが示唆されている。ここから、エンブリーは「下からの民主化」によって、カイザーに相当する天皇の退位を念頭に置いていたのではないかと想定することができる。

ところが、終戦直後に『ニューヨーク・タイムズ・マガジン』（一九四五年九月九日付）に寄せた記事では、「天皇機関説」を引き合いに、天皇のあり方をこう予想した。「天皇の存続でさえ民主主義の発達にとって克服できない障害ではない。天皇は軍国主義の象徴だったが、その役割は真に立憲君主の役割に発展するかもしれない」。

アメリカ政府が天皇制存続に傾く中、「天皇制民主主義」を肯定するかのような見解だ。天皇制に否定的なニュアンスが漂う『日本国家』と微妙に異なるエンブリーの立ち位置は、論評の時期が終戦前と後という状況の違いによるのか。早くから「象徴」に言及していたにもかかわらず、エンブリーの天皇論がGHQで参考にされた形跡がないのは、こうした〝曖昧さ〟ゆえだろうか。

「農民は元々、愛国心のような問題に悩むことがなかった」

ところで、天皇制を支えた日本人の心意について、熊本に住む評論家・渡辺京二（一九三〇〜）は「共同性への飢渇《きかつ》」（『日本コミューン主義の系譜』一九八〇年）と表現する。

「この共同性への飢えは直接わが国の共同体民の伝統的心性から発したものというより、市民社会的現実の進展のただなかに、共同体から駆り立てられ漂流する個の、特殊に昂進した欲求とみるほうが正確である。……この飢渇は天皇制共同体神話とのあいだに、おそるべき共鳴をひき起した」。

故郷（共同体）を失い都市で漂流する孤立した人々の、観念化した思い出の中だけで故郷を懐かしむ心が天皇制と共鳴し支えた、というわけだ。「市民社会的現実のなかに投げ出された」基層生活民は「個として天皇に直通するほかなかった」。

これに対して、都市に希望も幻想も抱くことなく、須恵村のようなムラで暮らし続ける人々は、天皇制に対して「おだやかな生活感覚とは異質な……病的に近い飢渇感」を抱く必要がなかった。

よく似た論理が、政治学者の神島二郎（一九一八～九八）にも見られる。神島は、「近代日本における天皇制の正統性的根拠は基本的には自然村（第一のムラ）的秩序におかれる」ことを前提にしつつ、「天皇制ファシズムの精神構造の核心を形成」したのは、「第二のムラ」とする。

神島が言う「第二のムラ」とは、明治以降の近代化によってムラを去らざるを得なかった都市中産層が、「今や回想の対象でしかないムラを美化し彼らの心象内部に観念化された村」として生み出したものだという。彼らにとって、それが「社会倫理の基盤」となった。その結果、第二のムラは「自然村的な実体的大家族制に支えられた長老＝権威中心をもつものではなく、観念化された形での焦点を模索せざるをえなかった。この心情的焦点を提供したものが天皇制」（『近代日本の精神構造』一九六一年）だという。

その当否については議論があるだろう。故郷を離れた基層生活民や第二のムラが抱く「共同性への飢渇」が「天皇に直通する」という発想は、故郷―家族―祖先―天皇という連想に頼るのかもしれないが、やや強引との見方もできよう。神様仏様（祖先）に祈っても、「天皇様」に祈ることはない。むしろ私たちにとっては、飢渇の対象としては〝故郷の母〟の方がふさわしいのではないか。しかしそれでも、須恵村などの「第一のムラ」で天皇への信奉が希薄な理由の一端は分かる。天皇という存在が農業を主業とする「自然村的秩序」に根拠を置くという見方についても、それは天皇制側の論理であって、少なくとも「第一のムラ＝自然村」側の論理ではない。

渡辺や神島と似た発想で、農村と都市の関係を解説した一節がエンブリーにもある。

「（都会人と農民の）社会的距離は、時に農民の欲求に対する都市住民の無知と、商人と資本主義者に対する農民の不信を招く。このことは、しばしば農民と軍が同じ立場だと感じる時、特に重要である。農民にも兵士にもよく分からない貨幣経済と関連した財政不安は、軍が農民と労働者に支持を訴える時に、そのスケープゴート（身代わり）として都市の資本主義者を利用することを容易にする」（『日本人』）。

二・二六事件を思い出させるこの一節を、エンブリーは『日本国家』の中でも「パトリオティズム」に引き寄せて繰り返している。この場合の「パトリオティズム」は「愛国心」でなく「愛郷心」が適当だろう。

「農民は、強い愛郷心を抱いているが、国家主義者の教義の細部にはまったく関心がない。かれらは、土によって生きるという現実に専念し、経済生活との関連性がよく分からない都市住民の考え方とは違う生き方をしたいと思っている」。

エンブリーによると「米を作るだけ」の須恵村の農民は「愛国心に悩むことがなかった」（1936年6月、エンブリー撮影）

須恵村では、「米を作るだけ」の農民は元々「愛国心のような抽象的な問題に悩むことがなかった」（『須恵村』）。愛国心も天皇崇拝も、国による中央集権と国家主義によって植え付けられた、というのがエンブリーの見方だ。「天皇は現人神《あらひとがみ》」というより先に、ムラには山の神や水神《すいじん》、荒神《こうじん》さん、さらには地蔵や観音など、神は身近なあちらこちらにおわしますのだ。

封建的でもあり民主的でもある須恵村のような農村社会では、現実の秩序や倫理が、観念的な擬制である天皇を崇《あが》めることより優先したことは、容易に想像できる。「（新嘗《にいなめ》は）朝廷の御事業であって、個々の稲耕作者たちの問題で無く、嘗の祭の一般共通性などは、考へて見る余地も無い」（柳田國男「稲の産屋」）。ムラの田植えや稲刈りは、天皇が大嘗《だいじょうさい》祭のような稲作儀礼を司るという伝統とは元々無縁だった。「愛郷心」のない「愛国心」に基づいた天皇制国家神道は仏教や民間信仰を抑圧したが、ムラが国家神道一色になることはなかった。

その意味では、ムラの慣習が希薄になり続ける戦後の国民の天皇観は、天皇家のメディアへの露出、特にテレビによる演出効果によって、巷《ちまた》の神々よりもむしろ身近になった、と言えるのかもしれない。

「天皇陛下は人間で、とても偉か人です」

エンブリーが『須恵村』で取り上げた「神道に属する家族」の例が面白い。

「この教派は、天皇の祖先は神に宿るという信仰を通じた治療を特徴としている」が、裕福な家族なので部落の中で孤立するようになる。その結果、「民主的な協同や日常生活の贈り物のやりとりから生じる社会的価値を失う傾向がある。こうして、この『喪失』を埋め合わせるために家族はこの新興宗教の信者に変わった」という。この家族の宗教は国家神道に類すると推察できる。エンブリーは「新興宗教」と呼んでいるが、『日本人』では「乱暴な文化的宗教復興運動」という表現で国家神道に触れている。

そしてエンブリーは、この信仰をニューギニア土着のタロ信仰と比較し、「オロカイバ人（筆者注：パプアニューギニア北部に住む少数民族）がある社会的『喪失』を埋め合わせるために『タロ』崇拝を始めたのと全く同じ」と分析する。タロはタロイモのことで、失われた死者の魂を守る儀式によって、同時に豊穣を祈るという。この場合の「喪失」は死者であり、祖先（祖霊）信仰を思い起こさせる。

エンブリーは「祖先が宿った神」あるいは「国民の父」として天皇を崇拝する心的根拠を、個人の一つのケースとして、部落の協同を受けられないという孤立に伴う共同性の「喪失（感）」に求めた。片や渡辺や神島は類比的に、共同体のレベルにおいて故郷＝ムラの共同性の喪失に求めたというわけだ。

ともに、自発的というより、権力によって仕向けられた結果でもあった。大きな影響力を発揮したのが新聞と教師、というエンブリーの指摘は鋭い。渡辺の表現を借りれば、支配エリートと基層生活民をつなぐのは中間イデオローグ、分かりやすく言うと、権力と人々をつなぐのは知識人、ということである。

新興宗教としての国家神道に基づく天皇制、国家が吹き込む天皇という存在は、部落の中に浸透するには具体性がなく、遠すぎた。元来、「故郷」である部落で生きる人々に「喪失」という言葉が意識されないのは当然だ。

須恵村の女たちは皇后について、「なるほど、たしかにドレスば着とる。なんででしょう」と言って笑いこけ、「皇后の髪型と開いた襟ばごらんなさい。皇后はあんたのような格好ばしとるじゃなかね」と叫ぶのだ。そして、「もし、巡査が私たちの話ば聞いたら、私ばつかまえて、牢獄にほうりこむでしょう。でも、巡査には聞こえんよね」と屈託がなかった（『須恵村の女たち』）。

そんな会話を通じてエラが感じたように、ムラには「中央政府によって徹底的におしすすめられている天皇崇拝についての女たちのあやふやな理解」しか存在しなかった。村民が「天皇陛下は神様のようにしとりますが、本当の神様ではなかとです。天皇陛下は人間で、とても偉か人です」と話す言葉が実態を物語る。「偉か人」は「近しい人」とは異なる。

「国民の父」（エンブリー）という政府の天皇崇拝「宣伝（プロパガンダ）」が村々に浸透していたことは確かだろうが、しかしその実、天皇とは「こんなもの」（『須恵村の女たち』）にすぎなかった。

「この世でもっとも平和的」とエラが感じたムラの人々にとっては、天皇にしろ愛国心にしろ、人々に不利益をもたらさない限り、それらはあってもなくてもどうでもいいもの、最初から無化された存在だった。逆説的だが、だからこそ終戦後、戦争の最高責任者だった天皇が、一夜にして平和の象徴となることもできたのだろう。アメリカ側による「平和主義者としての天皇」という宣伝工作があったとはいえ、である。

須恵村の状況を他の農村や都市に一般化できるかどうか、あるいはエンブリー夫妻の思い込みが全くなかったかどうか、という指摘があるかもしれない。終戦から一九四五年十二月にかけてアメリカ戦略爆撃調査団が日本で実施した調査では、「天皇の在位を望む」が六十二％を占めた（『資料・日本現代史２』）。報告は「圧倒的に在位を望んでいた」とするが、微妙な数字ではないだろうか。

ヘレン・ミアーズは「イギリスは王室をもっている」と天皇制を擁護した。立憲君主制の国は、歴史が最も古いイギリスを始めとして、スペイン、デンマーク、オランダなどヨーロッパを中心に英連邦各国を除いても世界二十ヵ国を超える。これらの国が民主主義を実践していないとは言えない。君主を持たない共和制でなければ民主的でない、とは言い切れない。逆に革命後にできたワイマール共和国が独裁者ヒトラーを生んだ例もある。

例えば私が三度訪問したブータン。国王自身の提起により、二〇〇八年に初めて国民議会選挙を実施するとともに憲法を制定した。国王は、日本の天皇と同様に「王国と国民統合の象徴」と規定。国王の六十歳定年制まで導入され、王政から立憲君主制の民主国家へ移行した。しかし、ブータン王国という国名はそのままだし、象徴とは言え国王の政治的影響力は天皇の比ではない。このようなシステムであっても、「幸せの国」の国民の絶大な信頼と尊敬を受けている以上、民主的でない、とは言い切れないだろう。

これに対しては、「天皇制民主主義」は容易に「天皇制軍国主義、独裁主義」に逆行し得るとの反論、あるいは天皇制がある限り、被差別部落をはじめとする差別の構造は解消しない、という見方もできる。

エンブリーが見たムラの信仰にとって、また政治にとって「国家の象徴」である天皇とはどんな存在だったのか。天皇制の是非についてエンブリーは明快な解答を示さなかった。

戦後、天皇が「統帥権」を「総攬《そうらん》（一手に掌握）」する主権者でなくなったことは大きな違いだが、エンブリーが見抜いていたように、戦前も天皇に実質的な権限はなかった。とすれば、やはり憲法第一条の「国家の象徴」とは何か。「平和の象徴」なら分かる。戦前のような「戦争のための象徴」でもまだ分かる。だが今、天皇はどんな「国家」の象徴なのか。エンブリーはその点も明らかにしなかった。

戦争を始め、そして終わらせた戦前の天皇は、戦後の「象徴天皇」と隔絶するのか連続するのか。一個の人間である天皇が、人権上も特別扱いされ崇拝される権威であることの意味を問い、私たち自身の内なる天皇制を見つめ直すこと。それは自ずと「真の民主主義」の意味を問うことにもつながるに違いない。

第十六章　『須恵村』と農地改革

「農地改革の生みの親」ラデジンスキーの須恵村訪問

エンブリーは連合国による占領に懐疑的だったが、その思いと裏腹に『須恵村』が占領に与えた影響は大きかった。特に、戦後改革の柱の一つである農地改革で果たした役割は見逃せない。

エラは『須恵村の女たち』にこんな証言を残している。

「連合国軍最高司令部が、エンブリーの『須恵村』を携えてこの村にやってきたことから、この本は第二次世界大戦後の農地改革計画にたいしても、ある程度影響力を発揮したということである」。

また、エラの回想録「五十年後の須恵村」（一九八八年）では、それを裏付ける次のような具体的なエピソードを紹介している。占領による日本の民主化を論じる際に、『須恵村』が隠れた教科書だったことを物語る一こまだ。

「第二次世界大戦後、多くの人がいろんな理由で須恵村を訪れた。その中に、アメリカの占領期間に農地改革計画に取り組んだウォルフ・ラデジンスキーとＳＣＡＰの他のメンバーがいた。村役場には、一九四六年にアメリカ軍の少佐によって招集された村の職員の会合の古い写真がある。少佐は、古い小学校の二階の部屋の前に立って、ジョンの本を持っている」。

自らの意志で連合国軍最高司令官総司令部（ＧＨＱ／ＳＣＡＰ）スタッフの誘いに乗らなかったエンブリーが、そんな光景を見たらどんな感慨を抱いただろうか。

文中のラデジンスキー（一八九九～一九七五）は、「農地改革の生みの親」と呼ばれ、ＧＨＱ改革でも最も重要な人物の一人だ。アメリカの農務官僚で、一九四五年（昭和二十）末に来日し、翌一月からＧＨＱ天然資源局の農地改革の顧問に就任。日本政府が四五年十二月に公布した第一次農地改革法案を不十分として、より徹底した改革を立案した。反共産主義者であり資本主義的民主主義、家族小農主義者を自任していた。

ラデジンスキーが少佐だったことは間違いないが、一九四六年に須恵村を訪問したという記録はないため、エラが記した「少佐」はラデジンスキーではないと思われる。しかし、『須恵村』のコピーを持った少佐は役場の職員たちにエンブリー夫妻のことを尋ねたに違いない。身を固くしてＧＨＱの少佐らを迎えた村民の心を解きほぐすために、彼は『須恵村』を持参したのだろう。

エラはその脚注で、この会合の写真が一九八五年（昭和六十）に須恵村に招かれた際に見た新聞記事だったとし、「会合は須恵村では唯一外国の人類学者が立ち入りを禁止された場所で開かれた。少佐は天皇の写真が貼ってある木製の戸の飾り棚の前に立ち、その部屋は古い小学校の一室で、飾り棚は一九三〇年代に須恵村で最も神聖なものとされていた」という。「飾り棚」は奉安庫《ほうあん》と思われる。

一方、一九八五年八月七日の熊本日日新聞に、エラが見たのと同じ構図の写真が使われている。連載記事「占領下の熊本」（八五年七～八月）の二十三回目で、写真は四九年（昭和二十四）十二月十日に撮影されたものである。後で触れる農地改革調査を担ったＧＨＱ天然資源局長で地質学者のヒューバート・シ

60. 8. －7

P3

占領下の熊本

米軍記録

㉓

昭和十年から翌十一年にかけて須恵村に滞在したエンブリー夫妻は奉安殿のある須恵小学校二階の講堂への入室は軍部から拒否されたという。その奉安殿を背に米軍人があいさつをしている。集まっているのは村幹部。時代が変わったわけだ。

横顔の米軍人はSCAP（GHQ）天然資源局のシェンク陸軍大佐。右側には村の農地委員（今の農業委員）、左側には校長、収入役の姿が。

奉安殿の前で

（24・12・10撮影）

シェンク大佐の向かって右二人目に座っているのは当時、助役だった恒松新緑さん(78)。「イスが低かったことと何かあいさつをした記憶はあるが、これが何の会合だったか内容は残念ながら覚えていない」という。

恒松さんを除いて出席の村幹部は故人だが、関係者の記憶をたどると右側奥の方から岩崎秀道、荒木茂、北川良男の各氏、左側一番手前が愛甲俊男収入役のようだ。

（米陸軍撮影・資料）

須恵村を訪れたＧＨＱのヒューバート・シェンク大佐の記事
（1985年8月7日、熊本日日新聞）

ェンク大佐が写った須恵小学校での会合の様子だ。シェンク大佐は奉安庫の前に立ち、手に本を持ってあいさつをしている。その本が『須恵村』だと想像することは難しくない。

とすれば、訪問直前に掲載されていることからして、エラが一九八五年に須恵村で見た記事はこの熊本日日の連載記事だった可能性が強い。回想文は、四六年と四九年、少佐と大佐というエラの記憶違いとも考えられる。

どちらにせよ、ムラの自治や協同の中に民主主義を感じたエンブリーの『須恵村』を、少なくともＧＨＱが知っていたこと、それを活用しようとしていたことは確かだ。しかもＧＨＱの陣容の中には、シカゴ大の民政訓練学校（ＣＡＴＳ）でエンブリーの講義を受けた士官もいた。

ラデジンスキーは、駐日アメリカ大使館付農業担当官時代の一九五三年（昭和二十八）七月、「九州への現地調査旅行」と題する報告書を大使宛に提出。その中で、四八年二月と五三年五月の二度、須恵村を訪問したことを明かしている。四八年の九州訪問の際、農地改革開始から一年後には改革が徹底して行われていることを知るが、特に須恵村は「改革前には六十四戸あった純小作は消滅し、百十戸あった半地主あるいは半小作はたった二十戸に減った」として「満足な状況」などと分析している。

また、エラがシェンク大佐をラデジンスキーと勘違いしたとすれば、ラデジンスキーが当時ロシアで迫害されていたユダヤ系ロシア人という共通点があったことから、どこかで親近感を抱いていたためかもしれない。ラデジンスキーは日本人からも「ラデさん」と愛称で呼ばれるほど親しみやすく穏やかな人物だったという。それにもかかわらず、マッカーシズム（赤狩り）の中で一時農務省を追われるという目にも遭っている。

農地改革のキーパーソンであるラデジンスキーの目標は明確だった。「今回の農地改革を通じて連合国司令官の意図するものは、日本に於ける自由主義および民主主義を窒息させていた族長主義的制度を全国的にも地方的にも根絶することに在る」（『日本に於ける農地改革の前途』）。「族長主義的制度の根絶」、つまり封建的な旧弊の打破が最大の狙いだ。第一次改革が日本政府の主導で実施されたのに対し、第二次改革は完全にGHQの手の内にあった。しかし、ラデジンスキーは、その事業の難しさも十分に認識していた。

第一次改革が日本政府に対するGHQによる強制的な「指令（覚書）」（一九四五年十二月九日）に基づいたのに対し、第二次改革は「勧告」に抑えられた。その理由について、イギリスの社会学者ロナルド・P・ドーア（一九二五～）は『日本の農地改革』（一九五九年）で、GHQが「農地改革が極めて影響の激しい重大な事業であることを思い、計画が日本政府の自由意思によって立案施行されることを望んだ」ため、としている。

農地改革に際して須恵村を訪れたウォルフ・ラデジンスキー（1899～1975）

第一次改革で日本政府が地主の小作地保有限度を平均五町歩（一町歩＝九九・一七アール）と緩く設定したのに対し、ラデジンスキーらによって指導された第二次改革案は平均一町歩に対象を拡大するなど地主に厳しい内容になった。

勧告に沿って作られた法案は一九四六年十月に成立、公布され、第二次改革は五〇年にかけて実施に移された。農地改革に関するラデジンスキーの論文「日本の小作制度」（一九四七年）はＧＨＱの報告書として公刊されている。

エラは回想で、「農地改革の構想が『須恵村』に書かれている情報によって何らかの影響を受け、その全計画が須恵村自体の中で始まったかもしれないことが、私が一九八五年八月に訪問したときに分かった」と述懐。日本民主化の柱である農地改革が、『須恵村』を参考書として始まったというエラの感慨が伝わってくる。

『須恵村』には、当時の須恵村の二百八十五戸のうち二百十五戸が農家で、そのうち「純地主が三十二人、地主兼小作人（自小作）が百十二人、純小作人が七十一人である。村には大地主は一人もなく、裕福な農家は二、三町の土地を持っているにすぎない」など、農業や農家の状況を説明した記述が少なくない。

この「純地主」は「自作」を指しているが、エンブリーの観察は、地主が少ない西日本では農地解放をめぐる地主側の抵抗が弱かったという事実を裏書きするものだった。また、大地主がいないということが、村民の民主的な自治や協同を支えているという事実も農地改革の必要性を後押ししたかもしれない。

さらに『日本人』（一九四三年）でエンブリーは、都市住民と村人の間に社会的文化的距離があり、農民と軍人がしばしば同じ意見を持つことを強調している。そのことも軍国主義の根を絶つための農地改革を促したと考えられる。

エラが、農地改革が「須恵村自体の中で始まった」と思ったのは、小作農が自作農に転換した実態を指すのだろう。

ミシガン大学の人類学者リチャード・ビアズリーは『須恵村』一九六四年版の前書きで、農地改革に触れながら「エンブリーは、村を主要な二つの階層（筆者注：地主と小作）に分けた身分的な不平等のありようにほとんど盲目的だった」と、階級分析の甘さを指摘する。確かに封建的な地主制度に対する強い批判や深い分析は見られないが、エンブリーが地主・小作の状況に「盲目的」でなかったことは前述の通りだ。むしろ、続けてビアズリーが「最も注目すべき地方の日本人の特質は、無事な暮らしを続け、伝統を生かして見直す能力である」と好意的に読み取った点に、『須恵村』で詳細にエンブリーが伝えたかったテーマがあった。

エンブリーに関連するGHQ資料によると、ラデジンスキーは、東京のアメリカ大使館勤務時代、エラの須恵村再訪後の一九五〇年代に村がエンブリー資料館構想を打ち出して委員会を作った際に、その顧問として名を連ねたこともあった。大使館は協力を約束したというが、その後、構想は立ち消えになった。

レーパー調査団の農村調査

一九四七年（昭和二十二）五月には、農業社会学者のアーサー・F・レーパー（一八九九～一九七九）が天然資源局顧問として来日。日本の文教政策を担当する民間情報教育局の人類学者ハーバート・パッシン（一九一六～二〇〇三）の協力を得て、レーパーと二チームに分かれ日本全国十三の農村調査を行った。四七年五～六月と、その後の農地改革の進捗状況を知るために一年八ヵ月後の四八年十二月～四九年一月の二回の調査だった。エラの回想にある「ＳＣＡＰの他のメンバー」はレーパーらを指す。

十三ヵ所（実際は兵庫県今田村を含め十四ヵ所だが、同村は統計から除外されている）は、北は北海道・江別町から南は須恵村まで、「日本の代表的な農村」を基準に選ばれた。須恵村に対するレーパー調査団の一回目の訪問は一九四七年六月十二日だった。

レーパーは、この「変貌する日本農村調査」プロジェクトの目的について「農地改革及びその他の占領政策が農村生活のあらゆる部面に与えた影響を観察し、その結果を記録する」ことと述べ（「日本農地改革成果の十三ヶ村における実地調査結果」、農政調査会『世界各国における土地制度と若干の農業問題』所収、一九五一年）、農地改革だけでなく占領政策全般について、その進捗状況を調査したことを明らかにしている。

農地改革の進捗状況調査のため須恵村を訪れたアーサー・レーパー（1899〜1979）

ＧＨＱの活動に関して多くの日本の社会学者や民俗学者が協力したが、この調査でも同様だった。レーパーとともに須恵村を訪問した九州大学の社会学教授・喜多野清一（一九〇〇〜八二）は、「村の人達はみんなエンブリー氏への快い追憶をもっていた。この追憶を仲立ちにしてラボは非常に成立し易かった」（牛島盛光『変貌する須恵村』一九七一年）と述懐している。

『須恵村誌』には、農地改革について全く記載がない。調査対象となった十三町村全てに問い合わせたところ、関心度にバラツキがあることが分かった。

その一つ島根県の旧吉田村（現雲南市）の村誌（一九八六年）の記録は詳細で、村の空気がよく分かる。一九四七年六月にＧＨＱの大掛かりな調査を受けることが分かると、村は「気も転倒する様であった」という。七月には、「四〜五名の米国人（中には女の第二世もいた）と日本の著名な学者や、大学の先生が数十名調査に来村することが解った」と、少しずつ入る情報に沿って準備を進めた様子がうかがえる。

「八月には、学者や、大学の先生方が軍政当局から調査の委嘱を受け、次から次へと来村し、打ち合わせや、調査を開始された。十月から十一月にかけては、村内からあらゆる人を呼び出して聞き取り調査が実施された。特に農会、産業組合状況等について各役員に意見を聞いて廻っていた。時には、模擬村会とか模擬選挙投票状況を写真撮影や記録にとり、選挙には婦人が多く集められ、八十才を過ぎた老婆の姿も見られた」。

また、岩手県の旧水分村（現紫波《しわ》町）では、一九四七年七月と翌四八年十一月の二回、いずれも二日間の短い調査だった。二度目の調査の際に、調査団が地元に宿泊することになり、団長と女性は有力者宅に、その他は寺の本堂に、と割り振った。「炊事は婦人会で受け持ち地元の御馳走ということで小豆餅等を供したところ大変珍しがられた。寝具は県の開拓課が担当し、毛布を大量持参して、テンヤ、ワンヤの大騒ぎを演じた」（『紫波町史第二巻』一九八四年）。右往左往ぶりが目に見えるようで、他の町村も同じような対応だったと推測される。

喜多野とともに須恵村を三度調査した大阪大学の社会学教授・小山隆（一九〇〇～八三）は、レーパーは村に着くと前もって集めた有力者を質問攻めにし、村の問題点の概要を把握、その上で調査団員が手分けして調査するという共同調査方式を取ったことを明かしている（『季刊　民族学研究』第十七巻第一号、一九五二年）。小山はレーパーの統計重視の社会調査を、「非常に合理的にうまくやっている」と評価している。しかし、「一ヵ月ぐらいを要する調査を一晩でやってのける」こともあった駆け足調査の限界から、翌四九年三月にはレーパー抜きの日本人研究者だけで第三回目を実施せざるを得なかった。小山は、「あ あいったように強権を用いてやる調査が、あとで村の者に対してどういう影響を及ぼすかという点が反省されなければいけない」と、調査のあり方に自省的な疑問を呈している。

また、「(日本の戦争中の)十年間の空白時代に発達したアメリカの世論調査及び社会調査の技法」をGHQ調査で学んだという小山は、戦前の日本の社会学の「空白」をこう振り返る。

「農村の実態に触れて見れば長期の参加観察を必要とすることは分かっていても、時間的にも経済的にもその余裕は無く、いたずらにEmbreeの『須恵村』の成果を羨望《せんぼう》するの他なかった」(「社会学における理論と実証」一九七八年)。

時局に左右されずに行われたエンブリーの調査を羨《うらや》む小山の証言は、同時に『須恵村』の先駆的な独自性を裏書きする言葉でもあろう。

レーパーの最初の調査報告は、『農地改革法の効果に関連する農村の慣習・組織の最近の変化』として、一九四七年六月の一回目の調査終了後に発表された。その中に掲載されている「一九三五年以降の熊本県須恵村の変化」では、エンブリー滞在時と四七年調査時の人口や経済状態、暮らしぶりの変化など三十項目にわたって箇条書きに整理している。

目に留まったのは、エンブリーが『須恵村』で作成した統計表「須恵村七部落の人口と富」に、レーパーが調査した一九四七年分を加えて比較している表だ。使用人がいる世帯が四十一戸から二十一戸に減る一方、村外の学校で教育を受けた人がいる家が三十九戸から五十三戸に、新聞を購読する家が十二%から四十二%に増えるなど、十二年間の変化が見て取れ、こうした点でも『須恵村』が参考にされていることが分かる。

この一回目の調査の後、レーパーは、一九四七年十一月十二日付で東南アジアにいたエンブリーに手紙を送っている。その中で、「『須恵村』と『日本国家』を強い関心を持って読んだ」とし、須恵村を訪問したことに触れている。その上で、調査報告の須恵村の変化に関する三十項目の下書きを添えて、エンブリーの感想を聞かせてくれるように依頼。「多くの須恵村の人々がエンブリー夫妻のことを話し、できるだけ早い再訪を願っている」と、夫妻に対する村民の気持ちを伝えて結ばれている。

　これに対しエンブリーは翌年一月二十四日付の返事で、レーパー報告にある当時の人口やラジオ台数、さらに「講銀《こうぎん》は事実上姿を消した」との記述に対し「本当に消滅したのか疑問」など十点の修正を求めている。しかし、報告書作りに間に合わず反映されなかった。

　そしてレーパー調査団の最終報告は一九五〇年（昭和二十五）十一月、『転換期の日本の村』として刊行された。二度の調査時の統計数字を三十四枚の表にして比較分析。須恵村を含め詳細な土地利用地図を盛り込んだ十三町村の個別の概要も紹介されている。農地改革の結果、一九四一年（同十六）には全農地の四十六％あった小作地が改革後の五〇年には九・九％まで激減。総小作地の八割約百九十四万町歩が解放された。総農家戸数六百万戸の七十二％に当たる四百三十万戸の小作地を自作地化し、地主はほぼ姿を消した。

COMPARISON OF POPULATION AND WEALTH OF SEVEN BURAKU
OF SUYE-MURA IN 1935 (AS SHOWN BY EMBREE, P. 53) AND IN 1947

Name and Type of Buraku	Year	No. of house-Holds	Population		Houses with one or more servants		Households in which one or more members have received education beyond Suye-mura School		Households which sub-scribe to a newspaper		Average house tax (to near-est Yen)	Radios
			Total	Average per House	Total	Percent	Total	Percent	Total	Percent		
KAWAZE (Paddy)	1935	20	138	6.9	9	45	9	45	2	10	40	1
	1947	24	163	6.8	5	21	9	38	12	50	61	10
NAKASHIMA (Paddy)	1935	27	196	7.2	9	33	8	30	4	15	30	0
	1947	35	269	7.7	6	17	20	57	20	57	61	15
OADE (Upland)	1935	21	114	5.4	4	19	6	29	2	10	15	0
	1947	21	170	8.1	3	14	4	19	6	29	66	2
IMAMURA (Upland)	1935	19	119	6.3	7	36	6	32	3	16	20	0
	1947	26	147	5.7	2	8	7	27	10	38	63	5
KAKUI (Upland and shops)	1935	27	150	5.5	8	30	9	33	7	26	15	2
	1947	33	203	6.2	4	12	8	24	12	36	39	5
YUNOHARU (Upland-new)	1935	13	58	4.5	0	0	0	0	0	0	5	0
	1947	21	100	4.8	1	5	0	0	7	33	28	1
HIRAYAMA (Mountain)	1935	25	153	6.1	4	16	1	4	0	0	15	0
	1947	17	126	7.4	0	0	5	29	7	41	31	0
TOTAL OR) AVERAGE)	1935	152	928	6.1	41	27	39	26	18	12	20	3
	1947	177	1,178	6.6	21	12	53	30	74	42	50	38

レーパーの最初の調査報告書に掲載された須恵村の部落比較表。
1935年と1947年の人口、富の変遷が分かる

須恵村については、戦後の復員とベビーブームを反映して、一九四八年十二月の人口はピークに近い二千百四十人と、エンブリー滞在時より四百七十七人増加。農地改革の推移については、最初の調査の四七年六月には地主・貸付地保有の農家二十九％、自作農家七十一％だったのに対し、二回目の四八年十二月には地主・貸付地保有十％、自作八十六％と、地主・貸付地保有が三分の一に減ったことなどが記されている。

石蔵から発見されたGHQ来村記録

こうした調査記録が須恵に残っているのではないかと思い、私は旧須恵村役場の石蔵を調査した。二〇〇三年（平成十五）のあさぎり町合併時に、須恵村役場の資料は廃棄されるか、それ以外は石蔵に保管された。この中にGHQ関係の資料があるかどうか、誰に尋ねても知る人はいない。

石蔵の中に入った途端、私のかすかな期待は一気に絶望感に取って代わられた。数え切れないダンボール箱が天井まで雑然と積み上げられていたのだ。しかし、探し始める前から断念するわけにはいかない。万が一と、まずはラデジンスキーとレーパーが調査した一九四六年（昭和二十一）から四九年の箱を探した。

約二時間後、何と、古びた資料が見つかったではないか。表紙には、「昭和二十二年八月一日現在　臨時農業センサス」、「昭和二十三年十二月頃　レーパー博士来村記録」と併記されている。清書された文書ではなく下書きとみられるが、記録に間違いない。残念ながらラデジンスキーの資料は見つからなかったが、レーパーの資料だけでも僥倖《ぎょうこう》と言うべきだろう。

「農業センサス」は臨時国勢調査に伴う農林省名の須恵村の戸票を指し、「レーパー博士来村記録」は、農業だけでなく、人口動態、自作小作など土地所有、作物、家畜、改革に伴う争議、宗教、犯罪、支持政党まで幅広い統計が記録されている。資料は記録だけで、あいにくレーパー調査団の訪問日時や訪問者名など概要を記したものはなかった。しかし、「来村記録」には「昭和二十二年六月」と「昭和二十三年十二月」という二度の調査の統計数字が比較されている。レーパーの最終報告の基《もと》になった資料だ。

　レーパー調査記録の「保有地別　新旧別農家戸数」の項を見てみよう。一九四七年六月には十一戸だった「一町以上を貸付けている自作農家戸数」が、四八年十二月にはゼロになったという記述がある。第二次農地改革で保有面積を一町歩に引き下げたことを踏まえ、急速に小作が自作に転換した農地改革の進捗状況が反映されている。六十四戸だった「耕作面積十％以下の土地を所有する小作農家戸数及び純小作」（『須恵村』では「純小作人七十一戸」と書かれている）が、一年半後には三戸まで減少したとある。「耕作面積五十％以下の農家戸数」は八十七戸から十五戸に減少。これらは、先に触れたラデジンスキーが四八年二月に須恵村を訪問した際に把握した数字を裏書きする資料でもある。その結果、「農地改革実施状況」によると、当時の三百八十三町歩の農地のうち三分の一の百二十六町歩の小作地が農地委員会によって買い上げられた。

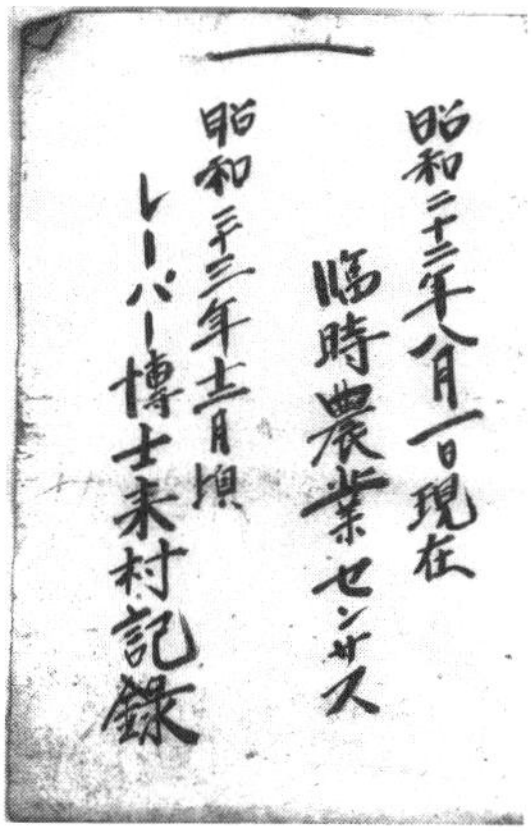

あさぎり町に残っているレーパー調査記録の表紙

　一緒に蔵を探索した愛甲利孝《としたか》・元あさぎり町総務課長は「隣村の深田には地主がおったが、須恵にはおらんやった」と話す。エンブリーが『須恵村』で「大地主は一人もいない」と書いた通り、レーパー来村記録には「地主」の表記はない。三町以上の土地所有者がいないことも分かった。五十町歩以上を持つようないわゆる「大地主」や、小作料で生活する「寄生地主」が須恵村にはいなかったことを裏書きしている。

須恵村に関するレーパーの記録の手触りに、戦争とその後の日本の行方を定めた事実の一片が宿っていることを痛感させられた。私は、同様の記録が保存されていないか、農水省およびレーパーらが調査した十三町村全てに尋ねたが、須恵以外で残っている町村は一ヵ所もなかった。須恵村の記録が貴重な資料であることは間違いない。

ところで、戦後の須恵村を調査した研究者の一人に滋賀大学の社会学教授・土屋貞蔵《ていぞう》（一九一二〜二〇〇二）がいる。土屋は、京都大学社会学研究室の臼井二尚《じしょう》教授が全国村落調査の一環として一九五八年（昭和三十三）から六四年にかけて実施した須恵村調査に参加。経済を中心に四件の報告を残し、これまで発表された戦後の須恵村の調査報告の中では最も詳細な分析と言っていい。「村落の構造　農地改革を中心として」（一九六四年『滋大紀要』第十四号）には、タイトルの通り農地改革の結果が詳しく記されている。

それによると、須恵村の小作地は、農地改革前には総耕作地約三百町歩の半分百四十二町歩を占めていたが、改革によって九割の約百二十七町歩が解放されたとし、レーパー調査を跡付けている。終戦時に百戸だった一部自作を含めた小作は、四年後の一九四九年には二十三戸に激減。一部小作を含めた自作は、百三十戸から二百三十九戸に増えている。また、新たな農家が二十七戸あり、農地解放による新規参入を示す。

比較的貧しかった須恵村では、隣接町村の不在地主が三分の一を占めていたという。しかし大多数は一町歩以下で、大地主はほとんどいなかった。「地主側はなるべく便利な近い土地を残し、遠い不便な処を解放しようと望み、小作人側は自分の現在耕作している土地を解放して欲しいと望んだ。そのために何度も話合が行われた」。改革の影響が大きかった部落は諏訪原《すわのはる》と湯原《ゆのはる》で、大正時代に比較的新しく開発された両部落とも、小作のほとんどが自作に転換したことを指摘している。

農地改革が戦後の農業規模に与えた影響の評価は賛否あるが、須恵村について土屋は「全体として戦前の所有地に比べて戦後経営規模の広さが増加しているものが多い」とみている。

農村自治の仕組みが改革を円滑化

農地改革の立案者がラデジンスキーとするなら、その遂行者とされるローレンス・I・ヒューズがまとめたGHQの総括文書『日本の農地改革』（一九五〇年）にも、「村」と「部落」「組」の関係など随所に『須恵村』と『日本国家』が引用されており、エンブリーの強い影響がうかがえる。

エンブリーの著作や論文に、地主制を批判したり農地改革を促したりする記述はないが、GHQはそれらを参考にしつつ、日本の軍国主義の基礎的な要因に封建的な家や土地制度、人間関係があったと判断。その結果、地主制解体、農地解放による第二次改革に踏み切った。

その際、GHQのもう一つの狙いである反共政策のことも忘れてはならない。反共産主義者を自任するラデジンスキーに従えば、農地改革は「農民の境遇を改善し、日本農業をして共産主義に反発させることを目的とする米国の占領政策」（「日本の農地改革」一九五一年）に従って進められた。

「（農地改革の）もう一つの動機は、農業不安が共産主義勢力の源泉となる危険性と、戦後の日本農村が——日本の全体と同じく——共産主義浸透の肥沃な土壌になっているという確信であった。政治的に共産党に対して先手を打つ着想は魅力的であり、不可避でもあった」（「日本の農業革命」一九五九年）。

それでも、「一九四七年当初にはいくつかの村で、とりわけ南日本の村で、農地改革がきちんと実行されるかどうかについて重大な疑念が持たれていた」（同「日本の農地委員会」一九四九年）という。それにもかかわらず、改革が「成功した」理由として、ラデジンスキーは、「日本国民の九十五％が読書能力を有する事実」を指摘する。ＧＨＱが一九四八年（昭和二十三）八月に行った識字率調査では九十七・九％という高率だった。

同時にラデジンスキーは、改革が日本の優秀な官僚だけに任されずに、現地の農地委員会など「村落水準で遂行された」ことを挙げる。しかも農地委員会の会議は公開とされた。農地改革調査団のハーバート・パッシンも、福岡県太宰府市で出会った農民が吟じた詩が万葉集の和歌だったことを知って「日本の村々ではそれほど珍しくない非常に高水準の文化」と、ラデジンスキーと同じ感想を漏らしている（『米陸軍日本語学校　日本との出会い』一九八一年）。

また、現地の農地事情に詳しい農事実行組合長や部落長、村会議員などを「部落補助員」として関与させたことも、農地改革を成功に導いた大きな要因とされる。部落補助員は全国二十六万人に上った。ＧＨＱや政府が直接交渉に当たらずに、間に部落補助員を仲介役として入れることで、地主からの農地買い入れ、小作農民への売り渡しの際の不満やトラブルを最小限に抑えることができた。ラデジンスキーは一九五一年（昭和二十六）の講演で、「最も重要な買収売渡の段階においては地主と小作人との間には直接交渉は全く行われなかった」と語っている。

農事実行組合は、部落を単位として明治中期ごろから自発的に設立された農家小組合が、産業組合の支部として一九三二年（昭和七）に改組されたものである。エンブリーの須恵村滞在時はすでに農事実行組合となっていたはずだが、『須恵村』では「小組合」として紹介。部落の世話役である「ぬしどうり」のに取って代わりつつある、としている。しかし、ぬしどうりの方がなお「大きな役割を演じている」ので、「『小組合長』というものはさほど重要なポストではない」という部落もあった。須恵村ではむしろ、ぬしどうりが部落補助員として駆り出されたと思われる。

ラデジンスキーが記したムラの印象は、日本の文化水準の高さを表すとともに、エンブリーが「日本の地方行政」（一九四四年）で評価した（第十四章参照）農村自治のレベルを証明するものだった。エンブリーが支持した間接統治の根拠も自治にあったが、もう一点強調したのが結婚の仲人《なこうど》に代表される「仲介人」のシステムだ。エンブリーは『須恵村』を始め度々仲介人に触れているが、「日本の軍事占領」（一九四四年）でも、占領軍あるいは占領政策を遂行する日本のスタッフが交渉する際に仲介人の役割を重視することを訴えた。ラデジンスキーもそのことを心得ていたに違いない。

GHQには「自由主義と民主主義を窒息させていた族長制度」（ラデジンスキー）と思えた封建制だが、一方で地主は「村のために……私利を放棄するというまれに見る美徳を発揮した」（同）側面も併せ持っていた。須恵村にも村長をはじめ地主階級の指導者は当然存在したが、エンブリーが「地方の社会形態にボスとか親分とかがいないのは注意される」と強調しているのも事実だ。このことは、地主―小作（GHQが封建遺制としてたびたび指摘した親方―子方、親分―子分）という縦の身分関係だけでなく、今も残る須恵村の「協同（はじあい）」が、当時から横の人間関係として根付いていたことを想起させる。

知日派の社会学者ロナルド・ドーアは『日本の農地改革』で、『須恵村』を参考文献として紹介しつつ、「協同」について次のように指摘する。

「もともと、日本は、伝統的に、個人社会というより協同社会である。徳川時代の村に存した多種多様な形式の協同は、その証左である。しかし、それは同時に特殊的社会でもあった。伝統的な形式の協同は、顔見知りの小人数のグループであった。そこにおけるのと同様の責任や相互信頼の態度を、もっと大きなインパーソナルなグループにひろげてゆくことは、辛抱強くしかも時をかけて学びとって、身に

須恵村の女性たち。50年後に当時の写真を見た女性は「ベトナム人のごたる」と評した。ラデジンスキーはベトナムでも農地改革に携わり、日本を先例に「アジア的小農」を指導した（1936年6月、エンブリー撮影）

つけてゆかねばならぬ習慣である」（並木正吉、高木径子、蓮見音彦共訳）。

さらに、恐らく丸山眞男《まさお》らの近代化論を念頭に、「日本の学者が頻繁に『封建遺制』として批難する『部落の共同体意識』。果たして、彼らが言うように直すべき悪弊であるかどうか、疑問を持つ」と言うとき、ドーアの立場はエンブリーと見事に重なる。

ただ、ラデジンスキーでさえ、「日本人がこれらの民主的改革のために自ら闘ったのではなかった。それらは贈与されたものであった。日本人は民主的改革を活用することによってのみ、自らのものとすることができる」（「日本占領政策の評価」一九四八年）と評したように、上からの農地改革の徹底性には当時から賛否あった。

上からの改革は、農民自身の改革力を育てず、零細化の問題を解決できなかったことで高度成長期を経て農村の崩壊を招いたとの指摘もできよう。しかし、GHQと日本政府は急進的になりすぎることなく「改革」を目指した。その結果、地主の大きな反乱もなく「成功」に導いた背景には、協同の仕組みなどムラの暮らし全体に目を配ったエンブリーのフィールドワークが「何らかの影響」（エラ）を与えたことは想像に難くない。

そうした意味で、ラデジンスキーの次のような指摘は、農地改革だけでなくGHQによる民主化のある側面を言い当てている。

「ひろく広まっている見方とは反対に、農地改革計画はアメリカが作ったものでも、一括提案したものでも、交付したものでもない。その理念は、それを生じさせた条件と同じく日本固有のもので、不成功だったにもかかわらず戦前から数多くの努力がなされたことがそれを立証している」(「日本の農業改革」一九五九年)。

事実、ラデジンスキーは「日本の農業危機」(一九三九年)など農地改革に関する諸論考で、エンブリーにも助言を与えた東京大学農学部教授・那須皓《しろし》ら日本の農業研究者の論文をたびたび引用、参考にしている。GHQは、戦後改革の計画を進める日本の勢力を支持し、その経過を促進する上で確かに「決定的な役割を果たした」(「日本の農業危機」)。しかし、日本には、もともと改革の土壌があったというわけだ。

エンブリーは、日本の行政を通じて改革する間接占領方式を主張したが、ラデジンスキーも驚いた民度の高さや固有の歴史、あるいは協同など、須恵村民を含む日本人に対する信頼に基づいていたためと思われる。政治的にも民衆レベルでも、改革が戦前との連続性なしには成し遂げられないということに、エンブリーが気付いていたからでもある。そしてそれは、完全な「上(外)からの民主化」でなく、少しでも日本人が関与する間接占領方式が日本の民主化に有益だと判断したからに違いない。

「皇太子の家庭教師」ヴァイニングの須恵訪問

アメリカの占領政策の一環として明仁天皇の皇太子時代に民主主義教育をした「皇太子の家庭教師」

熊本県球磨郡上村（現あさぎり町）の上小学校八ヶ峰分校でケヤキを植樹するヴァイニング夫人。この後、須恵村を訪れる（1950年10月23日、三上慶子著『月明学校』より）

エリザベス・ヴァイニング（一九〇二〜九九）もまたエンブリーに関心を持ち、須恵村まで足を運んだ。

戦後、農地改革などによって日本を民主化するというGHQの政策も、一九四八年（昭和二十三）の旧ソ連との冷戦を境に次第に保守勢力との妥協に傾き、五〇年六月の朝鮮戦争勃発とともに八月には自衛隊の前身である警察予備隊創設へと修正されていく。

ヴァイニングは、著書『皇太子の窓』（一九五二年。以下、小泉一郎訳）で、エンブリーの足跡をたどって帰国直前の一九五〇年十月二十三日に須恵村を訪問したことを明かしている。「ジョン・エンブリーがかつてそこに一年住んだ経験を筆にしているスエムラへ行った」という簡単な記述の後、警察予備隊創設直後の当時の空気をこう述べている。その悲憤が聞こえるようだ。

「彼らは兵隊のように兵営に住み、兵隊のように訓練され、兵隊のように自由な時間には娯楽を求めて制服姿で町をさまよい歩いた。……だから私は『警察予備隊をどう思うか？　あれは警察なのか、軍隊なのか？』とたずねたのである。一瞬沈黙がただよったが、やがて誰かが答えた。『誰も彼等を軍隊とは呼んでいませんね。いまのところは』これくらい私の心を暗澹《あんたん》とさせたものはなかった」。

平和主義に徹したクエーカー教徒であるヴァイニングの自省と落胆は続く。

「日本は新憲法で戦争を放棄したのだ。国民の同意を得た神聖な憲法というものは、必要とあれば国民の選出した代表によって改訂されることは許されても、あの戦争にいたる何年かの間に日本の軍国主義者たちがやったように、軍部の奸策《かんさく》によって覆されたり、彼らの蹂躙《じゅうりん》にゆだねたりすることがあってはならない――我々アメリカ人のそうした信念を、あらゆる方法によって日本に説教し、各種の専門家を派遣して教えこんだのだった。その我々がいま、図々しくも憲法を無視して、軍隊ではないと偽りながら軍隊をつくる手助けをしているのであろうか」。

戦後日本の民主化を天皇に「教えこんだ」ヴァイニングの無念が響く。エンブリーが強い懸念を抱いた「真の民主化」は、その懸念通りこうしてあえなく腰砕けとなる。

ヴァイニングの態度は、「日本に説教し……教えこんだ」という言葉通り、アメリカによる「上からの民主主義」の押し付けであり、自民族中心主義丸出しに聞こえなくもない。それでも私には、立場を考えれば過激とも言える警察予備隊批判を須恵村訪問と同じ章で書き連ねたその筆に、「真の民主化」「下からの民主化」を訴えたエンブリーの思いが重なって見える。

ヴァイニングの教えを受けた明仁天皇は、皇太子時代の一九五〇年（昭和二十五）、「再軍備」をテーマにした学習院高等科二年のクラス討論で、「再軍備には絶対反対。諸外国を不当に刺激する怖れがある」との考えを強く主張したという（イギリス人ジャーナリスト、サイモン・グロブスター「連載・四十二歳の皇太子アキヒト①」一九七五年三月五日『週刊文春』掲載）。まさに警察予備隊が創設された年である。「図々しくも憲法を無視」する今の政治状況を、天皇はどんな気持ちで見ているだろうか。

エンブリーが亡くなったのは、ヴァイニングの須恵村訪問から二ヵ月後だった。

第十七章　ハーバート・ノーマンとヘレン・ミアーズ

エンブリーに対するノーマンの共感

さて、エンブリーと近い政治・文化論、民主主義論を展開した二人の人物を通してエンブリーの思想を照らし出してみたい。一人は、日本通のカナダ人外交官で歴史家のエドガートン・ハーバート・ノーマン（一九〇九〜五七）、もう一人は、『アメリカの鏡・日本』（一九四八年）の著者ヘレン・ミアーズ（一八九八〜一九八九）である。

ＧＨＱの指導者たちにさまざまな影響を及ぼしたノーマンもまた、戦後日本の民主化について真剣に考えていた。ノーマンとエンブリーの妻エラとは神戸のカネディアン・アカデミイで同級生だった。アカデミイの卒業アルバムでノーマンは「紳士と呼ぶにふさわしいあらゆる性質を備えた完璧な振る舞いと知力の持ち主」と絶賛され、当時から抜きん出た秀才ぶりがうかがえる。野球、バスケットボール、テニスの選手でもあった。

ノーマンは、エラと同じ一九〇九年（明治四十二）に、カナダ人宣教師の二男として長野県軽井沢町で生まれた。軽井沢にはエンブリーも三二年（昭和七）に三ヵ月滞在したことがあるほか、ノーマンはエンブリーが修士号を取得したカナダのトロント大学に入学、エンブリーとは同大で一年ほど重なっている。イギリスのケンブリッジ大学を卒業した後、アメリカのハーバード大学で日本史を学んだ。ケンブリッジ大学を卒業した三五年にイギリスの情報機関が共産主義者と断定している。

一九三九年にカナダ外務省に入省し、五〇年にはアメリカでソ連のスパイ容疑が浮上したが、ノーマンとカナダ政府は否定。五一年にサンフランシスコ対日講和会議でカナダ代表首席随員を務めた。五六年に駐エジプト大使に就任したが、アメリカ政府のスパイ容疑が晴れないまま、五七年にカイロで飛び降り自殺した。

ノーマンの最初の著作は、『須恵村』刊行の翌一九四〇年に太平洋問題調査会から出版された有名な『日本における近代国家の成立』で、ハーバード大学の博士論文として書かれた。三七年の日本の中国侵略を踏まえ、そうした情勢を生み出した明治維新の背景と当時の封建的な経済・政治環境を分析したものだ。当時の日本の政治経済構造を分析的に研究した著作がないに等しい状況の中で、『須恵村』を刊行した社会人類学者エンブリーと歴史家ノーマンは、研究方法の違いはあれ、同じ三十歳という若さで日本に関する先駆的な著作を同時期に著したわけだ。ともに日本理解のための参考書としてGHQに活用された。エンブリーはノーマンの同著を、教官を務めたシカゴ大学の民政訓練学校（CATS）の教科書として使用。『日本国家』でも参考文献に挙げている。

エンブリーの『日本人』の書評を書いたハーバート・ノーマン（1909～57）

ノーマンは、法も差別も学問も宗教も必要がないユートピア思想としての「自然世」を唱えた江戸時代の思想家・安藤昌益《しょうえき》の研究でも知られている。須恵村の協同の暮らしに理想を感じたエンブリーとノーマンの二人に、日本にユートピアを夢見る人類学者と歴史学者、という共通点を探すのはうがち過ぎだろうか。

ノーマンは、エラと接触があっただけでなく、エンブリーとの接点もある。須恵村調査を下敷きにして書いた冊子『日本人』に関する書評がそうだ。太平洋問題調査会の機関誌『パシフィック・アフェアーズ』（一九四三年四月号）への寄稿である。

冒頭、ノーマンは『須恵村』を著したエンブリーについて「立派に独創的かつ詳細な社会学的研究書を発表している学者」とした上で、白人至上主義や西洋優位に偏らないエンブリーの姿勢を評価する。

「今流行の日本人の性格をめぐって矛盾する権威的意見がさかまくなかで、著者はすぐれて健全かつ良識ある観察をいくつか下している。たとえば、著者は教養ある日本人と教養ある中国人との精神状況の基本的相違は、民族性の相違ではなく、異なった文化背景によるものであろうと述べている。さらに、著者は、日本が従来西洋から盛んに模倣したことを理由に日本を単純にみくびってはならないと警告する」（大窪愿二訳）。

この一節の前段は、エンブリーが『日本人』で、「日本人は、その基礎的な精神的心理的な能力および成長過程は、アメリカ人やドイツ人あるいは中国人と生来同じだと理解されるべきなのに、子どもの訓練の根本的に異なったシステムと文化的価値観のせいで、日本で生まれ育った成人の人格をアメリカ人（多くの日系アメリカ人を含む）が理解することは多くの場合難しい」と論じた箇所を指す。ベネディクトらの「文化とパーソナリティ」批判という点で、ノーマンはエンブリーと同じ立場にいた。

一方でノーマンは、エンブリーの分析の甘さを次のように指摘している。

「いかに末期日本封建制の圧倒的な弾圧が現代日本に深い精神的、社会的傷痕を残したか、そして外面の一見静穏と秩序にもかかわらず、内部に暴力と狂乱と野蛮性の黒く底知れない勢力を封じ込めているかについて、もっと目ざましい証拠を示してもよかったのではないか」。

社会主義的なノーマンの思想が滲む文章だ。当時の日本の全体主義、軍国主義批判としてはもっともな指摘に思える。エンブリーは『須恵村』でも、須恵村滞在中の一九三六年（昭和十一）に起きた二・二六事件に関する記述さえ、慎重に回避している。ほとんどの村民が関心を示さなかったためのようだが、政治的な見方を極力避け、中立な立場で須恵を観察する人類学者としての立場を貫いたと言うこともできよう。

実情描写に徹したエンブリーへの不満

『日本人』が書かれた背景は前に述べた。戦争に役立てようという目的に沿えば、ノーマンが指摘するように、もっと厳しい日本批判があってもおかしくない。

ノーマンの『日本人』批判は、繊維産業で働く女性の労働に及ぶ。

「さらに、繊維産業と女子繊維労働者の寄宿寮制度についても、幾分かより批判的な評価が望まれるのではあるまいか。一例をあげれば、生け花の稽古や道徳（すなわち国家と家族の尊重）や修養にしても、若い女子の孤立した生活にしても、みな、かれらの心を労働組合思想とかその他労働者階級の経済的地位を高める思想から『純潔』を保つように構想された公認の政策の一部なのである」。

『日本人』では、「雇い主は少女を寮に収容して養い、生け花や茶の湯のような女性の伝統芸能を教えることもある。少女たちは工場で効率的に働くよう訓練されるが、成長する機会も期待も与えられない」と、一通りの批判は加えている。しかし、細井和喜蔵《わきぞう》の『女工哀史《じょこうあいし》』（一九二五年）が工場労働者の悲惨

盆休みに都会の工場から帰省する娘たち（1936年、エンブリー撮影）

さを伝えていた時代、ノーマンは、エンブリーのその程度の記述では不満足だったとみえる。階級の視点で日本の封建制を論じた批評だが、見方を変えれば、日本の農村の実情を自分の目で見たエンブリーとの違いが浮き彫りにされている箇所とも言える。

村の女性たちの実態はどうだったのか。エラの『須恵村の女たち』には、当時の若い女性が村を出たがっている様子が描かれている。

「若い女性たちが、このような仕事を、自分たちの母親や姉たちが農業でしなければならなかった仕事にくらべれば、決定的に改善されたものとみなしていたことも、まったく明らかなことである」。

この時期の工場制度を非難するのはたやすいが、エンブリーもまた若い農村女性のそうした本音を感じ取っていたことは間違いない。

労働者の勧誘のため、紡績企業の募集員が養蚕が盛んな村に足繁く通っていた。しかし、悲惨さとはほど遠い記述も並ぶ。

「まだ結婚していない須恵村の若い女たちの多くにとって、目標は、村を逃げだし、町や都市で仕事を見つけることだった」。

「たしかに仕事は、彼女の嫌いな農業よりも軽いものとみなされている。彼女は、工場では午前五時に仕事を始め、立ったまま午後の二時まで働いたといった。その後、彼女は裁縫の稽古にいき、夜は遊びにいったという」。

須恵村の女性たちが「工場を好きになっても不思議ではない」状況だったことがうかがえる。

ここにも、フィールドワークを通じて村の暮らしを描いたエンブリーやエラと、日本の政治経済制度を批判的に考察する歴史家ノーマンとの立ち位置の違いは明らかだ。いや、エンブリー夫妻に批判的に考察する目がなかったというより、偏った見方に陥らないよう暮らしの現象を慎重に観察した、と言った方がいい。

エンブリーは、日本の近代化に伴う産業革命と全体主義的強制が進む中で、マクロな批判的対応を取ることを努めて抑えている。ひたすら日々を生きる村民の暮らしぶりに寄り添って日誌を付けた。そこに留まって『須恵村』を描いた。

東京にいたノーマンが「外面の一見静穏と秩序にもかかわらず、内部に暴力と狂乱と野蛮性の黒く底知れない勢力を封じ込めている」と評し、エンブリーもまた胡適《こせき》の言葉を引いて「火山的爆発の容易ならぬ危険をはらんでいる」と感じた時代の日本だが、エンブリーが身を置いた須恵村では、そうした外面と内部の乖離《かいり》はあまり感じられなかった。ましてエンブリーが接した村民に「暴力と狂乱と野蛮性」など微塵《みじん》もなかった。都市と農村、支配階級と庶民の、天皇制軍国主義に対する二重構造と言ってもいい。

しかし、全体主義化が進む日本の政治体制の中で、それを支える庶民の無関心や共同体のあり方に批判的な目を向ける必要がある、それなのにエンブリーは、そこから目をそむけているように見える――。封建遺制を払拭《ふっしょく》できずに近代化を進めた弊害を批判する歴史家としてのノーマンの価値観には、まさにそこが物足りなかったのだろう。

「国民自身による民主的な政府」

またノーマンは、『須恵村』では「農村反抗が一度ならず起った」と書かれているだけの江戸時代の一揆についても、「徳川二五〇年間に優に一千件以上の蜂起が記録されていることを考えると、内輪にすぎる」と批判している。

こうした視点は、ジョン・ホプキンス大学の人類学者ソニア・リャン（一九六〇〜）によるエンブリー批判にも見られる。

「エンブリーは、国家機関の介入とそれが村にもたらした変化を報告することを避けようとしているように見え、同時に、より伝統的で『自然な』かつ『純粋な』要素だけを取り上げようとしているように見える。まるで前者が本来の村の暮らしに属さない問題であるかのように」（『日本と国民の人類学』二〇〇四年）。

国家の一員としての生活よりも部落生活に好意的なエンブリー夫妻の描写に対するリャンの苛立《いらだ》ちが滲む。例えば親族が戦地に赴いたり、個人的生活を圧迫する国家の強制が生じたり、意に反して娘を工場に働きにやらねばならなかったりする場合に、国家と部落に挟まれた村民個々の苦悩や悲しみ、怒りの表現が不十分との思いだ。加えてリャンは、『須恵村』で村の階級を六階級とした際に、自らの分析でなくシカゴ大学のロイド・ワーナー教授の分類法に依拠した点も、エンブリーの階級意識の欠如と指摘する。

とは言え、エンブリーが集権的な軍国主義国家の統制による社会変化を『須恵村』の主テーマとしていたことは、博士論文のサブタイトル「変化する経済秩序」でも明らかだ。「国家機関の介入が村にもたらした変化」にも随所で触れ、決して避けてはいない。だが、エンブリーは政治学者や歴史家ではない。

蚕の繭の毛羽取り。養蚕は稲作に次ぐ産業だった（1936年５月、エンブリー撮影）

繭は年３回、紡績企業に売却された。須恵村を訪れた社員を接待する宴会（1936年10月、エンブリー撮影）

ノーマンやリャンの視点で須恵村を描いていたら、恐らく今の『須恵村』の魅力は半減していたに違いない。

ただ、ノーマンは、当時の日本の問題点について、書評の結びで慎重にこうも付け加えている。「不都合なのは、日本が外国から（文化的借りものを）借り入れたという事実ではなく、その指導者たちが西洋から学んだ科学的、政治的教訓を利用したそのやり方である。日本の悲劇は、西洋から多くのものを借りたことではなく、日本が学んだ立派な事物の多くが日本の官憲によって足もとに踏みにじられたこと、主として侵略と冷笑的外交の目的に役立つ技術がさらに助長され開発されていることである」。

ノーマンは、その責任を日本の指導者に求めた。ノーマンの日本批判は、エンブリーやエラが描いた当時の民衆や農村共同体、あるいはその伝統文化を標的としたわけではなかった。

ノーマンのような見方は、戦前戦後の近代主義的な知識人の思想に平均的に見られるものではないだろうか。古い伝統や人間関係に縛られた共同体は、主体的な個人の自立を許さず、なあなあで済ましてしまう点で、どんなイデオロギーも包み込む「天皇制国体」の最小単位だった、という、丸山眞男に代表される批判だ。

カナダ外務省にいたノーマンは、日本降伏の際に日本に派遣され、戦犯容疑者調査など占領行政に深く関わった。ノーマンは、アメリカの日本占領について、一九四六年三月、ニューヨークで行った「日本民主化の進展」と題する講演でこう述べた。「下からの民主化」の必要性を強く訴えた点では、エンブリーと同じだ。

「この、上からの改革の過程がこの程度までしか進まないことは明らかである。どこかその途中で、日本国民自身が自らの民主的な政府をひきうけ強化しなければならない」。

上からの改革という点では、明治維新も同様である。維新の指導者たちは、「(徳川氏の封建支配に反抗する)民衆の注意を国内改革の問題からそらして外国人に対する恐れに向けさせた」。その結果、「人民は自らの努力によってあるいは自らの認められた指導者を通じて封建制の束縛を振りすてることができなかったことに気づく」(「日本民主化の進展」)。

一方でノーマンは、占領政策そのものについては、「最高司令官とその占領軍は日本人が自らの民主的諸制度を発展させ、それによって人民が国の政治に全面的に参加できる最大限の機会を与える構想をもった方針をとっている」として一定の評価を与えている。GHQの要職という立場での発言ということもあろう。

しかし、その後の日本の「真の民主主義」への道はどうだったか。古い政治体制をできるだけ残したいと願う政治家や官僚が復活する中で、ノーマンやエンブリーが期待した「国民自身による民主的な政府」が実現し機能してきただろうか。

過激な知日派ヘレン・ミアーズ

同じリベラリストでも、外交官という立場でGHQにも参加したノーマンの比較的穏健な「上からの民主化」批判に比べ、ずっと容赦ない見方をしているのがヘレン・ミアーズである。そして、エンブリーとの共通点は、ノーマンよりはるかに多い。

エンブリーより十歳年上のジャーナリスト、ミアーズは一九三五年(昭和十)七月から翌年二月まで、エンブリー夫妻が須恵村を調査するために来日したのとほぼ同じ時期の八ヵ月の間、日本に滞在した。この時は二度目の訪日で、最初は二五年(大正十四)。エンブリーは二六年に高校生として日本を訪れて

『アメリカの鏡・日本』を著した
ヘレン・ミアーズ（1898〜1989）

おり、その前年のことだ。三五年の八ヵ月の滞在中、ミアーズは戦時色が濃くなる地方を旅して歩き、日本人の日常生活に触れる。この経験をもとに、日本見聞録『亥年《いどし》　あるアメリカ女性の日本の旅』（一九四二年）を刊行。知日派ジャーナリストとして知られることになる。

　ミアーズはアメリカ帰国後、一九三六年九月の『フォーチュン』誌日本特集号の編集に携わっている。この特集では、四月に須恵村のエンブリー夫妻を訪ねたアーチボルド・マクリーシュがリーダーとなり、マクリーシュ自身も須恵村の記事を執筆していることは前に述べた。ミアーズが同誌編集の際にマクリーシュを通じてエンブリーの存在を知り、三九年に刊行された『須恵村』を『亥年』執筆中に読んだとしてもおかしくない。

　戦後の日本占領期には労働諮問委員として労働基本法の策定に携わり、三度の日本滞在を経験したミアーズは、戦後の一九四八年に二作目の日本文化論『アメリカの鏡・日本』を著した。自らの目で確かめた普通の日本人とは異なる「異質な国日本」という、アメリカで強まる日本観に疑問を感じたのが執筆の動機だ。アメリカの戦争政策、占領政策に対するその舌鋒は驚くほど過激だ。だが、ミアーズのこの主著は、後で触れるように、読み方によっては右にも左にもなる危うさを併せ持っている。

　三五年当時の日本についてエンブリーは『須恵村』を、片やミアーズは『亥年』を著し、さらに日米戦争中の日本についてエンブリーは『日本国家』（一九四五年）を、ミアーズは『アメリカの鏡・日本』を書いた。偶然とはいえ運命的なものを感じざるを得ない。日本にとっては四冊とも重要な文献にもかかわらず、反響の大小の差なのか『亥年』と『日本国家』は邦訳されていない。

まず、ミアーズが自身の目で見、体で感じた日本を描いた文化論『亥年』に触れておこう。

「亥年」は、一九三五年の干支《えと》のことである。あるとき、コロンビア大学でジャーナリズム論を学んだ、英語が達者な「さとう」という名の新聞記者が、「日本の危機の一周期の最後の年です。……イノシシは危険な象徴です。……宇佐八幡は戦争の神でありイノシシの背中に乗っています」と、亥年に掛けて時代の雰囲気を伝えている。タイトルは「さとう」のこの話から取られた。ちなみに、ミアーズは日本語がまったくできなかったという。

『亥年』の前書きの日付は一九四二年五月。日本の真珠湾攻撃から半年後である。本文の内容は三五年の滞在記だが、前書きには時局の緊迫感と日米戦争を意識したミアーズの主張が色濃く漂っている。

ミアーズは冒頭で、日本の真珠湾攻撃はアメリカの日本に対する「無関心」が引き起こした、との見方を示す。

「英語が話せるほとんど全ての日本人に尋ねられる最初の質問の一つは、『アメリカ人は日本についてどう思いますか?』というものだった。もし私が、率直に答えるなら、『アメリカは日本のことをまったく考えていません。日本の文化、制度、そして歴史の事実についてほとんど知らず、それどころか無関心です』と言うべきだろう。この根本的な無関心は、真珠湾攻撃の瞬間まで続いた」。

続いて次のように訴える言葉は、エンブリーが『日本人』で、あるいは戦時転住局(WRA)の諸報告で、偏見を抱かずに日本人を理解すべきだと口を酸《す》っぱくして説いたことを思い出させずにおかない。

「日本で何が起こっているか、まさに今理解することが必要だ。われわれの隣人の特別な文明、特に、われわれには単に『奇妙で古風』に見える日本文明の側面を無視することは、もはや賢明ではなくすべきでもない。日本がわれわれに教えてくれる事の一つに、そのような『遅れた』文明が、ほとんど突拍子もないスピードで部分的な産業化の推進の下で発展することができるという事実がある。それはまた、競争する世界の中で、そのような発展が自由な民主主義の政権ではなく全体主義的な新秩序を目指す恐れがあるということをわれわれに教えてくれる」。

「隣人」である日本人を理解することこそ重要だという主張には、次作『アメリカの鏡・日本』の底に流れ続けるミアーズの基本姿勢の先触れが感じられる。

エンブリーは、ミアーズの『亥年』をシカゴ大学の民政訓練学校（CATS）の講義で参考文献として使用。『日本国家』の中でも二ページにわたって引用している。ミアーズが出会った日本人ビジネスマンとの会話だ。ミアーズは、日本が満州を攻撃したことについて、その是非を問う。ビジネスマンは、「肩をすくめて」こう答える。

「あなた方西洋人はとても一人よがりだ。爆弾と飛行機を発明し、最初に戦争で使ったのは、日本人でなくあなた方だということを忘れている。イギリスが、中国や大英帝国で守りたい利益は武力で手に入れてきたことを、あなた方は忘れている。白人が、侵略は有色人種が白人に対して行うときだけ許されないと思っていることを、われわれ日本人は知っている」。

「日本は西洋の後を追っているだけ」と言わんばかりのビジネスマンの反論。この箇所も、ミアーズとエンブリーが共有した歴史観の原点と言っていい。

「『アメリカの鏡・日本』は、国際関係における人種の問題を扱った最初の本である」

『亥年』刊行から六年、一九四八年に『アメリカの鏡・日本』が出版される。すぐに邦訳が検討されたが、GHQのマッカーサーが「プロパガンダであり、公共の安全を脅かす」として許可しなかったという。邦訳が日の目を見るのは占領終了後の一九五三年（昭和二十八）である。刊行二年後の四八年に邦訳されたベネディクトの『菊と刀』と好対照だ。

アメリカでも物議をかもした『アメリカの鏡・日本』だが、エンブリーとの接点に触れながら紹介したい（引用は伊藤延司訳）。

ミアーズはまず、「第二次大戦の可能性が明確に予見された」と、一九三五年（昭和十）当時の日本をこう描写している。

「日本では、私が二度目に滞在した一九三五年、ヒステリー症状が異常に高ぶっていた。症状は、ごく軽いもの、恐ろしく激しいもの、さまざまだったが、みんなが破滅に向かって吹きすさぶ台風の中の藁《わら》のように一様になびいていた。ラジオや新聞に溢れるプロパガンダに、その症状はよく表れていた。電波と新聞が届かない地方には、役人、軍人、あるいは『偉い先生』が時局講演会などでプロパガンダを伝達していた」。

ミアーズは、文明国のアメリカ国民はそんな日本人とは違うと思っていた。しかし、『亥年』ですでに示唆されているように、戻ったアメリカも同じだったことに気付く。だから、「アメリカの鏡・日本」なのだ、と。ミアーズはこう続ける。

「今日、私たちが日本を罰しているのは、彼らが自国でも国際社会でも凶暴になったからだという。日本人は内では全体主義者に、外では『凶暴で貪《どん》欲』になった。なぜなら、彼らはもともと侵略的であり、彼らの伝統文明が『戦争願望』をあおったからだ、と説明するのである。しかし、史実を子細にみると、答えはかなり違ってくる。近代日本が仲間入りした当時の国際社会は、政治・経済を中央管理しなければ生き残れない状況にあった。だから日本は中央集権国家になった。日本人は、暴力と貪欲が基準であり正当である国際社会に入ったから『凶暴で貪欲』になった。日本人に暴力と貪欲を組織する国際的技術を教えたのは外国の専門家たちなのだ」。

ミアーズは、「西洋から日本が学んだ事物」の一つに、「暴力的攻撃性や侵略」があった、と言う。ベネディクトらの見方のように日本人がもともと攻撃的で侵略的だったのではない、という主張だ。こうした言説は、多くの誤解を生んだ。特に戦前の皇国史観から抜け出せない勢力には、都合のよい援軍に見えた。偏った東京裁判によって裁かれた日本に肩入れし、裁いた西洋を痛烈に批判していると読めるからだ。

しかし、ミアーズは日本の侵略戦争を肯定しているわけでは全くなく、それが西洋の真似であり後追いだと言いたいのだ。

ミアーズの射程は、第二次大戦だけでなく、黒船の来航による明治維新の「近代日本が仲間入りした国際社会」までさかのぼる。

「この時期（江戸時代末期）から十九世紀末までの日本はいわば半植民地だった。欧米列強の代表たちは、貿易のすべてを管理し、税率と価格を決め、沿岸通航を独占し、日本の金《きん》を吸い取り、九十九年間の租借権と治外法権に守られて日本に住んでいたのだ。列強は自分たちの植民地と中国で享受する特権的立場を日本にももち込んだ。この期間、ほぼ四十五年間にわたって、日本は欧米列強の直接『指導』のもとで『改革され、再教育された』のだ」。

「アメリカの鏡」という点では、日本が日米開戦に踏み切った理由についてエンブリーが、経済的、統計的そして地理的要素を検証した上で、『日本国家』の中で「(対戦国の)関税制限と島国日本の限られた天然資源が根本にある」と述べていることによく似ている。その点で、日本の軍国主義の原因を日本の文化や日本人の精神的欠陥（幼児性や残虐性）に求めたベネディクトやゴーラーら、また当時のアメリカ軍や情報機関とは一線を画し、エンブリーが明らかにミアーズと同じ立場にいたことが分かる。

ミアーズは日本が戦争遂行能力を失い降伏が近づいた戦局についても、アメリカは、「日本人は戦争願望が強く」「野蛮で侵略的で」「世界で最も軍国主義的な国民」などの「虚像」を撒き散らした、と何度も強い口調で非難する。その結果、「ソ連との政治戦争に使用した」原爆投下さえ正当化することができた。ミアーズは、こう指摘する。

「もしアメリカ人が本当に平和を望むなら、対外政策の在り方にもっと厳しい目を向けなければならない。世界征服の野望を抱いているかのような偽りの状況に『引っぱっていかれる』のは、ひとり日本国民だけではないからだ」。

また『アメリカの鏡・日本』には、エンブリーの「ミクロネシア　海軍と民主主義」（一九四六年）を引用しつつ、一九四四年にアメリカがグアム島などマリアナ諸島を日本から奪還したことに触れたくだりがある。ミアーズは、地域経済の振興など日本がグアムに果たしていた役割と比べ、アメリカの振る舞いを強く批判。「アメリカの『防衛』体制に属するグアムの地位は、現地住民に単純な頭痛から完全破壊にいたるまで、災い以外の何物ももたらしていない」とまで言い切っている。エンブリーが同じ視点で批判したミクロネシアの変化に関する調査報告（第六章参照）と比べて、はるかに厳しい口調だ。

一方、『アメリカの鏡・日本』がアメリカ国内でバッシングを受ける中、ミアーズを擁護した数少ない一人がエンブリーだった。

同著について一九四九年に雑誌に寄せた書評でエンブリーは、「この本は、国家間の行動と偽善的な発言の食い違いに十分な注意を払うというトゥキディデス（筆者注：古代ギリシャの歴史家。状況を自国に都合

発動機を使った大麦の脱穀作業。須恵村にも機械化が浸透しつつあった。ミアーズは、日本を「遅れた文明」とする見方を戒めた（1936年６月、エンブリー撮影）

の良いように解釈して国家間の緊張が戦争に発展する現象を指した『トゥキディデスの罠』で知られる）にならった論じ方をしている」と、その中立性を評価した上でこう論じている。

「本当に重要なことは、アジアの一国日本がヨーロッパの国と政治的に対等に振る舞おうとしていたということである。しばしば見落とされるこの事実は、恐らく日本と西洋の多くの対立、さらには他のアジア諸国と西洋の紛争を最もよく説明する。ミアーズ夫人がこの本で示したように、これまで日本は、過去の世紀にイギリスやフランス、アメリカの同盟国が同じように行ってきたようなことは何もしていない。すべて白人国家の仕業なのだ。国際関係における人種の問題は重要なものであり、ミアーズ夫人の本は、この問題を真面目に取り扱った最初の本である。その意味で、『アメリカの鏡・日本』は、国家間の社会学に貢献する作品である」。

さらにエンブリーは、「人類学の訓練を受けたこともないジャーナリストであるヘレン・ミアーズは、なぜ日本とアメリカが戦争したのか、全ての人類学者を合計したよりも十分な報告を書いた」（「人類学の自民族中心主義に関する注釈」）と絶賛。戦争の本当の原因が西洋の自民族中心主義にある、というミアーズの主張に完全に同意している。

「日本はわれわれを偽善者と呼ぶことができる」

『アメリカの鏡・日本』には、占領政策と日本の民主化に関して、エンブリー夫妻が須恵村でどう振る舞っていたかを連想させる興味深いくだりもある。

「たまたま私たちの風俗習慣が好きになった人々が、進んでそれを取り入れることと、征服した国民に『民主主義』の名のもとに私たちのしきたり、行き方、偏見を押しつけることは別である。日本の家庭に招かれた若いアメリカ人が、台所に控えているその家の奥さんに、あなたは奴隷にされている、従順すぎる、そういうことは止《や》めて、食器をもって宴会に加わりませんか、といったとすれば、それは社会習慣と道徳の混同である。彼は権威におごって、作法とユーモア感覚を忘れているのである」。

この文章は、先に引用したエンブリーによるベネディクト批判、「自分たちとは異なる民族の家庭生活、教育、民間信仰に、必要ならば暴力的に立ち入り、改革する道徳的権利を持っている、という強い思惑がある」という一節を思い起こさせる。

事実、占領政策に関して、GHQの世論調査課長だったハーバート・パッシンは次のように記している。

「日本の制度の中でも最も私的な制度、たとえば家族・親の権威・親子関係、恋愛結婚、男女関係にまで占領軍が深く立ち入って改革するということは、単なる使命感による力の行使ではなかった。それは、国内社会構造と侵略戦争との間に関係があるとする、社会文化的理論から導かれたものなのである」（『占領がもたらしたもの』一九九〇年）。

「家庭生活に暴力的に立ち入る」（エンブリー）GHQの意思と対応を裏書きしているではないか。

パッシンはアメリカの社会人類学者で、日本の民主化に深く関わった。シカゴ大学時代に接した『須恵村』を「不朽の研究」と評価し、「知らず知らずのうちにエンブリーによって影響されていた」（『米陸軍日本語学校』一九八一年）と言う。エンブリーが属した戦時転住局（WRA）で日系アメリカ人の支援業務に就いたこともある。

だが、たとえ「民主化」という信念に支えられていたとはいえ、「恋愛結婚、男女関係にまで深く立ち入って改革する」というGHQの方針が一層徹底されていたらと考えると、パッシンの証言は穏やかではない。その前任課長だったジョン・ペルゼルが取り組んだ日本語のローマ字化どころか、エンブリーが言う「〈社会の型が残存できなかった〉ポリネシアの証拠」が日本にも残されていたかもしれない。

それは、ミアーズによれば、GHQ／SCAPの実際の振る舞いが「占領は、組織と機能の面では、奇跡的といっていいほど卓抜したもの」（『アメリカの鏡・日本』）であり、「SCAPのさまざまな部局で働く個々のスタッフは、善意と良識をもって真剣に仕事に取り組んでいた」（同）としても、そうした繕いとは別の、言わば倫理的な文化相対主義の問題だった。

つまり、「一九三五年、アメリカ人のほとんどは、日本やアジアに興味を示さなかった。一九四六年、アメリカ人は日本人の生殺与奪の権を握り、日々決定を下している。その決定は、何世紀にもわたって、間違いなく日本の発展を左右するものである」。それにもかかわらず、「これほどの強権に備えて、私たちが十分な用意をしてきたとはいえないのである。……彼らは日本のことをまったく勉強してこなかったことに、何の痛痒《つうよう》も感じていないようだった。……日本がいままでどうであったか、などということにはまったく関心はない。なぜなら、われわれの仕事は日本をわれわれが考えているように変えることだからである……というのが彼らの基本姿勢だった」。

言い過ぎに聞こえそうだが、GHQの一員として働いたミアーズの実感がこもる。そしてパッションもまた、自らを含めたGHQスタッフの「準備不足」「無知」を白状している（『米陸軍日本語学校』）。とすれば、日本はアメリカの都合の良い民主主義の実験場だった、と言えなくもない。

「倫理面では、日本は私たちを何のはばかりもなく偽善者と呼ぶことができるのだ。民主主義諸国が本当に民主主義のリーダーとして認められたければ、指導的役割を果たすべきである」。

ミアーズは、アメリカに日本を民主化する資格などない、と断定する。

だがミアーズのこの感想は、ジョン・ダワーによればGHQの意識的な戦略だったということになる。

つまり、「もっとも自民族中心主義的」なマッカーサーによって、「日本の問題についてわずかなりとも語る資格をもったほとんどの人は、意図的に排除されていた」(『敗北を抱きしめて』)からだ。エンブリーだけでなく、日本通のベネディクトもゴーラーも、「排除」されたのかもしれない。

エンブリーは、アメリカの占領統治が道を誤らないための参考として、「『アメリカの鏡・日本』をじっくり読むべきだ」と占領スタッフに促したことさえある(一九四八年の同著書評)。だが、同書の邦訳を禁じたマッカーサーにとって、そんな助言は邪魔もの以外の何ものでもなかったに違いない。

ダワーに従えば、マッカーサーは、普遍的理念と情熱だけに基づいて自らが信じる「道徳的権利」を行使した。日本に親しいアメリカ人は、時として情に流され厳格な改革を断行できない恐れがある。そうした人脈を回避し、信念を貫いたマッカーサーの方針が、結果的に日本人と一定の距離を保ち、曲りなりにも日本の民主化を推進するバネになったと言えないことはない。

「日本に対する告発はブーメランなのだ」

『アメリカの鏡・日本』の次の一節は、ミアーズの文体でありながら、『須恵村』に描かれた村の様子を彷彿《ほうふつ》とさせる。

「日本人は密集して生きることを受け入れ、小さな家に住み、物質欲を捨て、しきたりに順応し、家族、村、集団に従属することによって居住空間の狭さを乗り越えた。そして、個人による自己主張の欠落を、親への孝心、先祖崇拝、儀礼の徹底した形式化によって、品位あるものに高めていったのである」。

同時にこのくだりは、ミアーズ自身も編集に関わり、エンブリーが『須恵村』で引用した『フォーチュン』日本特集号のアーチボルド・マクリーシュの詩「狭い国土に多くの人々」を思い起こさせる。

ところがミアーズは、「フォーチュン誌は、この社会制度を『異様』といって非難する」と続け、マクリーシュもまたアメリカに広まっていた偏見に肩入れしたと抗議する。「居住空間の狭さ」を理由にアジアへ侵攻した日本の拡張主義を批判するフォーチュンと違って、ミアーズの論理に従えば、それは西洋の後を追わざるを得なかったから、ということになる。そこには、同誌の編集に手を貸したミアーズの苦い思いも入り混じっている。

エンブリーによるミアーズ著『亥年』の引用（一九四五年）および『アメリカの鏡・日本』の書評（四九年）、一方、ミアーズによるエンブリーのミクロネシア論文の引用（四八年）。これらの文章で、歴史や文化を自民族中心主義でなく相対的に見ようとした二人の変わらない姿勢は、戦中戦後にわたって共鳴し合っている。当時それは、厳しいアメリカ批判、裏返せば日本びいきと映ったことは間違いない。

ミアーズは、『アメリカの鏡・日本』が出版された一九四八年以降、日本擁護者としてアメリカのメディアからあからさまに排除されていく。片やエンブリーはＦＢＩの監視下に置かれる。言論の自由を奪う厳しい嵐の中で、反体制的に見える異端の二人の言葉がともに居心地の悪さを感じていく経過も似通っていた。

そうした状況下でもなお、ミアーズは一九六一年、ベトナム戦争に反対してジョン・Ｆ・ケネディ大統領宛に「アメリカこそが侵略者」と自重《じちょう》を促す書簡を送っている。

ミアーズには、他国への「侵略」という一点において、アメリカのベトナムへの介入も、日本の中国侵略と同じに映っていたのだ。アメリカは結局ベトナムから撤退せざるを得なかった。その意味では、ベトナム戦争はアジアにおける「日本の鏡・アメリカ」と言えるかもしれない。亡くなる二年前にインドシナに勤務し、一九四六年に始まったインドシナ戦争へのアメリカの介入に反対だったエンブリーが、死後十五年経って始まったベトナム戦争をどう見たか、想像することは難しくない。

ミアーズの次の文章は、「日本」という国名を現在紛争を引き起こしている国や地域、グループに言い換えても通用しそうだ。

「私たちは、日本人の性格と文明を改革すると宣言した。しかし、私たちが改革しようとしている日本は、私たちが最初の教育と改革でつくり出した日本なのだ。近代日本は西洋文明を映す鏡を掲げて、アジアの国際社会に登場してきた。私たちは日本人の『本性に根ざす伝統的軍国主義』を告発した。しかし、告発はブーメランなのだ」。

ミアーズ、そしてエンブリーが鋭く指摘したアジアでの欧米の振る舞い、植民地主義についてフランスの人類学者レヴィ＝ストロースは、ユネスコの機関誌『クーリエ』（一九五二年六月号）に「アジアはヨーロッパに対して物質的かつ倫理的な債権を持っている」という刺激的なタイトルの一文を寄せた。戦争と縁が切れなかったエンブリーと違い、南北アメリカ・インディアンの研究に専念していたレヴィ＝ストロースがアジアに言及した論考である。一九五〇年にはともにユネスコの仕事に携わっていたが、同じ年齢の二人に接点は見当たらない。

「未開のアジアを、一次資源や労働力の搾取、そして新市場に吸収される可能性が強く懸念される世界経済の中に力ずくで引っ張り出すことによって、現在ではそれを打開する責任を課せられている危機を図らずも引き起こしたのが当のヨーロッパだということは、いくら強調しても強調しすぎることはない」。

ミアーズが言うブーメランとなった「告発」は、欧米にとってアジアに対する「債務」であるはずだが、グローバリズムを牽引《けんいん》する今の欧米諸国はそのことをどこまで認識しているだろうか。

エピローグ　日本への「愛」

エンブリーの反自民族中心主義への批判

戦中から戦後まで、一貫して自民族中心主義に抗議し続けたエンブリーには、批判と擁護が付きまとった。私はその裏に、日本人あるいは須恵村の人々に対するエンブリーの「距離」の取り方が反映しているように思える。

エンブリーの論考に対する批判的な見解は、宣教師として戦前の日本に通算七年間滞在したシラキュース大学教授ダグラス・G・ハーリング（一八九四〜一九七〇）に代表される。ハーリングは一九五一年（昭和二十六）に軍政下の鹿児島県奄美大島を調査した文化人類学者である。

実はハーリングは『須恵村』に関して、「エンブリーの本を日本に関する書物から除外することは誰にもできないだろう。なぜなら、人を共感させる洞察力によってとらえられ、科学的に体系づけられた幅広い事実を『須恵村』が与えてくれるからだ」と、好意的な書評（一九五〇年）を寄せている。ところがエンブリーが亡くなった翌年には、「自民族中心主義の人類学者」（一九五一年）と第された小論で辛辣《しんらつ》なエンブリー批判を繰り広げる。

例えばハーリングは、一九四四年十二月にニューヨークで開かれた太平洋問題調査会の「文化とパーソナリティ」の会合を取り上げる。日本人の攻撃的性格を非難したミードらの議論を科学的でないと退けた上で、返す刀で、会合でのミードらの発言を後に批判したエンブリーに対して、ハーリングはこう糾弾するのだ。

「エンブリーはこの会合を重視しすぎる。……忘れてならないのは、日本人による武力侵略は、アメリカ合衆国を戦争に巻き込み、以前の平和なアジアのあらゆる希望を破壊したということだ。……われわれは戦争中であり、人類学的な理論に対する学究的関心よりずっと危険にさらされていたのだ。……（日本のような）権力政治のためにだけ強力な軍隊または政権が他国に文化の改造を強要する権利は決して認められない」。

日本のアジア侵略に対するエンブリーの状況認識は甘い、もっと現実を見ろ、という指摘だ。

さらに「もしこの考えが自民族中心主義というのなら、私はその非難を受け入れる」とまで言い切ってエンブリーに真っ向から対抗する。ハーリングは、アメリカの自由と民主主義が日本の帝国主義を打倒する戦争だったことを忘れている、と言いたいのだろう。

ハーリングはまた、東南アジア研究に移行したエンブリーに対し「生涯を日本人の研究に捧げなかった」と、筋違いとも言える非難を浴びせている。

同様の主張は、終戦前にアメリカ陸軍省から出された「勝利の後、日本をどう処すべきか？」と題するプロパガンダ冊子（一九四五年六月）にも表れている。この冊子は、アメリカ歴史協会が米軍のために「討論の素材として」作成。その中に「日本は経済的な理由で戦争を始めたのか」という一節があり、「日本の侵略の説明として日本と親しい人々がしばしば持ち出す説明は、中国との戦争が起こる前の日本の経済状況である」と問題提起し、こう批判する。

「日本が今行っていることを正当化するために使われている主な方法の一つは、ヨーロッパの帝国主義勢力が過去百年間に行ってきたことを指摘することである。……日本は先行したイギリスやフランスの真似をしているだけであり、帝国主義はイギリスやフランスの利益を守っている時はまったく当然のことと考えられていたと主張する。戦争の前から日本は自由競争による平和的な貿易の拡大で優位に立っていたという事実、軍部は武力によって利益を独り占めしようとしている事実を日本人は無視している」。

「日本と親しい人々」が誰を指しているのか、言うまでもない。エンブリーがＦＢＩに監視され、ミアーズがメディアから干されたという事実は、ある意味で当時のアメリカでは、ハーリングやアメリカ歴史協会のような見方が大勢だったという状況を物語っている。また自民族中心主義に疑いを挟みにくい戦争の現実を表してもいる。それは、敵と戦う自国を批判するなどという言動は、敵国に加担するのと同じだという思い込みによるものだ。

だが、エンブリーの主張がアメリカの自民族中心主義を批判しているからといって、日本の帝国主義的な侵略戦争を擁護しているわけではないということは、これまで繰り返し確認した通りである。

「エンブリーは戦争の原因を日本人の性格やイデオロギーの結果とは考えなかった」

エンブリーやミアーズがハーリングのような批判を招く原因について、マサチューセッツ大学アマースト校教授で歴史学者のリチャード・Ｈ・マイニア（一九三八〜）が的確に分析している。マイニアは、アメリカに自省を促す主著『東京裁判　勝者の裁き』（一九七一年）で知られる。

マイニアは「異文化理解と第二次世界大戦　一九四〇年代のアメリカの日本研究家と彼らの日本のイメージ」（一九八〇年）で、ベネディクトや陸軍のために働いていたエドウィン・O・ライシャワー（一九一〇〜九〇）らを指して「イデオロギー的なキャンペーンに同意しなかったアメリカの日本研究家はほとんどいなかった」としつつ、その例外として、エンブリー、ミアーズそしてチャールズ・B・ファーズ（一九〇八〜八〇）を挙げる。

独特のエンブリー論を展開するリチャード・マイニア（1938〜）

この三人そしてライシャワーは、エンブリーが須恵村を調査した同じ時期に日本に滞在し、ファーズは一九六〇年代にライシャワーが駐日大使のころ文化担当公使を務めた。極東研究の専門家として知られるファーズは、エンブリーとともに開戦直後から情報調整局（COI）、戦略事務局（OSS）の調査分析部（R&A）に所属し、日本班の責任者だったという縁もある。

マイニアは、エンブリーの「人類学の自民族中心主義に関する注釈」など多くの論評を、ベネディクトやゴーラーら「文化とパーソナリティ学派」に対する鋭い批判として評価。『日本国家』についても、「エンブリーはファーズと同様に、経済的要因を重視し、……戦争の原因を日本人の性格やイデオロギーの結果とは考えなかった」とし、「ベネディクトらの偏狭な文化的愛国心（ショーヴィニズム）との歓迎すべき相違」を見る。

「愛国心」で思い出すのは、エンブリーがハワイで付き合っていたアグネッサ・ラーセンの言葉だ。ラーセンは、「反抗的な家系」だったという自らの生い立ちを話すエンブリーに対して「反抗的な人は普通、ほんとの愛国者（パトリオット）になって終わるものよ」と応じた。マイニアは、「米国の左は日本の右に歓迎され、日本の左は米国の右に歓迎される」という。左派を自任するマイニアと同様に反体制的とみなされたエンブリーは、では、どんな類《たぐ》いの愛国者だったのか。

マイニアは、「この時代のアメリカに対するエンブリーらの健全な懐疑は、日本に対する困難な戦争に彼らが加わることを防げたこともなく、彼らは日本の戦争原因を決して支持してはいなかった」として、エンブリーが日本に肩入れしすぎだとするハーリングらの疑念を明確に否定する。

マイニアのこの言葉は、自分自身を意識したものでもある。例えば『東京裁判　勝者の裁き』を書いた狙いについて、アメリカは東京裁判の誤りをインドシナに引きずったままベトナム戦争に突っ込んだとしてこう述べる。

「米国がインドシナで繰り広げていた行為は、道義的に支持できないものでした。東京裁判に表れた偏狭で自己中心的な米国の考えが、後のベトナム介入の過ちに繋がっていると考えたのです。この本は、米国人向けに書いた米国批判の本なのです」（二〇〇六年五月三日、朝日新聞）。

だが、自民族中心主義的なアメリカの東京裁判を批判したからといって、マイニアは日本の侵略性を免罪するわけでは決してない。

ミアーズに関してマイニアは、「エンブリーほど日本に同情的ではない」という見方を示す。とは言え、「アメリカのほとんどのアジア研究者は敵意を持って（戦中の日本に）対応した」中で、そんな風潮に流されずに自国の振る舞いに警鐘を鳴らした二人に対し、こんな賛辞を贈る。

「エンブリーは標準的というより例外であり、ミアーズの本（筆者注：『アメリカの鏡・日本』）は〝歴史の停滞〟の犠牲になった。……エンブリーとミアーズは、日本に関するアメリカの専門的な作品の中にそびえ立つ」（「異文化理解と第二次世界大戦」）。

マイニアにとって、もちろんエンブリーは「偏狭な愛国者（ショーヴィニスト）」ではなく、ラーセンが思い描く「ほんとの愛国者（パトリオット）」だったと言えよう。

「エンブリーは、愛によって日本に応えた」

マイニアは、エンブリーの反自民族中心主義とベネディクトら「文化とパーソナリティ学派」の日本に対する見方の違いを、「love（愛）」というキーワードを使って読み解いている。

「ミアーズとエンブリーは、愛によって日本に応えた」（同）。

私は、マイニアのこの解釈に出合ったとき、その思いがけなさにちょっとした驚きを覚えた。

具体的な例としてマイニアは、ミアーズが『亥年《いどし》』で取り上げた多くの日本人の名前、そしてエンブリーの「最良の友人」愛甲慶寿家《けいすけ》の名を挙げる。特に『須恵村』序文の「……これらの官吏、教授諸氏にもまして感謝するのは須恵村の人たちである。二人の外国人を丁寧至極に受け入れて下さって、妻と私の両人ともかぎりない温かい友情に結ばれた。国際的友愛のなかで、一九三五年から三六年に至る須恵村の酒宴ほど深いものはないであろう」という一節もその例証だ。

「名前」ということであれば、エラの『須恵村の女たち』に登場する数十人の男女の名（村人に配慮して文中は仮名《かめい》）が最たるものだろう。もちろんその典拠は実名が記された二人の日誌だ。身近な、肌で感じられる人と人の触れ合いを通じて「話されないものはなにもない」ほどの友情、友愛が築かれた。

マイニアは「愛」という着想を、ハーバード大学の文化人類学者ジョン・ペルゼルのエンブリー追悼文から得たようだ。論考の中で、マイニアはペルゼルの含みのある一節を引用している。

「エンブリーは、異質な民族および文化の人々とともにいることからいっそう深い喜びを見出した。そ

1936年11月2日朝、須恵村を去るエンブリーを見送る守永留吉村長（中央）と話す通訳の佐野寿夫（エンブリー撮影）

して、そうした人々に対する彼の理解が、実際それは愛なのだが、自分たちの生活を快く彼に開放してもいいと人々に思わせるに至った」。

だが、「愛」の対象として「日本」という国名を違和感なくつなぐことは容易ではない。マイニアの見方をどう思うか尋ねた私に、エール大学教授のウイリアム・ケリーは、「私は人類学者として日本を相手に四十年以上取り組んできたが、日本を愛することはない。しかしアメリカを愛することもない」と話す。エンブリーの愛は、ケリーの含蓄に富む言葉が示唆するように、国家としての日本に対する愛ではないことは確かだ。むしろ『須恵村』と『須恵村の女たち』には、日本という軍国主義国家に対する嫌悪が滲んでいる。

「ほとんどの知識人が、それについて語ることが難しいと知っている原理」（マイニア）である「愛」という言葉に、ペルゼルとマイニアがどういうニュアンスを込めたか、十分に理解することは難しい。

ペルゼルの言葉づかいから察するに、エンブリー夫妻が須恵村の人々との間に培った「協同（はじあい）」に基づく「共感」あるいは「理解」を、異質であることを享受した上でのより深い心の通い合いとして表現したかったのかもしれない。

いや、村民との関係だけでなく、エンブリーの「愛」

エンブリー夫妻滞在50年式典に出席するため須恵村を訪れ、女性たちと一緒に踊るエラ（1985年8月）

は、マイニアやペルゼルの言う互恵的な「共感」を超えて、自然や信仰を含めたムラのあり方すべてに対するものだったとも思える。エンブリーにとって日本は異郷だが、郷愁にも似た愛。

エラもまた、須恵村の女性たちに対し「愛によって応えた」。『須恵村の女たち』には「日本は私の故郷であり、この国を愛していた」という表現が一度ならず登場する。次の言葉は象徴的だ。

「須恵村の若い女たちがこの本を読むとき、いかに私がこの村の女たちを賞賛し、その忍耐力、その家族と子供たちへの献身、その困難さに耐える能力、なかでもその自立の精神に、いかに感動していたかを、理解してくれることを期待するだけである。この本は、彼女たちへのささげ物として書いたのであり、友情と尊敬の念をもって彼女たちに呈示されたものである」。

マイニアは、愛の〝効用〟をこう述べる。

「日本と個人的に関わりのある、しかも愛によって応える日本研究者は、日本像に最も偏見を持たないだろう。逆にそうした関わりがなく、人々について話す代わりにイデオロギーと文化のことばかり話す研究者は、日本像を自民族中心主義的に歪めて見るに違いない。もちろん愛は、他のひどい偏見と同じように人を盲目にするかもしれない。しかし、もし異文化理解の立場が危険にさらされた場合には、愛は元気付けの力にも、また陥りやすい横柄《おうへい》さに対する予防手段にもなり得る」。

「愛によって応える」ことは、仮に研究者が客観性を失っても、対象に対する思い入れが過ぎても、あるいは甘いロマンティシズムに見えても、自民族中心主義に陥るよりはるかに有益なのだ。

自民族中心主義が頼りとする「暴力」に対抗する「愛」。エンブリー夫妻が須恵村で実感した、人々の幸せの根拠である互恵的な関係性。エンブリーが手探りした「真の民主主義」でさえ、そのための手段でしかない。日本を訪れなかったベネディクトには理解できなかったことかもしれない。

「日本ほど居心地がよかった所はない」

エンブリーが書いた「日本の軍事占領」（一九四四年）、「アジアにおける文化高官の幾つかの問題」（一九四九年）などを読み返して、あらためて気付かされることがある。それは、地域に派遣されるアメリカの統治者の心構えとして書かれているように見えて、実はどれも地域の人々の側に立ち、その視線に寄り添っている、ということだ。征服者、支配者を思わせる口ぶりは微塵《みじん》もない。例えば「日本の軍事占領」は、占領スタッフがいかに日本人に公正に接するべきかについて、懇々《こんこん》と説いている。「日本では普通、人々は脅されたり強制されたりされ得ないということを占領文官が悟るだけでも無駄ではない」。

終戦一年前、民政訓練学校（ＣＡＴＳ）の教官時代に書かれた「日本の軍事占領」の文章全体から、エンブリーがＧＨＱに加わらなかった理由が滲み出ているように感じられる。それは行き着くところ、日本人の、とりわけ須恵村の人々のエンブリーに対する「愛」を踏みにじることへの恐れだったのではないか。

マイニアは、「太平洋戦争はアメリカの日本研究者にとって最良の時間だった」と皮肉を込めて振り返

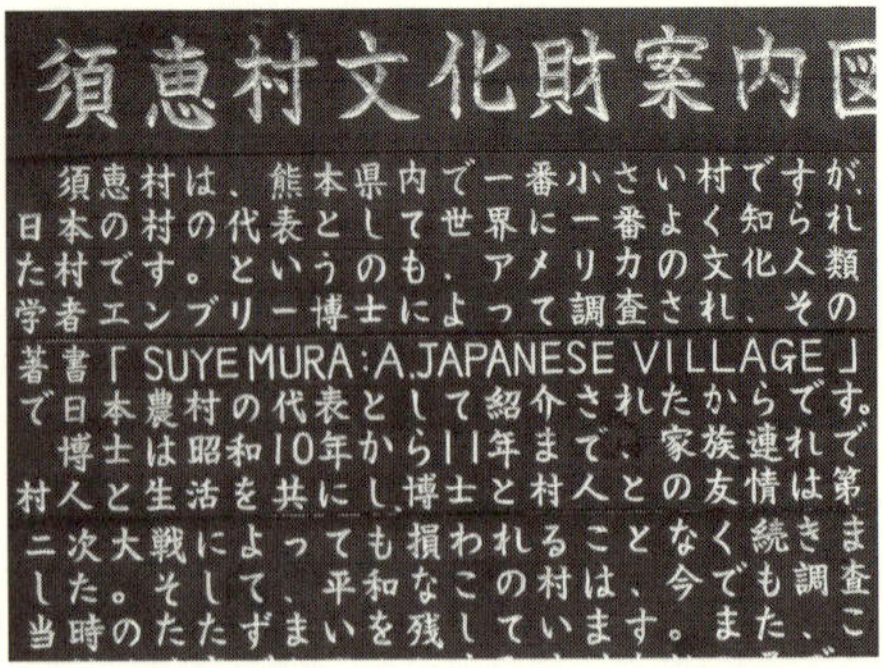

エンブリー夫妻と村民の友情を伝える須恵村文化財案内板（筆者撮影）

る。確かに戦間期、人類学をはじめアメリカの日本研究が飛躍的に進んだという事実は、その言葉を幾らかは裏付けるかもしれない。だが、研究を離れた一個の人間として「最良」だったのかどうかは疑問だ。特に日本を「愛した」アメリカの愛国者（パトリオット）には、「最悪の時間」ではなかったかもしれないが、過酷だったことは間違いない。実際、エンブリーの妻エラの身近にいた教え子のポランスキーは、「戦後、エラは戦争についてほとんど語らなかった」と話す。

　日本軍による真珠湾攻撃以降、異文化と関わる極めて重要なポストを転々とし続けることを余儀なくされ、「ワシントンの空気から距離を置くことができなかった」（マイニア）エンブリー。日本を故郷と思う妻とともに須恵村を調査しただけに、その心境は特に複雑だったに違いない。とはいえ、異端の研究者として信念を貫いた夫妻の生涯が、不遇だった、とは決して言えまい。

　須恵村を訪れた二十歳代後半から鬼籍に入る四十二歳まで、十五年ほどの短い研究生活だったが、その中で、須恵村で過ごした戦争前の一年間こそが、フィールドワークが大好きだったエンブリーにとって最も充実した「最良の時間」だったのではないか。異質な文化と接することによって自分自身を見いだし、豊かになっていく実感があったに違いない。

「須恵の暮らしは厳しい。朝は早く、激しい肉体労働が伴う。しかし、焼酎があり、たくさんの焼酎を飲める祭りでいっぱいの陰暦の暦がある。暗い夜々があり、魅力的な娘たちがいる。月光が、美しい山々があり、年を取っても話ができる古い友達がいる。私は、球磨《くま》郡の魅力を理想的なものと考えてもいいと思った」。

日本滞在を終え、離日前夜に北米航路の船室で綴《つづ》ったエンブリーのフィールドノートの結びの一節だ。須恵村に対する万感の思いがあふれたひと言ひと言に、村民との掛け替えのない時間の共有という「愛」を感じ取ることができる。エラは、いつもポランスキーに「生涯で日本ほど居心地が良かった所はない。ジョンは、須恵村の人々を、そしてそこで過ごした時間をこよなく愛していた」と話していたという。ノートの行間に、日本にユートピアを夢見る若者の感傷が漂うのは、きっとそのせいだ。

生まれ育った家庭環境を素地として、遠い異文化である須恵村民との親しい接触を血肉化することを通じて、エンブリーは、差別を拒み植民地主義と帝国主義に異議を唱え続ける生涯の礎《いしずえ》を築いた。日本人に対してだけでなく、地域の民族に対するエンブリーの、「愛」に例えられる「共感」はまた、共同体の排他性を超え、文化や人種を超えた「協同（はじあい）」の精神に基づいていた。エンブリーが育んだ理想とその表現は、研究者として公正中立な視線で物事を判断する材料を提供しただけでなく、『須恵村』を原点とした実践的な生き方そのものでもあったと思う。

ペルゼルは追悼文をこう結ぶ。

「ジョン・エンブリーのこれ以上ない仕事は、彼の同時代の人にとってとても実りの多いものだった。彼のたゆまぬ好奇心と、自分の仕事が事実に忠実であり倫理的な目的に役立たなければならないという信念は、彼の研究分野の重要な伝統だ。われわれは、彼の早すぎる死を痛切な喪失感を抱きながら記録しなければならない」。

おわりに

現場を踏む――。

私が新聞記者だったせいかもしれないが、ジョン・エンブリーの言葉の重みを支えているのは、そこに尽きると思う。

自民族中心主義と植民地主義に抗し続けたエンブリーの信念は、戦中戦後を通じて揺るがなかった。それは、人類学者であるエンブリーの仕事場のほとんどがフィールドであり、そうでない場合も現場に近い場所だったためではないか。アクティビスト（社会運動家）ではないが、少なくとも研究室や書斎の中で文献をもてあそぶ学者ではなかった。しかもエンブリーが相手にするのは、大国アメリカから見ればいつもマイノリティの人々である。

そしてそれらの体験を本当に自分のものにする感性、検証する筆は、いつどこにいようと、その源の須恵村から伸びる、透明な糸でつながっているように感じられた。エンブリーの手になる一つ一つの言葉に、須恵村の人々に対する思いが滲んでいることに気付かされ、私はそのたびに『須恵村』と『須恵村の女たち』に立ち戻ることになった。

それらの資料は、アメリカの大学図書館や博物館、エンブリー夫妻の関係者らから、中には数十回のメールのやり取りを経て提供してもらった。また、探し当てた情報や文献の中に、思いもかけない新しい事実や時代を照らし出す言葉の発見があるたびに、まるで宝物を探し当てたようなときめきを感じていたのだ。

そう言えば、私は子どものころ、『ロビンソン・クルーソー』や『十五少年漂流記』、『宝島』『八十日間世界一周』『黄金虫』など冒険物語ばかり読んでいた。今振り返ると、子どものころから宝探しが好きだったのかもしれない。もっと言えば、記者という仕事も、記事のネタ探しはいつも宝探しだったような気さえする。ネタを恵んでくれるのは、人であり現場だった。

ロマンチストのエンブリーも、フィールドワークで宝探しをしていたのではないだろうか。ユートピアという宝探しを。エンブリーが求め続けたもの、それは民族差別も戦争もない、穏やかな日々を送る人びとの暮らしの風景というユートピア、夢だったのではないか。

亡くなる半年前に行った講演で、エンブリーが、アジアの欧米化（文明化、産業化）に関連して、オルダス・ハクスリーの反ユートピア小説『すばらしい新世界』（一九三二年）を思い出すくだりは象徴的だ。「文明人」の血を引きながら「野蛮人」居留地で育った主人公の名は、何せジョンなのだ。おまけに、非文明の先住民居留地は、どこか須恵村に似ている。

「ぼくは不幸のほうがまだいい。あなたがこっちで愉しんでいた嘘っぱちの幸福よりは」（黒原敏行訳）。未来社会の物語は、逃げ出した故郷・野蛮国にも、移り住んだ文明国にもなじめないまま、孤独な「野蛮人ジョン」の自殺で幕を引く。

エンブリーが読んだに違いない同書の一九四六年版の前書きでハクスリーは、三二年版では描かなかった第三のユートピアを、野蛮と文明以外のもう一つのジョンの選択肢として提示。その社会を「自由意志で互いに協力し合い正気の道を追求する人々の共同体」と予告している。エンブリーは講演で、まだ見ぬユートピア物語の舞台を須恵村に重ねたに違いない。

ただ、本書と前著併せても、エンブリー夫妻の素顔や心のひだにどこまで迫ることができたか、心もとなさは残る。エンブリーが見た須恵村にも、私が知ったエンブリーにも、〝あばたもえくぼ〟に見えている点があるかもしれない。今年はエンブリー生誕百十年、来年は『須恵村』刊行八十年。業績の客観的な評価は他に委ねるとして、夫妻の知られざる実像を明らかにする作業をもうしばらく続けていきたい。

本書刊行に当たって、たくさんの〝宝〟を探していただいたハワイ大学図書館のパトリシア・ポランスキーさん、エール大学のウイリアム・ケリー教授、エンブリーの甥のジョン・デヴロー氏、コーネル大学院生のラウラ・ココラさん、コロンビア大学図書館の野口幸生《さちえ》さん、セント・マーティンズ大学のデイヴィッド・プライス教授、『エドウィン・ロジャーズ・エンブリー』の著者アルフレッド・パーキンス氏、ケンブリッジ大学のピーター・マンドラー教授、全京秀《チュンキュンス》・ソウル大学名誉教授をはじめ、協力していただいた全ての関係者に感謝したい。

中でもエンブリー夫妻に近い三氏には、筆者の遠慮のない質問や要求に対して、限りない寛容と親切で応えていただいた。エラの教え子だったポランスキーさんは、エラとの親しい会話を通じて知った夫妻の貴重なプライベート情報を伝えてくれた。ケリー教授は、十数点のエンブリーの文献や資料を提供してくれ、本書のタイトルに関しても忌憚のない意見をいただいた。デヴロー氏は、エンブリー一家に関連する多くの写真を探し出して送ってくれた。

また、コーネル大学、エール大学、シカゴ大学の各図書館、トパーズ日系人収容所博物館、全米日系人博物館にもたびたびお世話になった。アメリカの研究者や研究機関からの情報提供については、「知の共有」に対する懐の深さを痛感させられたことを強調しておきたい。ほぼ全ての研究者がEメールアドレスを公開しており、私のぶしつけな質問にも快く返事をくれた。本当の〝宝〟とは、人々とのこうした縁かもしれない。それが、夫妻とつながる多彩な人脈へと導いてくれたのだ。

前著に続いてたびたび励ましをいただき、刊行を心待ちにしてくれた熊本県あさぎり町や人吉《ひとよし》市の方々や友人たち、そして貴重な助言と丁寧な編集に骨折ってくれた忘羊社の藤村興晴氏に深く感謝したい。最後になるが、勤めていた会社を辞して須恵に移り住み、執筆に明け暮れた筆者のわがままを許してくれた家族には頭を下げるしかない。

みなさん、本当にありがとうございました。

二〇一八年九月

*関連年表

	エンブリー	エラ	国内外の情勢
1908（明41）	8月26日、アメリカ合衆国コネティカット州ニューヘイブンに父エドウィン・ロジャーズ・エンブリー、母ケイト・スコットの長男として生まれる。父はロックフェラー財団の副理事長を務めた		
1909（明42）		2月20日、ロシア帝国のニコラエフスク・ナ・アムーレにユダヤ系の父メイエル・モイセーヴィッチ・ルーリィ、母ロマーノヴナの長女として生まれる。父は水産貿易商を営んでいた。六歳上のアレクサンドル、三歳上のロベルトという二人の兄がいた	
1910（明43）			8月、日韓併合
1911（明44）	10月、妹エドウィナ誕生		
1914（大3）			第一次世界大戦勃発（〜18年）
1917（大6）		ロシア革命後、3月にニコラエフスクを離れ、夏過ぎにウラジオストックへ	ロシア革命（二月革命、八月革命）。中国で胡適主導の文学革命
1918（大7）			8月、日本のシベリア出兵（〜'22年）。11月、ドイツ革命
1919（大8）	10月、妹キャサリン誕生、後にトパーズ日系人強制収容所を描いた『灰色の追放生活』（'99年）を出版	暮れ、父の会社の支店がある函館に移り、日本に定住	2月、ドイツにワイマール共和国設立（〜'33年）
1920（大9）		1月、横浜に移り山の手に住む。3〜5月の尼港事件でニコラエフスクの叔父夫婦が殺害される。夏は函館で過ごす	1月、国際連盟発足
1922（大11）			ソビエト連邦設立（〜'91年）

1923（大12）		関東大震災のため函館に移る。このころまで家庭教師からロシア語、英語、フランス語、ドイツ語を習う	9月、関東大震災
1924（大13）	ニューヨークの私立リンカーン高校入学。一家はハワイで過ごすことが多かった	神戸に転居	7月、アメリカ排日移民法成立
1925（大14）		神戸のカネディアン・アカデミイに入学、1年間通う	
1926年（大15・昭元）	2月、両親とともに初めて日本訪問。京都、奈良、三重、東京などを巡る。その後5ヵ月掛けアジア、ヨーロッパを旅行	6月、カネディアン・アカデミイ卒業。同窓生にカナダの歴史家ハーバート・ノーマンがいた	
1927（昭2）	カナダ・モントリオールのマッギル大に入学	カリフォルニア大バークレー校に進みフランス語、フランス文学を学ぶ	
1929（昭4）	6月、太平洋航路の船中で妻となるエラ・ルーリィに出会う。ハワイ大に転学。ハワイで彫刻家を目指すアグネッサ・ラーセンと付き合う	6月、ジョン・エンブリーと出会う。パリのソルボンヌ大に留学、フランス語教師の免許を取得。東洋語学校で本格的に日本語を学ぶ。家族は東京に転居	10月、世界経済恐慌勃発（～'32年）
1931（昭6）	6月、ハワイ大で学士号取得。ハワイの雑誌にエッセー寄稿、コロンビア大の大学院で文学を学ぶ。9月にラーセンと別れ、12月19日に妹エドウィナと大学で同級生だったグレイス・シオットと結婚、グレイスは男児を身ごもる	日本に帰国	9月、満州事変（～'33年）
1932（昭7）	グレイスと離婚。グレイスはブライアント・マンフォードと再婚し、9月5日、男児エドウィンを出産。6～9月、エンブリーは二度目の訪日で軽井沢に滞在。このときエラに求婚したとみられる。ハワイから本土に戻り、12月19日、アリゾナ州ツーソンでエラと再婚。カナダのニューマーケット（オンタリオ州）のピッカリング・カレッジの図書館でアルバイトをしながらトロント大で人類学を学ぶ	12月、エンブリーと結婚。エンブリーと同じくカナダのニューマーケットのピッカリング・カレッジでパートタイムの事務の仕事に就く	5月、海軍将校による五・一五事件
1933（昭8）	12月28日、クレア誕生。クレアの名は、トロントで夫妻が世話になったクラレンス・ヒンクス（精神衛生学の先駆者でエンブリーの父エドウィンの友人）から取ったという	12月28日、シカゴでクレア出産	3月、ルーズベルト米大統領就任（～'45年）、ニュー・ディール政策開始
1934（昭9）	トロント大で人類学の修士号取得。シカゴ大人類学部へ。ラドクリフ＝ブラウンに師事	シカゴ大大院で人類学と社会学の講義に出席	ナチスによるドイツ第3帝国成立（～'45年）

1935（昭10）	8月12日、「コミュニティ研究」に取り組むシカゴ大の院生として日本の農村調査のためエラ、クレアとともに来日。約三ヵ月、計二十二ヵ所の候補地を回る。9月、澁澤敬三、柳田國男を訪ねる。同月23日、熊本県球磨郡須恵村（現あさぎり町）を初訪問、10月15日に調査地と決定。11月2日に移住し調査開始	3月28日、アメリカの市民権獲得。8月、エンブリー、クレアとともに来日、11月から須恵村調査	天皇機関説事件
1936（昭11）	2月、シカゴ大へ須恵村調査の中間報告書。11月2日、一年間の調査を終え須恵村を離れる。同29日、柳田國男を訪問。一ヵ月の東京滞在の後、12月7日に横浜港から離日	12月7日、離日	2月、陸軍青年将校による二・二六事件
1937（昭12）	6月、シカゴ大に博士論文「須恵村　変化する経済秩序」を提出、博士号取得。8月、ハワイに移住、ハワイ島コナ地区のコーヒー農園の移民日本人を調査。11月、須恵村の「最良の友人」愛甲慶寿家が列車事故で死去	6月16日、母ライサ、東京で死去	7月、盧溝橋事件を発端に日中全面戦争（～'45年）。11月、日独伊防共協定成立
1938（昭13）	2月、コナ地区の調査を終え、ハワイ大助教授として人類学を教える		5月、国家総動員法施行（～'45年）
1939（昭14）	7月「ハワイ・コナの日本農民の新しい血縁集団」発表。10月『日本の村　須恵村』をシカゴ大から出版	夜間学校でロシア語を教える	第二次世界大戦勃発（～'45年）
1940（昭15）	9月、大藤時彦が日本初の『須恵村』書評を『民間伝承』に掲載。11月、鈴木榮太郎による書評（『民族学研究』）		
1941（昭16）	8月、トロント大に移る。9月「日本農村における宗教の社会的機能」発表。12月7日（日本時間8日）夕、日本軍の真珠湾攻撃の臨時放送をトロントの自宅で聞く。情報調整局（COI）への召請を受け20日付で辞令、ワシントンへ	ハワイ大で社会福祉の学士号取得	10月、東條英機内閣発足（～'44年）。12月、日本軍が真珠湾攻撃、日米開戦（～'45年）
1942（昭17）	1月2日付COI報告「国民の社会・心理分析」に早くもスタッフとしてエンブリーの名。3月「日本の社会関係」を作成。8月、組織改編後の戦略事務局（OSS）へ移り「日本の社会的、心理的状況に関する予備調査」（10月発表）作成に参画。8月下旬、OSSに籍を置いたまま日系人強制収容所を運営する戦時転住局（WRA）に移る	'42（昭17）年～'50（昭25）年までの戦中戦後はエンブリーの死去まで行動を共にし、情報機関の手伝いやミクロネシア調査報告の編集などに携わる	2月、日系アメリカ人の強制収容開始（～'46年）。6月、ミッドウェー海戦で日本軍敗北

1943（昭18）	1月、スミソニアン協会から『日本人』発表。2月、WRAに新設されたコミュニティ分析課長に就任、日系人に寄り添った多数の報告書を作成。9月、シカゴ大の民政訓練学校の教官となり『須恵村』などを教材に日本占領の士官を教育。12月、日本で〝天才少女ピアニスト〟と呼ばれていた日系女性ミワ・カイを収容所から解放、シカゴの自宅に引き取る。カイはエンブリーが須恵村滞在時に多良木町の旅館の娘に付けさせた日記を英訳（後に『日本の旅館の娘の日記』として刊行）するとともに『日本国家』の初稿を清書	9月、シカゴに移る	
1944（昭19）	6月『東郷村　北日本の村』の英訳刊行。7月「コミュニティ分析　統治における人類学の一例」、9月「日本の地方行政」、同「日本の軍事占領」、10月、須恵村で通訳だった佐野寿夫がフィリピン沖で戦死。11月「戦後日本の民主主義」発表。『日本の民謡』刊行		6月、米軍の本土空襲開始。7月、マリアナ諸島サイパン島の日本軍玉砕
1945（昭20）	5月、外国経済管理委員会の顧問。すぐにハワイの戦時情報局（OWI）へ。7月『日本国家』刊行。8月、OWIからミクロネシアのサイパン、テニアン島調査。サイパンで終戦を迎える。9月、ハワイ大の人類学准教授に。12月、専門の異なる研究者三人とともにハワイ大から三週間かけて再度のミクロネシア調査。10月「応用人類学およびその人類学との関係」発表		3月〜、沖縄戦。8月、広島、長崎へ原爆投下、日本降伏。10月、GHQ（連合国軍総司令部）設置（〜'52年）。同月国際連合、11月にユネスコ設立。12月、GHQが農地改革指示
1946（昭21）	6月「ミクロネシア　海軍と民主主義」、秋「人類学と戦争」、冬「サイパンとテニアンの軍政」発表。11月、ルース・ベネディクト著『菊と刀』刊行		1月、天皇が人間宣言。第一次インドシナ戦争（〜'54年）
1947（昭22）	4月、国務省情報局の文化高官としてバンコク赴任。8月にインドシナ戦争最中のサイゴンに移動、10月にハノイへ。この間、ベトミンやベトナム最後の皇帝バオ・ダイの関係者と会う	4月、夫、娘とともに東南アジアへ	5月、日本国憲法施行。6月、トルーマン米大統領が欧州経済復興計画（マーシャル・プラン）発表。米ソ対立（冷戦）表面化
1948（昭23）	1月、ラオス訪問。4月、東南アジアの任務を終えアメリカに帰国、生まれ故郷ニューヘイブンのエール大准教授に就任	4月、帰国。ニューヘイブンへ	11月、極東国際軍事裁判（東京裁判）判決

1949（昭24）	「アメリカの軍政府」発表		1月、トルーマン米大統領が「P4計画」発表。10月、中華人民共和国設立
1950（昭25）	2月21日、父エドウィン、ニューヨークで死去、66歳。7月、エール大東南アジア研究所長に就任。8月、ユネスコの教育支援協議のためリベリア訪問。9月、ユネスコに報告書「人の交流　導かれる文化変容」提出。この間、FBIの捜査を受ける。4月「標準化された誤解と日本人の性格」、同「タイ　緩やかに作られた社会システム」、7月「人類学の自民族中心主義に関する注釈」発表。11月、アメリカ人類学協会から「P4計画」に関するハンドブックの編集業務を任される。12月22日午後、コネティカット州ハムデンで16歳の娘クレアとともにクリスマスの買い物中、飲酒運転の車にはねられ42歳で死去	12月22日、自宅を訪れた警察官からエンブリーとクレアの交通事故死を知らされる	アメリカでマッカーシズム（赤狩り）旋風（〜'54年）、日本でもレッド・パージ。6月、朝鮮戦争勃発（〜'53年）。8月、警察予備隊設置
1951（昭26）		2月、夫妻を知るハワイ大のグレッグ・シンクレア学長に招かれ、フランス語を教える。8月、エンブリー慰霊祭を行う須恵村を再訪。共著『ミクロネシアの将来計画』（ダグラス・オリバー編著）刊行	9月、サンフランシスコ講和条約および日米安保条約署名
1952（昭27）	インド『ユナイテッド・アジア』に「東南アジアの力学」掲載（最後の発表記事と思われる）		
1954（昭29）		ロシア語、ロシア文学も教える。7月6日、父メイエル、東京で死去	7月、自衛隊発足
1955（昭30）	8月『日本の村　須恵村』の邦訳『日本の村落社会　須恵村』（関書院）刊行	4月、アメリカ海軍に務めるフレデリック・ウィズウェルと再婚	高度経済成長スタート（〜'73年）。11月、保守合同により自由民主党成立
1957（昭32）		故郷を離れて初めて旧ソ連のモスクワ、レニングラード、キエフ訪問	
1964（昭39）		ヨーロッパを経て二度目の旧ソ連へ。ウクライナのオデッサ、クリミアのヤルタ訪問	
1965（昭40）			米軍がベトナム戦争本格介入（〜'75年）

1965（昭40）		夏、イサカ（ニューヨーク州）で『須恵村の女たち』の共著者ロバート・スミスと初めて会う。須恵村のフィールドノートなどエンブリーの調査資料を送る	
1967（昭42）		日本、台湾、タイ、ベトナムを旅行	
1968（昭43）		ハワイ大退職。神奈川県の横須賀基地に異動した夫ウィズウエルとともに逗子に住む。7月、戦後二度目の須恵村訪問	
1971（昭46）		ホノルルに戻る。精力的にフランス語やロシア語文献の英訳を続ける	
1972（昭47）			5月、沖縄が本土復帰
1974（昭49）	4月8日、母ケイト、ホノルルで死去	ロシアの軍人ヴァシリー・ゴロヴニンの『太平洋周航記』（'22年）の一部を英訳した『ゴロヴニンの世界一周紀行』刊行	
1976（昭51）		8月、ハワイ大の客員教授に。ロシア語を教える	
1979（昭54）		旧ソ連のハバロフスク訪問。故郷ニコラエフスクにも足を延ばそうとしたがかなわず	
1982（昭57）		『須恵村の女たち』をシカゴ大から出版	
1985（昭60）		ロシア関係の書籍をハワイ大図書館に寄贈。8月、エンブリー夫妻の須恵村滞在50年記念式典に合わせ三度目の須恵村訪問、大歓迎を受ける	
1987（昭62）		11月『須恵村の女たち』邦訳（お茶の水書房）刊行	
1988（昭63）		5月、回想録「五十年後の須恵村」発表	
1993（平5）		尼港事件を検証した『ニコラエフスク・ナ・アムーレの破壊』（'24年、ロシア語）を英訳	
2004（平16）		3月18日、夫のウィズウエル、ホノルルで死去	
2005（平17）		8月16日、ホノルルで96歳で死去。遺灰は12月10日、知人の手で横浜外国人墓地のエンブリーと娘クレアの墓に撒かれ、エラの墓碑銘も刻まれた	

＊ジョン・エンブリー作成による文献一覧

＊著書、冊子、公的機関への報告のほか、日誌、調査記録を含む。" "でくくった文献は雑誌寄稿、（ ）内は著作出版社あるいは寄稿掲載誌。《 》は邦訳など。エール大学東南アジア研究所の編集者だったアンナ・ピケリスによる文献一覧を基に、欠落分を追加し作成

【日本関係】

1926

・Family Journal. February 3 to July 17（一部エンブリー）

1932

・On the Face of It-Notes on a Summer in Karuizawa, Japan 1932

1936

・Primary Report on the Social Organization of Suye Mura, Island of Kyushu, Japan

1935～36

・Notes on Japan

・Census of each Hamlet in Suye Mura

1937

・Suye Mura: A Changing Economic Order. A Dissertation Submitted to the Faculty of Division of the Social Sciences in Candidacy for the Degree of Doctor of Philosophy Department of Anthropology

1939

・Suye Mura: A Japanese Village（University of Chicago Press）《『日本の村　須恵村』1978年、日本経済評論社》

・"Notes on the Indian God Gavagriva〈Godzu Tenno〉in contemporary Japan"（Journal of the American Oriental Society）

1941

・"Some social Functions of Religion in Rural Japan"（American Journal of Sociology）

1942

・The Eta:A Persecuted Group in Japan(COI Report No.7 =エンブリー作成の可能性）

・Social Relations in Japan（COI Report No.17）

・Preliminary Survey of Japanese Social and Psychological Conditions（Office of Strategic Service Report No.91＝一部エンブリー）

・The Eta（OSS Report）

１９４３

・The Japanese（Smithsonian Institution Studies, no. 7）

１９４４

・Japanese Peasant Songs（American Folklore Society）
・"Sanitation and Health in a Japanese Village"（Journal of the Washington Academy of Sciences）
・"Japanese Food Habits and Dietary"（Far Eastern Nutritional Relief）
・"Japanese Administration at the Local Level"（Applied Anthropology）
・"Gokkanosho: a remote corner of Japan"（The Scientific Monthly）《抄訳「五家荘・日本の僻地」（１９８８〜８９年、五家荘の会）》
・"Democracy in Postwar Japan"（American Journal of Sociology）

１９４５

・The Japanese Nation: A Social Survey（Rinehart）
・Togo Mura: A Village in Northern Japan（Institute of Pacific Relations. 115 pp. Mimeographed）《『庄内田所の農業、農村及び生活』（１９３６、東京大学農学部）の佐野寿夫による英訳。エンブリーが序文》

１９５０

・"Standardized error and Japanese character: a note on political interpretation"（World Politics）
・"Japan-Ethnology"（Encyclopedia Americana）

【ハワイ関係】

１９３９

・"New Local and Kin Groups among the Japanese Farmers of Kona, Hawaii"（American Anthropologist）
・"Bon Song"（Paradise of the Pacific）

１９４１

・"Nisei, today and tomorrow"（Nippu Jiji）
・Acculturation among the Japanese of Kona, Hawaii（American Anthropological Association）

【東南アジア関係】

１９４５

・"Japanese Legacy in Asia"（IPR Notes）

１９４８

・Travel Notes on Southeast.1947-1948
・"Impasse in Indochina: UN Commission for Indochina?"（Far Eastern Survey）
・"Anthropology in Indochina since 1940"（American

Anthropologist)
- Selected Bibliography of Peoples and Cultures of Mainland Southeast Asia（Yale University, Southeast Asia Studies)
- "Kickball and Some Other Parallels between Siam and Micronesia"（Journal of the Siam Society)

1949
- "Some Problems of an American Cultural Officer in Asia"（American Anthropologist)
- "A Bibliography of the physical anthropology of Indochina, 1938-1947"（American Journal of Physical Anthropology)
- "A visit to Laos, French Indochina"（Journal of the Washington Academy of Sciences)
- Proposal for Social Study of an Asiatic City（Yale University)

1950
- "Rapporteur" s Report of Round-table Discussions on Social Forces"(South Asia in the World Today)
- "Thailand-a loosely structured social system"(American Anthropologist)
- "A Note on the vertical and the horizontal as cultural traits in Asia"(Man)
- A Selected Bibliography on Southeast Asia(IPR International Secretariat)
- Bibliography of the Peoples and Cultures of Mainland Southeast Asia(Southeast Asia Studies)
- Ethnic Groups of Northern Southeast Asia(Southeast Asia Studies)

1951
- "Raymond Kennedy, 1906-50"(The Far Eastern Quarterly)

1952
- “ Situation of Strength in Southeast Asia”（United Asia)

【異文化行政および応用人類学関係】

1943
- Community Analysis Reports No.1-8.(War Relocation Authority)

No.1: Dealing with Japanese Americans
No.2: Causes of Unrest at Relocation Centers
No.3: Japanese Groups and Associations in the United States
No.4: Notes on Japanese Holidays
No.5: Evacuee Resistances to Relocation
No.6: Nisei Assimilation

No.7: An Analysis of the Segregation Program
No.8: The Kibei

・Project Analysis Series No.1: Registration at Central Utah(WRA)
・"Dealing with Japanese-Americans"(Applied Anthropology)
・"The relocation of Persons of Japanese ancestry: Some Causes and Effects" (Journal of the Washington Academy of Sciences)
・"Resistance to Freedom: An Administrative Problem"(Applied Anthropology)

1944

・"Community Analysis-An Example of Anthropology in Government"(American Anthropologist)
・"Military Occupation of Japan"(Far Eastern Survey)

1945

・Military Government in Saipan and Tinian（OWI）
・"How to treat the Japanese: a complex issue"(New York Times Magazine)
・"Applied anthropology and its Relationship to Anthropology"(American Anthropologist)
・Observation at the Military Government Camps for Civilians on Saipan and Tinian in August,1945（OWI）
・"Military Government in Saipan and Tinian"（Applied Anthropology）

1946

・Field Report on Trip to Micronesia-December 14,1945-January 5,1946(University of Hawaii)
・"University of Hawaii Research in Micronesia"(American Anthropologist)
・"Micronesia: the Navy and Democracy"（Far Eastern Survey）
・"Anthropology and the War"（Bulletin of the American Association of University Professors）

1949

・"American Military Government"(Social Structure—Studies Presented to A. R. Radcliffe-Brown)
・Essentials of Rural Welfare（Food and Agriculture Organization＝共同研究）
・"The Indian Bureau and Self-government"（Human Organization）
・"Rejoinder to Collier᾽s Reply"（Human Organization）

1950

・"A note on Ethnocentrism in Anthropology"（American Anthropologist）
・Report on Exploratory Mission to Liberia（UNESCO）

・Exchange of Persons-Directed Culture Change (UNESCO)
・Cultural Cautions for U. S. Personnel Going to Southeast Asia (Economic Cooperation Administration)

【書評】

1939

・"Ernest Beaglehole, Some Modern Hawaiians"(Honolulu Star-Bulletin)

1940

・"E. Lederer and E. Lederer-Seidler, Japan in Transition"(American Journal of Society)
・"Hsiao-Tung Fei, Peasant Life in China"(American Journal of Sociology)

1941

・"E. S. C. Handy, The Hawaiian Planter"(Honolulu Star-Bulletin)
・"Ta Chen, Emigrant Communities in South China"(American Journal of Sociology)
・"J. P. Reed, Kokutai: a Study of Certain Sacred and Secular" (American Journal of Sociology)
・"Shunzo Sakamaki, Japan and the United States"(American Journal of Society)

1945

・"Carey McWilliams, Prejudice-Japanese-Americans: Symbol of Racial Intolerance" (American Journal of Sociology)
・"Dora Seu, ed, Social Process in Hawaii" (American Journal of Sociology)

1946

・"Forrest La Violette, Americans of Japanese Ancestry" (American Journal of Sociology)

1947

・"Ruth Benedict, The Chrysanthemum and the Sword" (Far Eastern Survey)
・"Ruth Benedict, The Chrysanthemum and the Sword" (American Journal of Sociology)
・"Andrew W. Lind, Hawaii‐ s Japanese" (American Sociological Review)

1948

・"Roger Levy, Extreme Orient et Pacifique" (Pacific Affairs)
・"Virginia Thompson and Richard Adloff, Cultural Institutions and Educational Policy in Southeast Asia" (Far Eastern Survey)
・"Jean Bidault, La Paix au Vietnam" (Pacific Affairs)

1949

- "Setsuko Hani, The Japanese Family System, as Seen from the Standpoint of Japanese Women" (Pacific Affairs)
- "Cora DuBois, Social Forces in Southeast Asia"(American Anthropologist)
- "Helen Mears, Mirror for Americans-Japan"(American Sociological Review)
- "Malcolm Smith, A Physician at the Court of Siam"(Pacific Affairs)
- "J. S. Furnivall, Colonial Policy and Practice"(Human Organization)
- "UN Food and Agriculture Organization, Training Rural Leaders: Shantan Baillie School"(Human Organization)

1950

- "John Collier and A. Buitron, Awakening Valley"(American Sociological Review)
- "Kingsley Davis, Human Society"(Human Organization)
- "Robert Redfield, A Village That Chose Progress"(American Journal of Sociology)
- "G. B. Sansom, The Western World and Japan: A Study in the Integration of European and Asiatic"(American Sociological Review)
- "Alexander Spoehr, Majuro, A Village in the Marshall Islands"(American Anthropologist)

1951

- "Major Anthony Gilchrist McCall, Lushai Chrysalis"(American Anthropologist)
- "Du'o'ng Ba Banh, Histoire de la Medecine du Vietnam"(Isis)
- "Folklore Studies Vol.Ⅷ"(Journal of American Folklore)

[著者]

田中一彦（たなか・かずひこ）

1947年、福岡県瀬高町（現みやま市）生まれ。京都大学経済学部卒。新聞記者を経て、2011年から2014年まで熊本県あさぎり町に単身移住し取材。著書に『忘れられた人類学者《ジャパノロジスト》　エンブリー夫妻が見た〈日本の村〉』（忘羊社、第31回地方出版文化賞・功労賞）、共著に『知ってはならないパリ』（文芸社）『食卓の向こう側』『君よ太陽に語れ』（以上西日本新聞社）。日本GNH学会常任理事を務める。

日本を愛した人類学者　エンブリー夫妻の日米戦争

2018年12月8日　初版第1刷発行

著　者　田　中　一　彦

発行者　藤　村　興　晴

発行所　忘《ぼう》　羊《よう》　社《しゃ》

〒810-0074　福岡市中央区大手門1-7-18

電　話 092-406-2036　ＦＡＸ 092-406-2093

印刷・製本　シナノ・パブリッシングプレス

落丁本・乱丁本はお取替えいたします。定価はカバーに表示しています